Detlef Behrmann,
Bernd Schwarz,
Klaus Götz (Hrsg.)

# Professionalisierung und Organisationsentwicklung

## Optimierung der Rahmenbedingungen des lebenslangen Lernens in der Weiterbildung.

„Forum Weiterbildung“, wissenschaftliche Buchreihe der „Arbeitsstelle für die Weiterbildung der Weiterbildenden“ (AWW), Band 2

**Bibliografische Informationen Der Deutschen Bibliothek**
Die Deutsche Bibliothek verzeichnet diese Publikation in der Deutschen Nationalbibliografie; detaillierte bibliografische Daten sind im Internet über <http://dnb.ddb.de> abrufbar.

Herausgeber: Detlef Behrmann, Bernd Schwarz, Klaus Götz
Die Verantwortung für den Inhalt der Beiträge liegt bei den Autoren.
Dieser Band wurde gefördert durch:

Ministerium für Wissenschaft, Weiterbildung, Forschung und Kultur RheinlandPfalz

Gesamtherstellung: W. Bertelsmann Verlag, Bielefeld
Umschlaggestaltung: lok. [design division] Marion Schnepf, Bielefeld.



ISBN 3-7639-3198-8

Bestell-Nr. **60.01.510**

## Inhaltsangabe

## I. Projektskizze – Einleitung und Projektdesign



## II. Projektkontext



## III. Projektansatz – Konzept, Gestaltung, Ergebnisse

## IV. Teilprojekte – Voraussetzungen, Ziele, Vorgehensweisen, Resultate, Perspektiven

# I. Projektskizze –

## Einleitung und Projektdesign

Bernd Schwarz / Detlef Behrmann

# Innovative Methoden zur Förderung des lebenslangen Lernens im Kooperationsverbund Hochschule und Weiterbildung - Projektskizze und Einleitung

Aus der Überschrift und dem gleichnamigen Titel des Projekts, zu dem dieser Band erscheint, ergeben sich die Begriffe Innovation, lebenslanges Lernen und Kooperation als zentrale Kategorien, die Schwerpunktsetzungen im Projekt markieren und Hinweise auf Ausgangspunkte entsprechender Aktivitäten zur Bewältigung von Wandel geben.

*Innovation* wird heute hauptsächlich als Begriff gebraucht, der eine kreative und konstruktive Reaktion von Organisationen, Systemen und Menschen auf ökonomische, politische, kulturelle Veränderungen und Erfordernisse meint. Innovation bedeutet insofern nicht nur Anpassung, sie bringt zugleich Neues hervor, ob es sich nun um grundlegende Richtungsänderungen, um die Weiterentwicklung bestehender Aktivitäten oder die Modifikation von geläufigen Handlungsweisen handelt. Innovationen helfen, neue Aufgaben besser als mit bisherigen Praktiken zu lösen.
Weiterbildung unterstützt den Wandel bzw. die Erneuerung gesellschaftlicher Teilsysteme, reagiert aber selbst auch auf Innovationserfordernisse. Organisationen, in denen Weiterbildung geplant, organisiert und durchgeführt wird, sind selbst auf Weiterentwicklung angewiesen, wenn sie ihrer gesellschaftlichen Funktion in angemessener Weise gerecht werden wollen.
Das Projekt „Innovative Methoden zur Förderung lebenslangen Lernens im Kooperationsverbund Hochschule und Weiterbildung" (Projekt LLL) hatte die Zielsetzung, Innovationen im Wechselspiel zwischen gesellschaftlichen und bildungspolitischen Entwicklungstendenzen sowie den sich daraus ergeben-

den Erfordernissen auf der einen Seite, konkreten Innovationsbedarfen in Weiterbildungseinrichtungen aufgrund identifizierter Entwicklungsnotwendigkeiten auf der anderen Seite zu fördern. Hierbei ging es weniger um große Umwälzungen. Zielvorstellungen richteten sich eher darauf, an Bedürfnissen der Einrichtungen anzuknüpfen, intendierte Entwicklungen zu unterstützen und Impulse für die schrittweise Reorganisation und Erneuerung von Weiterbildungsarbeit zu geben. Als wesentliche Träger der konzeptionell-planenden Entwicklungsarbeit und zugleich Kerne der praktischen Umsetzung fungierten die „Entwicklungsteams" in den Einrichtungen und in den einrichtungsübergreifenden „Kompetenzateliers" wurden sozusagen in konzertierten Aktionen die erarbeiteten Ergebnisse zusammengeführt, um dadurch die wechselseitige Verstärkung von Innovationen bzw. die weitere Entfaltung von Innovationspotentialen zu ermöglichen.

Dieses aus Projektsicht gerade den Bedingungen reflexiver Modernisierung entsprechende Vorgehen war inhaltlich auf das Thema *lebenslanges Lernen* gerichtet. Lebenslanges Lernen ist dabei ein vielschichtiges Konzept, welches je nach perspektivischem Zugriff spezifische Konnotationen aufweist.
Es bezeichnet zunächst einmal grundlegend die mit jeder menschlichen Existenz verbundene Notwendigkeit, sich aktiv mit seiner Lebenswelt auseinanderzusetzen, um sich selbst und die Welt aus diesem Prozess heraus zu verstehen, sich weiter zu entwickeln und sein Handeln gestalten zu können. Es ist insoweit immer schon gegeben, also nichts Neues.
Das Auftreten des Begriffes auch in Vorformen wie „recurrent education" geht jedoch zusätzlich damit einher, dass ursprünglich eher funktional gesehenes, im Lebensvollzug gegebenes Lernen nach einer mit dem Erwachsenwerden abgeschlossenen Ausbildungsphase nicht mehr als ausreichend betrachten betrachtet werden kann, sondern intentionales, systematisches und organisiertes Lernen über die Lebensspanne hinweg an Bedeutung gewonnen hat. Die Notwendigkeit, sich dem teilwei-

se rapiden Wandel der Lebens-, vor allem aber der Berufswelt zu stellen und sich selbst weiterzuentwickeln, stellt eine besondere Bedeutungskomponente des Begriffs des lebenslangen Lernens dar.
Es kann sich im Konzept des lebenslangen Lernens aber nicht nur um reaktive Anpassung handeln, es muss vielmehr – insbesondere auch im emanzipatorischen Sinne – darum gehen, die eigene Orientierung und Selbstbestimmungsmöglichkeit aufrecht zu erhalten, um trotz der Anpassungserfordernisse und biographischen Spannungslagen verständig an der Gestaltung von Transformationsprozessen teilzuhaben, dies vom Status eines mündigen Mitgliedes der Gesellschaft aus tun zu können. In diesem Sinne wird zunehmend von lebensbegleitender Bildung gesprochen.

Stärker bezogen auf die Konzipierung von Erwachsenenbildung/Weiterbildung, die bildungspolitische Programmatik und die Entwicklung von Einrichtungen der Erwachsenenbildung/Weiterbildung ergeben sich aus dem lebenslangen Lernen Gesichtspunkte, die dafür sprechen, dass

- am herkömmlichen Lebensphasenmodell orientierte Strukturen isolierter Bildungsgänge sich im aufeinander bezogenen Aufbau lebensdienlicher Kompetenzen stärker vernetzen, also bildungsbereichsübergreifende Kooperationen aufgebaut werden,
- Bildungsinfrastrukturen auf Serviceleistungen für das Lernen aller in offenen und bedarfsorientierten Verbundsystemen auszulegen und transparente Dokumentationen von Angeboten und ihren Zielsetzungen gewährleistet sind,
- intentionale und institutionelle Lernprozesse stärker mit funktionalem und informellem Lernen in alltäglichen Lebens- und Arbeitszusammenhängen zu ergänzen und zu verbinden sind,
- das Lernen nicht nur als „Belehrt-Werden“, sondern als eigenverantwortliche, selbstgesteuerte Tätigkeit und als

Antwort auf die Anforderungen in vielfältigsten Lebenssituationen und Lernumwelten verstanden wird,

- neue Technologien in verstärktem Maße für eine zeit- und ortsunabhängige Gestaltung von Lernprozessen und somit auch für die Individualisierung und Flexibilisierung des Lernens genutzt werden,
- Methoden und Veranstaltungsformen dem aktiven Lernen und der Begleitung von Lernprozessen im Sinne der Qualifizierung, aber auch der Lebens- und Lernhilfe dienen,
- Motivations- oder Anreizsysteme entwickelt werden, die die Bildungsnachfrage fördern und insgesamt zu einer lernförderlichen Umwelt auf dem Weg zu einer Lerngesellschaft beitragen.

Die Aufzählung ist nicht vollständig, es wird jedoch erstens deutlich, dass lebenslanges Lernen sich unter gesellschafts- und bildungspolitischen Zielsetzungen auf den strukturellen Wandel bezieht und ihn gleichsam über systemische Veränderungsprozesse zu formen suchen muss. Zweitens kann lebenslanges Lernen nicht unabhängig von der Entwicklung von Bildungseinrichtungen gesehen werden, die vor allem die organisatorischen Voraussetzungen für entsprechende Lern- und Bildungsprozesse schaffen und qualifiziertes Bildungspersonal für die Beratung und Begleitung der Lernenden bereithalten müssen. Drittens realisiert sich lebenslanges Lernen in didaktischen Arrangements, die das selbstgesteuerte Lernen und das Lernen des Lernens unterstützen, um Kompetenzerwerb und Orientierungsfähigkeit aller Bildungsteilnehmer zu fördern.

In Anlehnung an die allgemeinen Implikationen des lebenslangen Lernens sowie den konzeptionellen Zugriff auf das Thema seitens des Projekts lässt sich zusammenfassend feststellen: Das Projekt setzte bei der Ebene der Weiterbildungseinrichtungen an, da diese sozusagen als organisatorische Schaltstelle zwischen den politischen Ansprüchen und Strukturen des Bildungssys-

tems auf der einen sowie den Lernprozessen der Bildungsteilnehmer auf der anderen Seite vermitteln und lebenslanges Lernen über die konkrete Organisation von Bildungsarbeit regulieren.
Mit anderen Worten wurde lebenslanges Lernen vorwiegend als Personal- und Organisationsentwicklungsprozess in Weiterbildungseinrichtungen verstanden, die über qualifikatorische und organisatorische Verbesserungen anstrebten, die Rahmenbedingungen für das lebenslange Lernen der potentiellen Weiterbildungsteilnehmer zu erneuern. Gleichzeitig war es das Ziel, die erreichten Ergebnisse transparent und für das Umfeld in der jeweiligen Organisation sowie für den Kontext des regionalen Weiterbildungssektors nutzbar zu machen, um lebenslanges Lernen im Sinne systemischer Transformationsprozesse anzuregen und zu vollziehen.
Soweit überhaupt eine Zuordnung aufgrund der Komplexität von Entwicklungsaufgaben möglich ist, könnte man sagen, dass sich im Projekt bearbeitete Themen und Aufgabenbereiche wie zielgruppenorientierte Programmplanung, Erstellung neuer Angebote und Weiterbildungsmarketing eher in Richtung auf die Weiterbildungsteilnehmer orientierten und dass sich Themen wie Reorganisation, Weiterbildungsmanagement und Implementierung von Informationstechnologien zur Unterstützung von Projektmanagement tendenziell auf die strukturellen Zusammenhänge im Weiterbildungsbereich konzentrierten. Themen wie etwa Qualitätsmanagement kamen zuvorderst übergreifend zum Tragen und Personal- und Organisationsentwicklung wurde multiperspektivisch wirksam und war überdies mit Entwicklungen im weiterbildungspolitischen Kontext verbunden.

Soweit auch die bildungsbereichsübergreifende *Kooperation* als Komponente des lebenslangen Lernens angesehen wird, erscheint sie als Strategie, um Angebote abzustimmen und zu verzahnen, aber auch, um über die Vernetzung von Bildungseinrichtungen Ressourcen verfügbar zu machen und Innovati-

onspotentiale freizusetzen, die einzelnen und isoliert voneinander operierenden Einrichtungen vorenthalten blieben und die letztlich auch für die Klientel der Bildungsteilnehmer erst über das synergetische Zusammenwirken von Institutionen sinnvoll erschlossen werden können.
Wie weiter oben bereits angedeutet, an dieser Stelle jedoch noch einmal konkretisiert, wurde im Projekt eine Institutionen übergreifende Zusammenarbeit zwischen der Universität Koblenz-Landau, Campus Landau, und Weiterbildungseinrichtungen, Trägern und Landesorganisationen der Erwachsenenbildung/Weiterbildung in Rheinland-Pfalz realisiert. Einerseits wurde dadurch die wissenschaftliche Begleitung des Projekts gewährleistet, von Seiten der Universität wurde aber auch Studierenden ermöglicht, an Entwicklungsvorhaben mitzuwirken und mit den Projektteilnehmern aus den Weiterbildungseinrichtungen in einem gemeinsamen Arbeits- und Lernforum zu kooperieren. Andererseits fand in dieser Konstellation ein innovationsfördernder Austausch zwischen Wissenschaft und Weiterbildung statt, der den modernen Bedingungen wechselseitiger Innovationsimpulse zwischen Wissenschaftsinstitutionen auf der einen und verwissenschaftlichten Praxisfeldern auf der anderen Seite entspricht.

In Anlehnung an den bis hierher erfolgten Perspektivaufriss lassen sich die konzeptionellen Orientierungen des Projekts LLL dahingehend verdichten, dass das Projekt erstens in den Zielstellungen, zweitens hinsichtlich der Bezugsebenen und drittens in den Bezügen zum lebenslangen Lernen mehrdimensional ausgerichtet war.
In den Zielstellungen und hinsichtlich der Bezugsebenen ging es darum, *lebenslanges Lernen* durch Personal- und Organisationsentwicklung auf der Ebene der *Weiterbildungseinrichtungen* mit Blick auf die *Innovation* ihrer Struktur und Kultur, ihrer Prozesse, Profile und Programme anzustoßen und umzusetzen. Dies bezog sich außerdem auf die *Innovation* im Bereich zielgruppenorientierter Planungsprozesse und Angebote mit Blick auf die

Ebene der *Weiterbildungsteilnehmer* sowie auf die Impulsgebung und Unterstützung für Veränderungen bzw. *Innovations-* und Transformationsprozesse auf der Ebene des *Weiterbildungssystems* mit Blick auf die Verständigung und *Kooperation* zwischen (Weiter-) Bildungseinrichtungen, Trägern und politischen Instanzen (Abb.1).

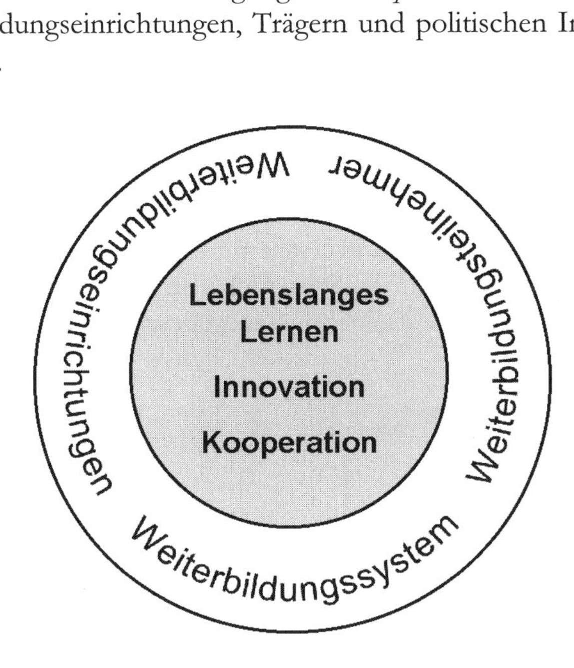


Abbildung 1: Zielstellungen und Bezugspunkte des Projekts LLL

In den Bezügen zum Konzept des lebenslangen Lernens (Abb.2) wird deutlich, dass im Projekt die Weiterbildungseinrichtungen und –mitarbeiter ins Zentrum gerückt wurden, weil durch die professionelle *Gestaltung* organisierter Weiterbildung sowie durch die Einbringung entsprechender *Kompetenzen* strukturelle Voraussetzungen in Form von *Rahmenbedingungen* für das lebenslange Lernen der *Teilnehmer* geschaffen werden. Optimierung des lebenslangen Lernens bedeutete in dieser Hinsicht, die *Entwicklung* der organisationalen Voraussetzungen im Sinne eines kontinuierlichen Veränderungsprozesses voranzubringen, den Erwerb und die Entfaltung von Kompetenzen einschließlich der *Selbststeuerungsfähigkeit* bei den Weiterbildenden zu unterstützen, um dadurch einen Beitrag zur schrittweisen *Erneuerung* der Rahmenbedingungen zu leisten. In einem *institutionenübergreifenden Lernarrangement* im Sinne der Kooperation zwischen Weiterbildungseinrichtungen und der Universität wurden Weiterbildungsorganisation hinsichtlich ihrer Entwicklung *beraten*, Kompetenzentwicklungsprozesse der Weiterbildenden *begleitet* und Rahmenbedingungen *gefördert*. Lebenslanges Lernen (*LLL*) wurde demnach durch Organisationsentwicklung in Weiterbildungseinrichtungen und durch Personalentwicklung bzw. Weiterbildung von Weiterbildenden realisiert, in einem Kooperationsverbund zwischen Universität und Weiterbildung angelegt und perspektivisch auf die Schaffung von Voraussetzungen für Bildungsprozesse der Teilnehmer ausgerichtet.

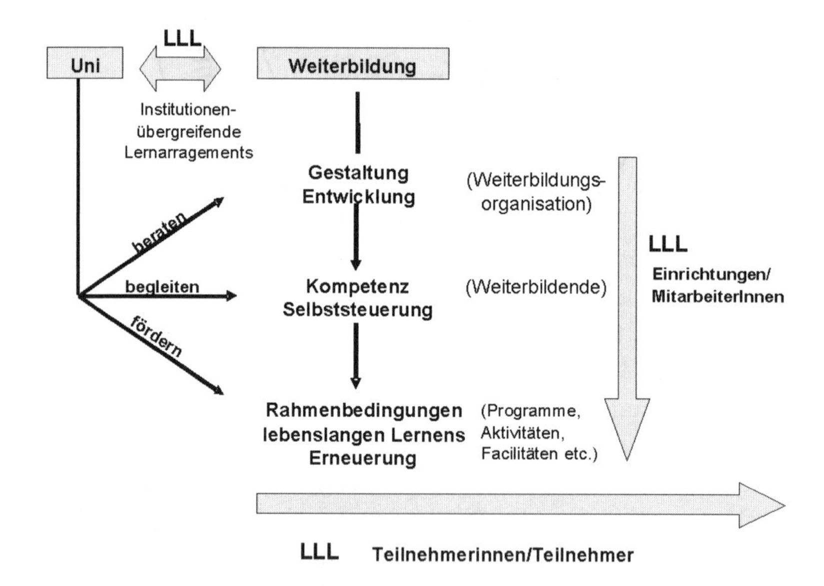


Abbildung 2: Bezüge des Projekts LLL zum Konzept lebenslangen Lernens

Vor diesem Hintergrund lassen sich Ansatz und Struktur des Projekts und seiner Vorgehensweise konkretisieren und in dem folgenden Projektdesign fassen (Abb.3):

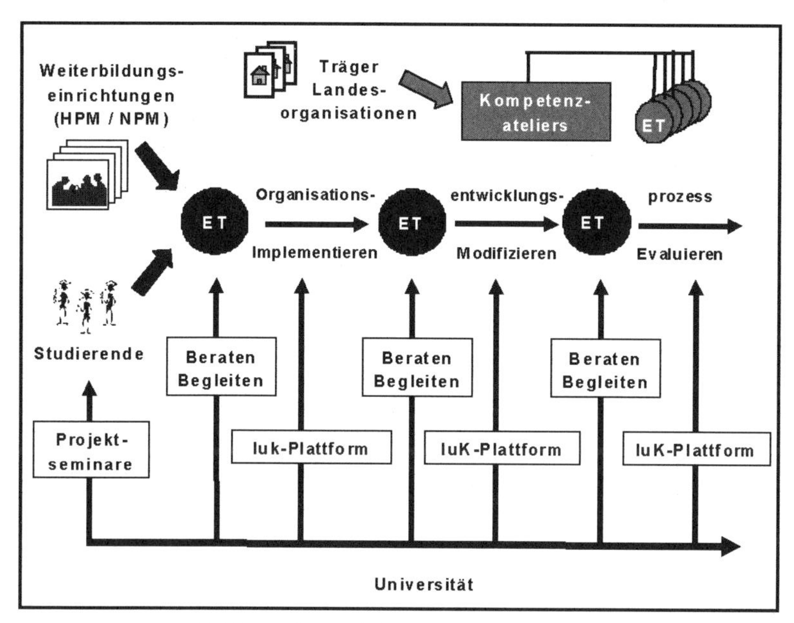


Abbildung 3: Grobdesign des Projekts LLL

Hauptamtliche sowie neben- und ehrenamtliche Leiter und Mitarbeiter (*HPM/NPM*) von *Erwachsenenbildungs-/Weiterbildungseinrichtungen* trafen sich in *Entwicklungsteams (ET)*. Hier wurde der personelle wie organisationale Lernbedarf diagnostiziert und analysiert, es wurden Pläne entworfen und diskutiert sowie Maßnahmen hinsichtlich der Gestaltung von *Personal- und Organisationsentwicklungsprozessen* entschieden, mit bereits bestehenden Konzepten abgestimmt und umgesetzt.

Die *Implementierung* der Maßnahmen erfolgte schrittweise, so dass gegebenenfalls *Modifikationen* von den Entwicklungsteams vorgenommen werden konnten. Erfahrungen aus den Einzelschritten wurden als Steuerungsimpulse für den Gesamtplanungsprozess nutzbar gemacht und sorgten schon frühzeitig für Prozessqualität in der Durchführung. Ebenso wurden sowohl formative Evaluationen im laufenden Prozess als auch summative *Evaluationen* am Ende des Lern- und Entwicklungsprozesses eingesetzt werden, um zum einen die Wirkung und zum ande-

ren die Bedeutung der Maßnahmen überprüfen und bewerten zu können.
Die *Kompetenzateliers* waren initiiert worden, um einen institutionenübergreifenden Erfahrungsaustausch über Innovationen, Vorgehensweisen und Ergebnisse des Projekts zu ermöglichen. Durch die Beteiligung von Leitern und Mitarbeitern der Einrichtungen, von Vertretern der Träger sowie der Landesorganisationen für Weiterbildung, von Mitgliedern zuständiger Ministerien und Kooperationsverbünden in der Weiterbildung sowie von Studierenden und der wissenschaftlich am Projekt beteiligten Personen wurde ein breites Kommunikationsspektrum geschaffen, welches in workshopartig angelegten Veranstaltungen dem Informationsaustausch und dem Transfer von Ergebnissen zur Professionalisierung in der Weiterbildung diente.
Lernprozesse wurden im Kooperationsverbund Hochschule und Weiterbildung in dreierlei Weise gefördert: Erstens arbeiteten *Studierende* des Diplomstudiengangs Erziehungswissenschaft, Studienrichtung Erwachsenenbildung, in *Projektseminaren* mit, die mit der Arbeit der Entwicklungsteams koordiniert waren. Es wurden Leistungen in Form von Seminararbeiten, Praktika oder Diplomarbeiten eingebracht, indem die Studierenden besondere Aufgaben übernahmen und spezielle Fragen, die in den Entwicklungsprozessen auftraten, systematisch klärten. Zweitens wurden die Entwicklungsteams von den wissenschaftlichen Mitarbeitern und der Projektleitung in ihrer Arbeit durch wissenschaftliche *Beratung* und *Begleitung* unterstützt. Die Entwicklungsteams konnten bei Bedarf aktuelles Wissen zu weiterbildungsrelevanten Fragestellungen und Problemfeldern abfragen sowie Unterstützung hinsichtlich unterschiedlicher Aspekte der Gestaltung von Arbeits- und Lernprozessen in Anspruch nehmen. Seitens des universitären Fachpersonals konnten wissenschaftliche Erkenntnisse eingebracht und in den Entwicklungsprozessen evaluiert werden. Drittens wurde eine internetgestützte Informations- und Kommunikationsplattform (*IuK-Plattform*) zur Verfügung gestellt, die einen virtuellen Austausch von Informationen zwischen den Mitgliedern einzelner Ent-

wicklungsteams ermöglichte. In Erweiterung dessen konnten zu Wissen verdichtete Informationen verallgemeinert und weiteren Kreisen im Sinne von Informationsbausteinen zur Verfügung gestellt werden. Insofern ergaben sich Möglichkeiten des Transfers von Erfahrungen und Erkenntnissen, die in Personal- und Organisationsentwicklungsprozessen von Erwachsenenbildungs-/Weiterbildungseinrichtungen generell verwertbar waren.

Das Projekt wurde in Kooperation des Instituts für Erziehungswissenschaft, des Zentrums für Human Ressource Management und der Arbeitsstelle für die Weiterbildung der Weiterbildenden an der Universität Koblenz-Landau, Campus Landau, in einem dreijährigen Projektzeitraum mit Partnern aus den sieben anerkannten Landesorganisationen für Weiterbildung und dem Verband der Volkshochschulen des Landes Rheinland-Pfalz durchgeführt.

Der vorliegende Band verdeutlicht theoretische Ansatzpunkte, konzeptionelle Vorgehensweisen, praktische Erfahrungen und konkrete Ergebnisse der Arbeit, um darzulegen, wie lebenslanges Lernen, verstanden als Prozess der Entwicklung von Weiterbildungsorganisationen und als Prozess der Professionalisierung von Weiterbildnerinnen und Weiterbildnern, die Transformation des Weiterbildungssystems und die Optimierung der strukturellen Lernvoraussetzungen fördern helfen kann.

In den Vorbemerkungen macht Peter Krug als Programmkoordinator des BLK-Modellversuchsprogramms deutlich, dass das lebenslange Lernen ein „Gewinnerthema" darstellt, sofern angemessene Rahmenbedingungen hierfür auf Ebene der Bildungspolitik, der Weiterbildungseinrichtungen und in den Lernkulturen geschaffen werden. Es wird unter anderem in Bezug auf das Projekt LLL deutlich gemacht, dass durch solide Organisationsentwicklungsarbeit an der Basis der Weiterbildungseinrichtungen, durch gezielte Veranstaltungen zur Förderung von Kooperation und durch den Transfer der Ergebnisse in den Kontext der Träger und Landesorganisationen für Weiterbildung erreicht werden kann, dass lebenslanges Lernen zu einem gewinnbringenden Entwicklungskonzept aller Weiterbildungsbeteiligten avancieren kann. Rahmenbedingungen zu schaffen, die dem lebenslangen Lernen zuträglich sind, bedeutet darüber hinaus, strategische Orientierungen wie Erhöhung der Weiterbildungsbereitschaft, Innovative Lernkulturen, Berechtigungen und Erfolgserlebnisse sowie ein weiterbildungsförderliches politisches Klima und nachhaltige Programmperspektiven zu verfolgen und umzusetzen. Alle genannten Orientierungen und Anstrengungen machen nicht nur ein Gewinnerthema und gewinnbringende Entwicklungskonzepte aus, sondern führen auch zu einem tatsächlichen Gewinn für die gesamte Gesellschaft.

Aus Sicht des Programmträgers des Modellversuchsprogramms „Lebenslanges Lernen" zeigt Heino Apel auf, welche Perspektiven des lebenslangen Lernens die einzelnen Projekte des Modellversuchsprogramms aufgegriffen und bearbeitet haben und wie die verschiedenen Ansätze zur Förderung des lebenslangen Lernens vor diesem Hintergrund systematisiert werden können. Daraus ergibt sich die Möglichkeit, das hier zugrunde liegende Projekt im Gesamtkontext des Modellversuchsprogramms zu verorten und seinen Stellenwert einzuschätzen. Hervorgehoben wird hierbei, dass die seitens des Projekts verfolgte integrative Personal- und Organisationsentwicklung in Kombination mit gezielten Transferaktivitäten einen Professionalisierungsprozess mit Blick auf lebenslanges Lernen in Gang gesetzt hat, der systematische Orientierungen für ähnliche Vorhaben bereitstellt, der aber auch eine über einzelne Projekte hinaus erfolgende Vernetzung von Innovationsleistungen dringend erforderlich macht.

Einen Überblick über das Projekt gibt der Beitrag von Detlef Behrmann. Aus Sicht der Projektleitung und wissenschaftlichen Begleitung werden Zieldimensionen des Projekts aufgezeigt,

Ansätze, Vorgehensweisen und Instrumente dargestellt, Ergebnisse skizziert und Schlussfolgerungen gezogen, um deutlich zu machen, an welchen theoretischen Annahmen sich das Projekt orientierte, wie die Konstruktion des Projekts daraufhin gestaltet wurde, welche Maßnahmen getroffen und welche Resultate erzielt wurden und wie demzufolge Aktivitäten zur Verbesserung der organisationalen Rahmenbedingungen des lebenslangen Lernens aussehen und bewertet werden können. Es ergeben sich konkrete Reflexionsangebote und Gestaltungshinweise für etwaige Professionalisierungsprozesse hinsichtlich des Zusammenwirkens zwischen verschiedenen Ebenen des Weiterbildungssystems, bezüglich einer flexibel zu gestaltenden Beratung und einer dabei erfolgenden Förderung von Selbststeuerung, der integrativen Nutzung neuer Technologien und der Verzahnung von akademischer Aus- und wissenschaftlicher Weiterbildung im Rahmen der Organisationsentwicklung und Transformation der Weiterbildung.

Aus Sicht der Organisationsentwicklungsberaterin beschreibt Waltraud Amberger Ansatzpunkte und Gestaltungsmerkmale des Beratungsprozesses, der an verschiedenen Fallbeispielen deutlich macht, wie extern begleitete und in den Einrichtungen vollzogene lebenslange Lernprozesse gestaltbar sind und welche Auswirkungen sie dabei auf die Kompetenzentwicklung der Weiterbildenden, die Entwicklung der Weiterbildungsorganisation, der Teams und Interaktionsstrukturen sowie die systematische Herangehensweise an Organisationsentwicklungsvorhaben haben können. Für eine gelingende Beratung werden konkrete Zielvereinbarungen, transparente Rollenerwartungen und –verteilungen sowie strukturierte Vorgehensweisen und vertrauensvolle Beziehungen genannt und exemplarisch beschrieben. Außerdem wird ersichtlich, dass sich Professionalisierungsprozesse mit der Einführung und Entwicklung von Qualitätsmanagementsystemen perspektivisch verschränken und als lebenslanger Lernprozess von Weiterbildnern sowie als kontinuierlicher Veränderungs- und Verbesserungsprozess von Weiterbildungseinrichtungen anlegen lassen.

Die Bedingungen und Voraussetzungen, die hinsichtlich der Nutzung einer Informations- und Kommunikationsplattform im Kontext des Projektmanagements in Weiterbildungseinrichtungen gegeben sein oder geschaffen werden müssen, sowie die Perspektiven, die sich aus einer integrativen Nutzung neuer Technologien in Organisationsentwicklungsprozessen ergeben können, zeigt Dirk Bißbort aus Sicht des Administrators, Moderators und Technologieberaters im Projekt auf. Es wird insbesondere darauf eingegangen, wie der Implementierungsprozess des im Projekt verwendeten Content-Management-Systems konzipiert und vollzogen wurde. Hierbei zeigt sich insbesondere, welche personellen, organisatorischen und technischen Einflussfaktoren aufeinander abzustimmen sind und in welcher Weise der Implementierungsvorgang gestaltet werden kann, um Technologien angemessen in Arbeitsstrukturen und –prozesse zu integrieren und technische Potentiale sukzessiv zu erschließen. Dabei spielt der teilweise angeleitete Erwerb von Medienkompetenz sowie das selbständige Experimentieren mit neuen Technologien an allen Nutzern gemeinsamen und organisationsrelevanten Aufgabenstellungen eine bedeutende Rolle für die Ausschöpfung von Technologiepotentialen in der informationstechnologisch unterstützten Projektarbeit in Weiterbildungseinrichtungen.

Um die Beiträge des Projekts aus der Deutungsperspektive derjenigen darzustellen, die selbst die lebenslangen Lernprozesse mit dem Ziel der eigenen sowie der auf die jeweilige Organisation bezogenen Professionalisierung vollzogen haben, werden die beteiligten Institutionen, ihre Gründe für die Projektteilnahme, die Vorgehensweise im Projekt sowie die Ergebnisse und weiterführenden Perspektiven in Erfahrungsberichten vorgestellt.

Am Beispiel der Außenstelle Vorder- und Südpfalz der Evangelischen Arbeitsstelle Kirche Bildung und Gesellschaft in Landau beschreibt Dietmar von Blittersdorff einen Reorganisationsprozess, der mit einschneidenden Strukturveränderungen sowie Neuorientierungen in der Zusammenarbeit verbunden war. Es wird dargestellt, wie nach einer top down erlassenen Strukturveränderungsmaßnahme Herausforderungen für die Gestaltung einer neuen Arbeitsstelle entstehen und bewältigt werden können, wie es insbesondere gelingen kann, aus ehemals eigenständigen Arbeitsbereichen eine Einrichtung mit einem gemeinsamen Profil zu entwickeln. Exemplarisch wird dies an der Neuorganisation des Programmplanungsprozesses der Arbeitsstelle festgemacht, der mit einer begleitenden Teamentwicklung verbunden war und zu Transparenz und Effizienz von Abläufen sowie zu einer neuen Identität der Einrichtung geführt hat.

Markus Böhm, Marco Fusaro, Gabi Klein und Petra Szablikowski beschreiben einen organisatorischen Wandel, den das Bildungswerk Sport des Landessportbundes Rheinland-Pfalz unter Berücksichtigung der Implementierung von Bausteinen des Qualitätsmanagements vollzogen hat. Es wird deutlich, dass sich unter Qualitätsgesichtspunkten unterschiedlichste Aspekte der Optimierung und Konsolidierung des Weiterbildungsmanagements fassen lassen, ob es sich um die Reorganisation von Strukturen und Abläufen, von Aufgaben, Verantwortlichkeiten und Kommunikationsbeziehungen handelt oder um Marketing in Zusammenhang mit Bedarfsanalysen, dem Internetauftritt der Einrichtung sowie die professionelle Unterstützung der vielfach ehrenamtlich tätigen Kooperationspartner des Bildungswerks hinsichtlich der Planung und Organisation von Weiterbildungsveranstaltungen. Neben gezielt einzusetzenden, die Arbeit strukturierenden Managementinstrumenten wird das wechselseitige Zusammenwirken von Einzelmaßnahmen in einem umfassenden, vor allem Transparenz, aber auch Ressourcen erfordernden Organisationsentwicklungsprozess als

Voraussetzung für qualitative hochwertige Weiterbildungsarbeit zur Förderung des lebenslangen Lernens angesehen.

Wie vor dem Hintergrund der von ehrenamtlichen Bildungsbeauftragten zu leistenden, von hauptamtlichen Bildungsreferenten zu unterstützenden und durch Projekte zu fördernden Weiterbildungsarbeit neue Ideen zur professionellen Gestaltung von Weiterbildungsarbeit entstehen und realisiert werden können, zeigt der Beitrag von Thomas Sartingen, dem Referenten der Katholischen Erwachsenenbildung Mittelhaardt und Südpfalz. Es wird dargelegt, wie durch wissenschaftlich orientierte Weiterbildungsarrangements und durch Unterstützung von Weiterbildungsreferenten Professionalisierungsprozesse von ehrenamtlichen Weiterbildungsbeauftragten ermöglicht und auf deren spezifische Wahrnehmungs- und Arbeitsweisen abgestimmt werden können. Es zeigt sich, dass neue Gesichtspunkte professioneller Weiterbildungsarbeit insbesondere dann aufgenommen werden, wenn die Motive und Motivationslagen sowie die Sprache der ehrenamtlichen Mitarbeiter getroffen werden. Hieraus können sich selbstgesteuerte, zugleich aber kontinuierliche Unterstützung erfordernde Entwicklungen ergeben, die nicht zuletzt öffentlicher Förderung bedürfen.

Wie der Landfrauenverband Bernkastel-Wittlich die ausschließlich ehrenamtlich geleistete Arbeit erneuern und damit ihren professionellen Stellenwert erheblich steigern konnte, stellen Edith Baumgart, Ursel Becker, Klara Borsch und Jutta Merrem dar. Beginnend mit einer systematischen Bedarfsanalyse, die zur Gestaltung eines neuen Programms führte, konnte über die interne Programmplanungsarbeit bis hin zur bedarfsgerechteren Gestaltung neuer Angebote und Veranstaltungsformen einschließlich deren Evaluation ein kompletter Programmplanungsprozess reorganisiert und optimiert werden. Wie aus den Darstellungen deutlich wird, kann sich die dadurch erzielte Professionalität nicht nur auf die interne Arbeitsqualität sowie die Innovation von Angeboten beziehen, sondern auch zu einer darüber hinausreichenden Verbesserung der Verbandsarbeit beitragen und der Erschließung von Förderquellen dienen. Im Beitrag wird auch deutlich, wie das Verständnis der eigenen Person als lebenslang Lernende ermöglichen kann, andere von dieser Perspektive zu überzeugen.

Barbara Graf, Günter Michels und Monika Nickels machen deutlich, wie es den drei Kreisvolkshochschulen Ludwigshafen, Trier und Mainz-Bingen vor dem Hintergrund gemeinsamer Fragestellungen, aber unterschiedlicher struktureller Voraussetzungen gelungen ist, die Herausforderung einer zielgruppenorientierten Programmplanung mit Blick auf die Unterstützung lebenslanger Lernprozesse potentieller Weiterbildungsteilnehmer anzunehmen und konstruktiv, kooperativ und kollegial zu bewältigen. Neben dem strukturierten Arbeiten im Team und der frühzeitigen Kommunikation von Arbeitsvorhaben und – ergebnissen in die Verbandsstrukturen wird insbesondere der hohe Nutzen kontinuierlicher Organisationsentwicklung unter Einschluss der ehrenamtlichen Bildungsbeauftragten verdeutlicht, und es wird aufgezeigt, wie die Möglichkeiten neuer Medien nicht nur zur Gestaltung von Projektarbeit, sondern auch zur Erneuerung einer technologiebasierten Zielgruppenorientierung in der Programmplanung genutzt werden können.

Im Anschluss an die allgemeinen Darstellungen des Projekts, der Ergebnisse in den Projektlinien sowie der Erfahrungsberichte der Projektpartner wird eine retrospektive Bewertung des Projekts angesichts einer erfolgten Evaluation vorgenommen und es wird eine prospektive Aussicht formuliert, die sich mit möglichen Supportstrukturen in der Weiterbildung am Beispiel der zu diesem Zwecke eingerichteten Arbeitsstelle für die Weiterbildung der Weiterbildenden auseinandersetzt.

Der Beitrag von Bernd Schwarz stellt die Ergebnisse der abschließenden Evaluation des Projekts zusammen. Bezüglich der hauptsächlichen Zieldimensionen des Projekts, welches auf

Innovation durch systemische Transformation, auf Professionalisierung durch Beratung, durch Selbststeuerung sowie informationstechnologische Unterstützung und bildungsbereichsübergreifende Kompetenzentwicklung ausgelegt war, werden Einschätzungen der Projektpartner hinsichtlich einzelner Merkmale des Projektverlaufs und spezifischer Aspekte der erzielten Resultate aufgezeigt. Es wird deutlich, dass das Projekt in seiner Durchführung und seinen Ergebnissen von den am Projekt beteiligten Mitarbeiterinnen und Mitarbeitern der Einrichtungen durchaus positiv beurteilt wurde, dass Kompetenzen und verbesserte Möglichkeiten des Umgangs mit Aufgabenstellungen und Problemen entstanden sind, dass dennoch eigentlich weiterhin Unterstützungsbedarf gesehen wird und zugleich aber auch die Koordination von Entwicklungen auf allen Ebenen einer Landesorganisation, die Abstimmung zentraler Entscheidungen mit den Vorhaben vor Ort nötig ist, wenn Organisationsentwicklung nicht nur gelingen, sondern auch nachhaltige Effekte haben soll.

Wie sich Professionalisierungsnetzwerke in Kooperation mit Projekten, aber auch darüber hinaus durch die Schaffung von dauerhaften Supportstrukturen darstellen, in ihren Aufgabenstellungen beschreiben und in ihrer Funktionsweise ausrichten lassen, skizziert Claudia Hochdörffer aus Sicht der Leiterin der Arbeitsstelle für die Weiterbildung der Weiterbildenden Rheinland-Pfalz. Es zeigt sich, wie in der Zusammenarbeit mit Projekten wechselseitige Unterstützungsoptionen genutzt werden können, um Projekte im Rückgriff auf institutionenübergreifende Supportstrukturen zu fördern, um aber durch Projekte auch zu ermöglichen, dass Supporteinrichtungen in ihrer Funktion als Plattform für Innovationen im Weiterbildungsbereich gefördert werden. Vor diesem Hintergrund erscheinen Supporteinrichtungen einerseits als öffentlich gestützte Anbieter für fest installierte Fördermaßnahmen im Sinne der Koordination von Professionalisierungsvorhaben. Andererseits konstituieren sich Supporteinrichtungen immer wieder aufs Neue aus den aktuellen Entwicklungsbedarfen im Weiterbildungsbereich heraus und erscheinen als Schaltstelle zur Vermittlung von Dienstleistungen, die sich über Eigenbeiträge der nachfragenden Institutionen, über gemeinsame Verbundstrukturen sowie über aus Drittmittelprojekten hervorgehende Unterstützungsmöglichkeiten tragen.

Insgesamt ist im Projekt „Innovative Methoden zur Förderung des lebenslangen Lernens im Kooperationsverbund Hochschule und Weiterbildung“ ein breites Aktivitätsspektrum zur Verbesserung der Rahmenbedingungen lebenslangen Lernens systematisch reflektiert und praktisch umgesetzt worden. Aus der Vielfalt der Perspektiven und Dimensionen des lebenslangen Lernens insgesamt bildet es zwar nur einen kleinen, dennoch bedeutsamen Ausschnitt ab, denn trotz der zunehmenden Erfordernis von selbstverantwortetem und selbstgesteuerten Lernen wird sich aller Voraussicht nach nichts an der Tatsache ändern, dass Bildungsprozesse spezifischer Institutionalisierungsformen bedürfen, die gesellschaftliche Erfordernisse, bildungspolitische Zielsetzungen und individuelles Lernen verbinden, Lernen von Erwachsenen professionell unterstützen und dadurch überhaupt erst zur Entfaltung von Selbststeuerungspotentialen beitragen. Die im vorliegenden Sammelband veröffentlichten Beiträge können hierzu als Anregung verstanden werden und insbesondere aufgrund der Erfahrungen in den Entwicklungsteams Anlass positiver Hoffnung, Motivation zu aktiver Gestaltung sein.

# II. Projektkontext

Peter Krug

## LEBENSLANGES LERNEN – EIN GEWINNERTHEMA!

### 1. Die aktuelle politische Diskussion

Auf dem SPD Parteitag im November 2003 wurde unter anderem der Leitantrag „A278: Gerechtigkeit durch Bildung: Mehr Chancengleichheit, höhere Qualität, bessere Leistungen" verabschiedet. Darin heißt es unter anderem: „Angesichts der enormen Herausforderung, die Globalisierung, weltweite Migration und demografischer Wandel am Beginn des 21. Jahrhunderts mit sich bringen, sind wir gefordert uns neu darauf zu verständigen, wie unsere Gesellschaft verfasst sein soll. Deutschland braucht hervorragend ausgebildete Männer und Frauen, um die Wettbewerbsfähigkeit seiner Wirtschaft in seiner globalisierten Welt und damit gesellschaftlichen und individuellen Wohlstand zu sichern. Die gesellschaftlichen Umbrüche, die wir derzeit erfahren, stellen auch völlig neue Anforderungen an das Lernen und an unser Bildungssystem. Bildung ist die neue soziale Frage. Wissen ist zur entscheidenden Quelle für Wachstum und Wohlstand geworden. Bildung ist das humane und soziale Kapital unserer westlichen Demokratien." Auch in anderen Positionierungen großer gesellschaftlicher Gruppen, so z. B. bei den Kirchen ist Bildung das zentrale politische Handlungsfeld für die nächsten Jahrzehnte.

Im Leitantrag werden die unterschiedlichen Bereiche der Bildung programmatisch skizziert und dabei auch insbesondere das lebenslange Lernen. Dazu formuliert der Leitantrag, auf den sich auch Ministerpräsident Kurt Beck in seiner Grundsatzrede vor der Wahl zum stellvertretenden SPD-Parteivorsitzenden bezogen hat, zum lebenslangen Lernen folgende Aussage: „Angesichts des sich beschleunigenden technologischen, ökonomischen und sozialen Wandels wird lebenslanges Lernen für die Zukunftsfähigkeit unserer Gesellschaft und unserer Volkswirtschaft immer wichtiger und unverzichtbarer. Bessere Information, Beratung, Motivation und individuelle Anreizsysteme (wie Gutscheine, Bildungssparen oder Studienkonten) erhöhen dabei die Bereitschaft zur Weiterbildung, insbesondere wenn diese zu Qualifikationen im beruflichen und gesellschaftlichen Leben führen. Eine Modularisierung der Angebote und Zertifizierung nach bundesweiten und internationalen Standards dienen dabei der Qualitätssicherung und der optimalen Nutzung des erworbenen Wissens".

Als Olaf Scholz, der Generalsekretär der SPD, bei einer Klausurtagung in Bad Münstereifel im Zusammenhang der politischen Perspektiven die Bedeutung des lebenslangen Lernens hervorhob, soll nach Spiegel der ehemalige Ministerpräsident von Niedersachsen, Sigmar Gabriel, erwidert haben: „Lebenslanges Lernen ist kein Gewinnerthema – das ist für viele Leute eine Bedrohung" (Spiegel 47/2003, Seite 33).

Aus fachlicher und weiterbildungspolitischer Sicht möchte ich dagegen feststellen, dass lebenslanges Lernen sehr wohl ein Gewinnerthema ist bzw. sein kann, wenn bestimmte Rahmenbedingungen als Voraussetzungen gegeben und bzw. geschaffen werden, wenn bestimmte Erkenntnisse akzeptiert und berücksichtigt und wenn schließlich daraus resultierende Handlungsperspektiven auch umgesetzt werden.
In diesem Zusammenhang halte ich das an der Universität Koblenz-Landau, Campus Landau, in Kooperation von Hochschule und Weiterbildung im Rahmen des von mir koordinierten BLK-Programmes „Lebenslanges Lernen" durchgeführte Projekt „Innovative Methoden zur Förderung lebenslangen Lernens im Kooperationsverbund Hochschule und Weiterbildung" für einen wichtigen Baustein innerhalb einer Entwicklung und Strategie, das lebenslange Lernen tatsächlich zu einem Gewinnerthema zu machen.

In Rheinland-Pfalz werden im Rahmen der Weiterentwicklung des lebenslangen Lernens eine Reihe wichtiger strategischer und praktischer Ansätze zur Stärkung des lebenslangen Lernens durchgeführt und gefördert. Das hier mit seinen Ergebnissen vorgestellte Projekt hat in diesem Zusammenhang eine wichtige „best practice“-Bedeutung. Diese Bedeutung konnte auch bei der Abschlussveranstaltung des Projekts am 8. Dezember 2003 im Landtag zu Mainz unter Beweis gestellt und dokumentiert werden.

## 2. Was tun? Strategische Elemente für ein Gewinnerthema

Um lebenslanges Lernen tatsächlich zu einem Gewinnerthema zu machen, müssen neben den wichtigen Aktivitäten im vorschulischen Bereich, in der Schule, in der Berufsausbildung, in der Hochschule und in der Arbeitswelt insbesondere auch Zielsetzungen innerhalb der Weiterbildung umgesetzt werden, damit lebenslanges Lernen tatsächlich zu einer zukunftsrelevanten Investition wird. Weiterbildung als Perspektive zur Verstärkung von Humankapital und Sozialkapital insbesondere auch im Kontext des demografischen Wandels erheblich an Bedeutung gewinnen können und müssen.

Zukunftsfähigkeit durch Weiterbildung wird allerdings nur dann gelingen, wenn vorrangig folgende Eckpunkte weiterbildungspolitisch und praktisch-real umgesetzt werden:

- *Erhöhung der Weiterbildungsbereitschaft*
  Nach verschiedenen aktuellen Umfrageergebnissen ist die Weiterbildungsbereitschaft in der aktuellen politischen und konjunkturellen Situation leicht gesunken, obwohl die Bewältigung dieser Situation eigentlich ein antizyklisches Ansteigen der Weiterbildungsbereitschaft notwendig machen würde. Sie liegt gegenwärtig bei unter

40%. Zur Erschließung des Weiterbildungspotenzials muss deshalb verstärkt eine transparente Information und Beratung über Weiterbildungsnotwendigkeiten und – möglichkeiten erfolgen. Das gilt insbesondere für bisher bildungsungewohntere und bildungsfernere Bevölkerungsgruppen sowie auf Grund des demografischen Wandels auch für älter werdende Bevölkungsteile. Ein besonderer Schwerpunkt muss dabei auch auf Personen mit Migrationshintergrund gelegt werden.

- *Innovative Lernkulturen*
  Weiterbildung wird nur dann neue Bevölkerungsgruppen erreichen und nachhaltig beeinflussen können, wenn die Lernkulturen, die Lernorganisationen, durch veränderte Lernarrangements auf die bisherigen Lernerfahrungen der Teilnehmenden eingehen und nachhaltige Weiterbildungsmotivationen erzeugen. Dazu gehören verstärkt Formen des selbst gesteuerten Lernens und des „blended learning", d. h. der Verbindung von e-learning und Präsenzlernen. Dazu gehören weiter verstärkte regionalisierte Anstrengungen sowie innovative Ansprechformen z. B. durch Lernfeste, Lernevents und „Edutainment". Unverzichtbar für nachhaltige Weiterbildungsbindungen ist eine hohe Qualität der Weiterbildung und daraus resultierende Erfolgserlebnisse und – berechtigungen.

- *Berechtigungen und Erfolgserlebnisse*
  Weiterbildung wird nur dann ein Gewinnerthema werden, wenn die Ergebnisse der Weiterbildung, die Erfolge der Lernprozesse sich auch niederschlagen in unterschiedlichen Formen der Verbesserung der persönlichen, beruflichen und gesellschaftlichen Situation. In diesem Zusammenhang müssen, begleitet von Zertifizierungen, auch Berechtigungen (oder andere positive incentives) nach erfolgreicher Weiterbildung gewährleistet

sein, z. B. Statussymbole, Einkommensverbesserungen, Beförderungen oder sozialkommunikative Gewinne. Hier haben einige Tarifverträge in der gewerblichen Wirtschaft (z. B. im Bereich der Chemie- und Metallindustrie) richtungsweisende Ansätze geregelt. Zu prüfen wäre in diesem Zusammenhang, auch über die Wirtschaft hinaus entsprechende Leistungs- und Belastungsparameter bei der Entlohnung und Beförderung im öffentlichen Dienst einzuführen, womit die Weiterbildung relevanter werden könnte als Zugehörigkeitsanciennität.

- *Weiterbildungspolitisches Klima*
  Als Gewinnerthema wird Weiterbildung allerdings die Bevölkerung nur erreichen, wenn das gesellschaftlich-politische Klima Weiterbildung nicht nachhaltig mehr unter dem Gesichtspunkt der konsumtiven Kosten bewertet, sondern als Perspektive einer produktiven Investition. In diesem Zusammenhang sind auch alternative Formen der Finanzierung über Bildungssparen, Gutscheinsysteme und Arbeits- und Bildungskonten zu prüfen. Interessant ist in diesem Zusammenhang auch der Vorschlag vom Wissenschafts- und Weiterbildungsminister Zöllner in Rheinland-Pfalz, Ausgabenzuwächse für Bildung und Weiterbildung analog den Regelungen im Vermögenshaushalt auszuweisen und damit die Verschuldungsgrenzen für Bildungsausgaben als Investition auszuwerten. Damit würde z. B. das EU-Maastricht-Kriterium einer 3 %igen Verschuldungsgrenze für Bildungsausgaben überschritten werden können.

Zuwächse zur Verbesserung des Weiterbildungsklimas müssen auch durch die Hartz-Gesetzgebung gefährdeten Weiterbildungsanstrengungen der Weiterbildungseinrichtungen aufgefangen werden. Wenn wegen der Existenzgefährdung von Einrichtungen potentiellen Weiterbildungsteilnehmenden keine qualitativ hochwertigen

Angebote vorgehalten werden können, kann sich lebenslanges Lernen nicht weiterentwickeln.

- *Nachhaltige Programmperspektiven*
  Damit Weiterbildung ein Gewinnerthema werden kann hat das Land Rheinland-Pfalz im Rahmen des BLK-Programmes „Lebenslanges Lernen“ als seinen Beitrag das Landau-Projekt mit fast 100.000,-- € in einer Laufzeit von drei Jahren hälftig zusammen mit BMBF- und ESF-Mitteln gefördert. Diese Anreiz-Projektförderung muss nun in von allen Beteiligten gemeinsam finanzierte Regelaktivitäten übergehen.

Mein Dank gilt deswegen allen am Projekt Beteiligten verbunden mit der Hoffnung, dass die Projektergebnisse in ihrem Transfer zu einer Nachhaltigkeit der Weiterbildung im Kontext des lebenslangen Lernens führen und damit lebenslanges Lernen und Weiterbildung tatsächlich nicht nur zu einem Gewinnerthema sondern zu einem tatsächlichen Gewinn für unsere Gesellschaft werden. Das Land Rheinland-Pfalz wird diese Entwicklung auch weiterhin im Rahmen seiner Möglichkeiten tatkräftig unterstützen.

Heino Apel

# Das Projekt Landau im Kontext des Modellversuchsprogramms „Lebenslanges Lernen" der Bund-Länder-Kommission

## 1. Ziele und Charakteristik des Programms „BLK-LLL"

Dem Modellversuchsprogramm „Lebenslanges Lernen" der Bund-Länder-Kommission für Bildungsplanung und Forschungsförderung (BLK) liegt eine Programmbeschreibung zugrunde, die zwei wesentliche Kernbotschaften beinhaltet, die als Leitgedanken in den Länderprojekten des Programms zum Tragen kommen sollen (vgl. BLK 2001):
Bezogen auf Bildungsinhalte soll das Lernen selbst, die Bildungsbereitschaft und –partizipation gefördert werden. Hierfür ist die Stärkung von Eigenverantwortung und die Förderung selbstgesteuerter, auch informeller Lernaktivitäten zentrale Voraussetzung.
Strategisch-instrumentell sollen partnerschaftliche Zusammenarbeit, Kooperation bzw. die Entwicklung von Netzwerken (auch Verzahnung von Bildungsbereichen) und der Aufbau von Lernzentren gefördert werden, die von Lerninteressenten selbständig genutzt werden können.
Diese beiden Leitgedanken werden im BLK-Programm zur Förderung einer neuen Lernkultur mit zusätzlichen Handlungsfeldern verknüpft:
Erprobung innovativer Angebote und Methoden des lebenslangen Lernens,
Stärkung der Motivation und Nachfrage nach lebenslangem Lernen sowie Förderung der individuellen Voraussetzungen,
Umsetzung des lebenslangen Lernens durch Verbesserung der Rahmenbedingungen.

Letztlich zielen diese Schwerpunkte auf eine Reform des Bildungssystems zugunsten einer neuen Lehr- und Lernkultur. Eine ähnliche Fragestellung wird von dem gleichzeitig laufenden Programm „Lernende Regionen“ (vom Bund und aus ESF-Mitteln finanziert) verfolgt, wobei darin die regionale Netzwerkbildung im Vordergrund steht, d.h. die Projekte müssen ein kohärentes Weiterbildungskonzept für ihre Region entwickeln, in dem Sozialpartner, das Arbeitsamt, kulturelle Einrichtungen etc. über ein Netzwerk beteiligt sein sollen.
Nachfolgend werden die Projekte des Modellversuchsprogramms LLL hinsichtlich der Kriterien Arbeitsschwerpunkte, Struktur, Zielgruppen, Vernetzungsbreite systematisiert. Dabei ergibt sich auch eine strukturelle Verortung sowie die besondere Charakterisierung des im vorliegenden Sammelband dargestellten Projekts „Innovative Methoden zur Förderung des lebenslangen Lernens im Kooperationsverbund Hochschule und Weiterbildung“ (LLL-Landau).

## 1.1 LLL-Projekte geordnet nach Arbeitsschwerpunkten

Nachfolgend sind die LLL-Projekte aufgeführt, wobei nach dem wesentlichen Arbeitsschwerpunkt gruppiert wurde. Es ist dabei zu beachten, dass eine Gruppierung nicht einfach ist, weil die Projekte in den meisten Fällen Bildungsbereichsverschränkungen anstreben, z.B. eine Trainerfortbildungskomponente enthalten, und selbstverständlich auf die Stärkung der Lernenden zielen (vgl. Abb.1).

*Projekte, die wesentlich Weiterbildungsnetze installieren*
Lehren und Lernen im Netzwerk Weiterbildung (Mecklenburg-Vorpommern)
Entwicklung, Umsetzung und Erprobung neuer Lehr- und Lernarrangements in der politischen Bildung an Erwachsenenbildungseinrichtungen (Thüringen)

Vernetzungskonzept von Bildungseinrichtungen und Anstellungsträgern für Weiterbildungsarrangements in NRW und Sachsen-Anhalt (Sachsen-Anhalt)
Lernen - Aufbau eines regionalen Netzwerkes „Lernen und Selbstlernen" im Programm: Lebenslanges Lernen (Nordrhein-Westfahlen)
Lernorientierte Qualitätstestierung in Weiterbildungsnetzwerken (Niedersachsen)

*Schulorientierte Projekte*
Schulische Bildung für nachhaltige Lernmotivation (Bayern)
Projektpartnerschaften im Service-Netzwerk-Beratung (Hamburg)
Förderung selbstgesteuerten Lernens durch Vernetzung verschiedener Lernorte zu einem „Netzwerk Lernkultur" (Hamburg)
Eingliederung von bildungsfernen und lernbenachteiligten Schülerinnen und Schülern der Hauptschule in eine kontinuierliche lebenslange Lernbiographie (Schleswig-Holstein)
Abgestimmte Trainingsmaßnahmen für Lehrkräfte und Schüler an Grundschulen zur Sicherung von grundlegenden Voraussetzungen für lebenslanges Lernen (Schleswig-Holstein)
Sprachnetzwerke in Grenzräumen (Saarland)
*Projekte zur Fortbildung der Fortbildner*
Netzwerk zur Implementierung selbstgesteuerten Lernens in bestehende Träger der Erwachsenen- und Weiterbildung - QINEB, NIL (Hessen)
Selbstlernfähigkeit, pädagogische Professionalität und Lernkulturwandel (Baden-Württemberg)
Lebenslanges forschendes Lernen im Kooperationsverbund Schule-Seminar-Universität (Niedersachsen)
Qualität des Lernens verbessern, Schulkultur und Lernumgebung entwickeln (Baden-Württemberg)

*Projekte zur Stärkung des Selbstlernens*

Räumlich und zeitlich entkoppeltes „Forschendes Lernen" als Motor einer neuen Lernkultur (BW)

*Projekte zur Organisationsentwicklung:*

Selbstgesteuertes Lernen und Organisationsentwicklung in Weiterbildungseinrichtungen (Berlin)

Selbstgesteuertes Lernen und Organisationsentwicklung in Weiterbildungseinrichtungen (Brandenburg)

Innovative Methoden zur Förderung des lebenslangen Lernens im Kooperationsverbund Hochschule und Weiterbildung (Rheinland-Pfalz)

*Projekte zur beruflichen Bildung:*

Interkulturelle Weiterbildung im Netzwerk für kleine und mittlere Unternehmen

Selbstorganisiertes, lebenslanges Lernen in der Arbeitswelt (Bremen)

Passagen lebenslangen Lernens in beruflichen Qualifizierungsprozessen von bildungsbenachteiligten Zielgruppen (Bremen)

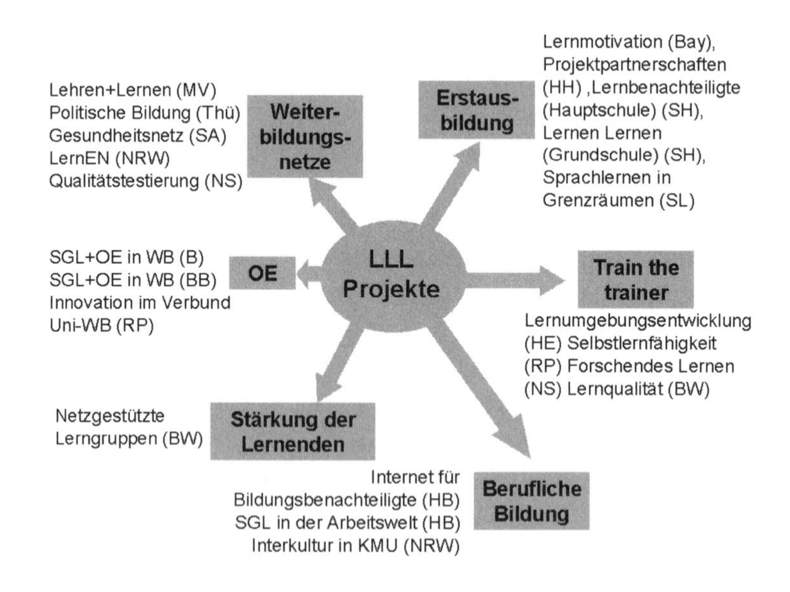


Abb1: Die Schwerpunkte der LLL- Projekte im Überblick

Es zeigt sich, dass Untersuchungen, die sich ausschließlich auf das lernende Individuum konzentrieren, dessen Stärkung unabhängig von institutionellem Beistand besonders gefördert werden sollte, rar sind. Demgegenüber gibt es eine gewisse Dominanz der Schul- und Weiterbildungsthematik, aber auch die Professionalisierung der Weiterbildner ist häufiger Schwerpunkt (und spielt meistens bei den anderen Projekten auch eine Rolle). Hinsichtlich des Landauer LLL-Projekts wird ersichtlich, dass es sich um ein Organisationsentwicklungsprojekt zur Verbesserung der institutionellen Rahmenbedingungen für das selbstgesteuerte lebenslange Lernen handelt, wobei es den Aspekt der Personalentwicklung bzw. der Weiterbildung der Weiterbildner integriert. Systematisch wird das Konzept verfolgt, Erwachsenenbildner in ihrer Auseinandersetzung mit OE-Aspekten zu unterstützen, ihre Kompetenzen zu entwickeln und sie im Sinne der Nachhaltigkeit als Multiplikatoren sowie Moderatoren zu qualifizieren. Damit wird nicht nur ihr eigenes Lernen gefördert, sondern Support für das Lernen anderer in der Einrichtung bzw. der Organisation geschaffen.

## 1.2 Struktur der Projekte

Die Abbildung 2 gibt die Zuständigkeit und Inhaltsspezifik der Projekte wieder, wobei auffällt, dass die meisten Antragsteller aus Hochschulen (bzw. „Aninstituten") kommen. Ein Hochschulprojekttypus hat in der Regel eine ausgewiesenere interne wissenschaftliche Begleitstruktur, womit der Schwerpunkt stärker auf das Untersuchen ausgelegt ist, während die anderen Projekttypen stärker auf Erprobung und Umsetzung zielen.
Die rechte Hälfte der Abbildung 2 weist auf, in wie viel Projekten jeweils ein spezifischer Bildungsbereich, sei es wesentlich (primär) oder deutlich – mitbehandelt (sekundär) wird. In insgesamt 11 Projekten geht es um Schule und Lehrerfortbildung, und in 14 Projekten ist die Weiterbildung deutlich beteiligt. D.h. Weiterbildung und die Schulbildung sind im Programm am

stärksten vertreten (die letzte Spalte überschreitet 100%, weil ein Projekt mehrere Schwerpunkte haben kann).

| Bereich | Antragsteller |
|---|---|
| Schule | 1 |
| berufliche Bildung | 1 |
| Weiterbildung | 5 |
| Hochschule | 11 |
| Ministerien | 4 |

| Bildungsinhalte | Primär | sekundär | Insgesamt |
|---|---|---|---|
| Schule Lehrerfortbildung | 8 | 3 | 11 (50%) |
| Berufliche Bildung | 3 | 2 | 5 (23%) |
| Weiterbildung | 10 | 4 | 14 (64%) |
| Hochschule | 1 | 4 | 5 (23%) |

Abb. 2: Übersicht der Antragsteller und Bildungsinhalte von LLL-Projekten

Dass Schule und Weiterbildung stärker vertreten sind, ist fachlich durchaus zu verantworten. In der Schule wird der Grundstock für das „Lernen lernen“ gelegt, und in der Phase des bildungspolitischen Übergangs vom lehrerzentrierten zum eher selbstgesteuerten Lernen haben die Pädagogen selbst einen hohen Weiterbildungsbedarf. Selbstgesteuertes Lernen und Eigenverantwortung für Bildungsentscheidungen sind keine „Selbstläufer“, sondern bedürfen der Unterstützung durch darauf vorbereitete Bildungseinrichtungen und professionelle Lernberatung.

In der Aufstellung fehlen Vorschulprojekte und Projekte, die sich mit den Rahmenbedingungen lebenslangen Lernens auseinandersetzen. Zu letzterem wurden finanziert vom Bund und aus ESF-Mitteln zwei sogenannte Verbundprojekte aufgelegt, an denen fast alle Bundesländer teilnehmen. Die Themen sind „Lernerorientierte Qualitätstestierung in der Weiterbildung“ und „Weiterbildungspass mit Zertifizierung informellen Lernens“. Diese Projekte sind bundesweit ausgerichtet, um strukturell gleiche Rahmenbedingungen in Deutschland zu erreichen,

was aufgrund der Kulturhoheit der Länder und der Komplexität der Themen ein hohes Maß an Abstimmung erfordert. Daher wurden jeweils aufwändige Machbarkeitsstudien vorgeschaltet, die den eigentlichen Projekten zur Inhaltsbestimmung, Durchführbarkeit, und zur Akzeptanz verhelfen sollten. Die Hauptphasen der Projekte begannen im Jahr 2003.
Bezüglich des Landauer LLL-Projekts ist hervorzuheben, dass es einerseits dem Typus der Hochschulprojekte zuzuordnen ist und dementsprechend auf die Untersuchung spezifischer Aspekte des lebenslangen Lernen gerichtet war. Andererseits belegen die im vorliegenden Band dargestellten Ergebnisse, dass das Projekt gleichermaßen der Erprobung und Umsetzung konkreter Maßnahmen zur Förderung der Rahmenbedingungen des lebenslangen Lernens beinhaltete. Wissenschaftliche Perspektiven und pragmatische Gesichtspunkte erscheinen hierbei mit einander verschränkt.

## 1.3 Zielgruppen der LLL-Projekte

Nur wenig Projekte fokussieren vom Ansatz her direkt eine Zielgruppe, weil der Anspruch, bildungsbereichsübergreifende Netze zu bilden, zu einer „Mixtur" von beteiligten Zielgruppen führen soll. Des Weiteren sind die Endnutzer im Projektkontext häufig nicht die Bildungsadressaten einer Einrichtung, sondern die Einrichtung selbst, oder die Lehrenden der Einrichtung. So weist der Versuch, die Projekte nach den bevorzugten Zielgruppen zu gruppieren, als dominierende Gruppe die Lehrenden aus (Abb. 3).

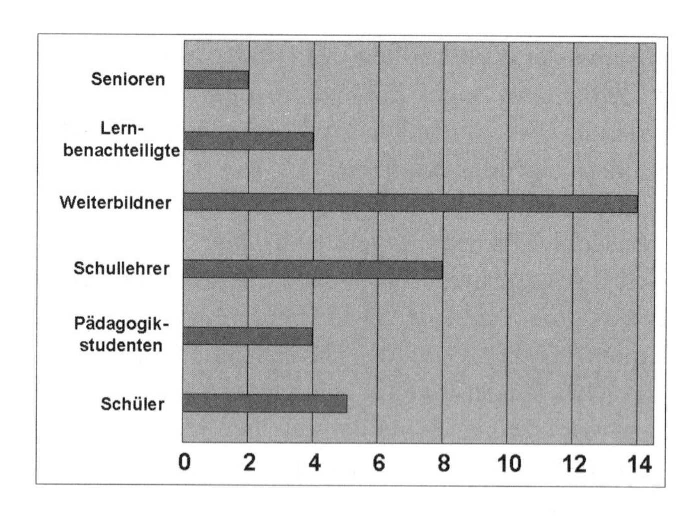


Abb. 3: Zielgruppen der Projekte (Mehrfachnennungen möglich)

Dies gilt auch für das Landauer LLL-Projekt, wobei es vom Ansatz her auf die Zielgruppe der Weiterbildenden in entsprechenden Einrichtungen fokussiert ist, in seinen Resultaten oder Produkten allerdings auch eine generelle Zielgruppen- bzw. Kundenorientierung bei der Gestaltung organisatorischer Strukturen und Abläufe sowie von Programmen und Angeboten berücksichtigt. Außerdem wird durch die Verzahnung akademischer Ausbildung und wissenschaftlicher Weiterbildung auch die Gruppe der Pädagogikstudenten angesprochen. Dies in der Form, dass Studenten in die auf die „eigentliche" Zielgruppe (Weiterbildner) gerichtete Professionalisierungsprozesse über kooperative Lernarrange-ments eingebunden sind.

## 1.4 Die Vernetzungsbreite der Projekte

Weiter oben (1.2.) wurden die Projekte nach Bildungsbereichen gruppiert. Die folgende Tabelle zählt die Projekte nach ihrer Vernetzungsbreite auf. Die Verzahnung unterschiedlicher Bildungsbereiche mit Einrichtungen aus dem kulturellen und sozialem Umfeld ist ein Hauptziel des Programms, das immerhin in 10 Projekten angestrebt wurde. Ob ein Projekt ein Netzwerk von Einrichtungen eines Bildungsbereichs (z. B. ein Schulnetz) etabliert oder ob in einem Netzwerk „Bildungsbereichsdiversität" herrscht, stellt eine jeweils andere Herausforderung an den Aufbau und die Pflege dieser Netze dar.

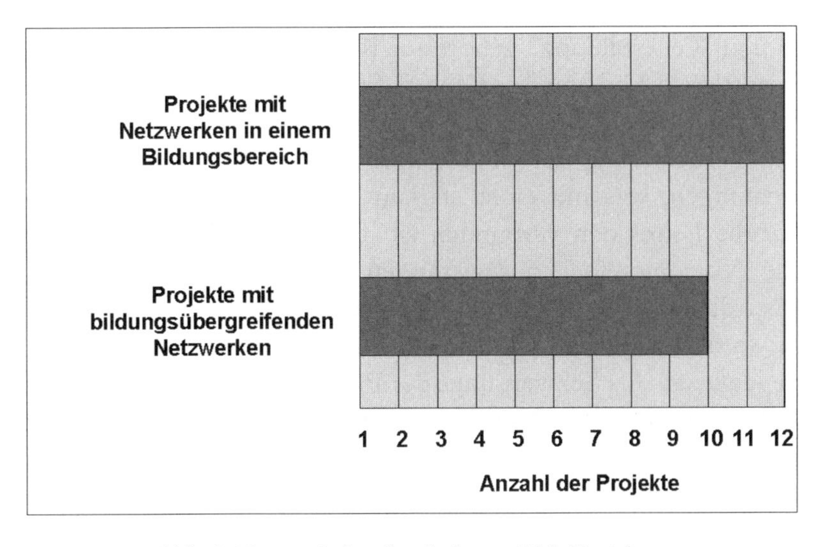


Abb. 4: Netzwerkcharakteristik von LLL-Projekten

Das Landauer LLL-Projekt war vor allem aufgrund der im Verlauf arrangierten einrichtungsübergreifenden Workshops (Kompetenzateliers) auf die Initiierung von Vernetzung in einem Bildungsbereich, der Weiterbildung, ausgerichtet. Darüber hinaus realisierte sich eine bildungsbereichsübergreifende Vernetzung dadurch, dass den Weiterbildungseinrichtungen und –mitarbeitern Beratungsdienstleistungen von einer Universität angeboten wurden und zusätzlich Projektseminare durchgeführt wurden, in denen die Kooperation zwischen Erwachsenenbildungsstudenten und aktiven Weiterbildnern in einem gemeinsamen Arbeits- und Lernkontext gefördert wurde.

## 2. Das Landauer Projekt im Programmverbund BLK-LLL

Das Landauer Projekt „Innovative Methoden zur Förderung des lebenslangen Lernens im Kooperationsverbund Hochschule und Weiterbildung" gehört zur Klasse der von Universitäten beantragten und durchgeführten Projekte, die sich durch eine wissenschaftliche Begleitung ausweisen. Das Projekt zielt auf die Verbesserung der organisatorischen Bedingungen in Einrichtungen, was mit einer starken Weiterbildungskomponente für die Lehrenden verbunden ist. Gleichzeitig hat das Projekt die Nutzung einer netzgestützten Plattform vorangetrieben, über die ein Austausch der verschiedenen Teams erfolgen sollte, so dass Landau auch eine starke mediale Komponente ausgeprägt hat. Als Schwerpunkt der Professionalisierung der Weiterbildenden wurden Kompetenzentwicklung und Lernberatung gesetzt, so dass hier eine weitere Charakteristik sichtbar wird. Bzgl. des Vernetzungsgrades arbeitet das Projekt mit der Arbeitsstelle für die Weiterbildung der Weiterbildenden am Zentrum für Human Ressource Management zusammen, die wiederum mit allen Weiterbildungseinrichtungen von Rheinland Pfalz vernetzt ist. Diese kurze Beschreibung zeigt, wie breit die Arbeitsschwerpunkte und die Verzahnung mit dem Segment Weiterbildung angelegt ist.
Die folgende Grafik (Abb.5) zeigt primäre Bezüge zu anderen Projekten des LLL-Programms. Würde man die „Lernenden Regionen" oder weitere LLL-orientierte Programme durchforsten, ließen sich sicher noch viel mehr an verwandten Untersuchungen aufzählen.

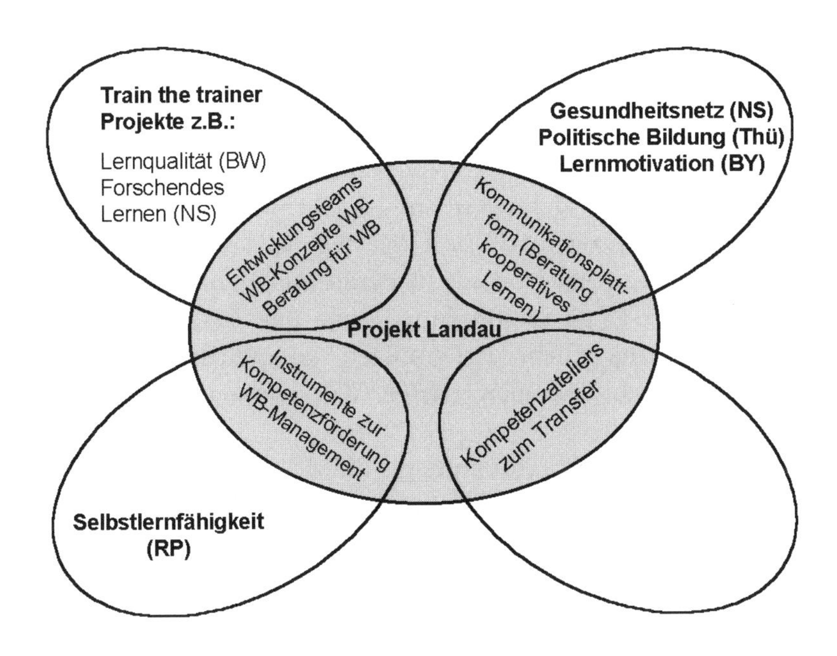


Abb.5 Thematische Bezüge zu anderen Projekten des Programms

Teamansätze von Weiterbildnern, Lehrenden an Schulen z.T. mit Studierenden verfolgen neben dem Landauer LLL-Projekt auch die Projekte der Uni Heidelberg (BW) und der Universität Ulm (NS) (und noch weitere Projekte). Von Interesse dürfte sein, welche Organisationsformen, welche methodischen Begleitungskonzepte etc. in diesen Teams zu welchen Lösungen geführt haben, um z.B. die Frage zu beantworten, welche Teamform für Weiterbildende besonders geeignet zu deren Professionalisierung ist. Für solche, aus der Programmsicht wünschbaren Querschnittsuntersuchungen sind leider in allen Projekte die Ressourcen zu knapp ausgelegt.
In der Umsetzung einer Kommunikationsplattform, die in der Projektphase ein Werkzeug besserer Kooperation zwischen räumlich verteilten Teams darstellte, und langfristig als ein Wissensmanagementsystem gedacht ist, hat das Landauer LLL-Projekt umfassende Erfahrungen gesammelt, die in mehreren Publikationen einer breiteren Öffentlichkeit zur Verfügung

gestellt wurden. Es gab einen Erfahrungsaustausch mit den Entwicklern der Plattformen in Thüringen und Sachsen Anhalt, wobei die unterschiedlichen Zeithorizonte und Mittelausstattungen allerdings eine engere Kooperation erschwert haben.
Die Kompetenzförderung ist im Projekt der Universität Heidelberg (RP) bezogen auf die Fragestellung des selbstgesteuerten Lernens verfolgt worden. In Berlin und Brandenburg wurden bzgl. der Organisationsentwicklung und Fragen des Weiterbildungsmanagement Erfahrungen gesammelt, an denen Landau durch projektübergreifende Workshops mit partizipiert hat.
Die Durchführung einrichtungs- und trägerübergreifender Workshops im Sinne der Kompetenzateliers hat am Landauer Beispiel weitgehend einzigartig gezeigt, wie Transfer schon während der Projektdurchführung und nicht erst am Ende der Projektlaufzeit berücksichtigt und produktiv gestaltet werden kann.

Die hier noch unvollständig aufgezeigten thematischen Bezüge zwischen Projektfragestellungen sind in der Projektlaufzeit von allen beteiligten Projekten meist nur wenig verfolgt worden. Man kann das aus übergreifender Sicht bedauern, und befürchten, dass hier mögliche Synergismen verpasst wurden. Aus der Prozesslogik eines Projektes betrachtet, müssen aber wohl bestimmte Fragen methodischer und organisatorischer Art erst selbst erprobt und erfahren werden, bevor sie auf einer Metaebene verglichen werden können. Auch die Ungleichzeitigkeit der Entwicklungen z.B. bei den verschiedenen Teamansätzen erschwert einen programminternen Transfer, weil bei einem denkbaren Erfahrungsaustausch in einem frühen Entwicklungsstadium, die Tastversuche und spezifischen Charakteristika der jeweiligen Ansätze den gezielten produktiven Austausch sehr erschweren.

Trotz dieser Schwierigkeiten darf man das Landauer Projekt durchaus als sehr aufgeschlossen bzgl. projektexterner Kontaktaufnahmen charakterisieren. Auf allen Fachtagungen des Programms war das Projekt meist auch mit einem Input präsent, es hat programminterne Kontakte gepflegt, schon im Prozess Publikationen produziert und weiteres zum Transfer geleistet. Es ist sehr zu wünschen, dass bei einer möglichen Fortführung z.B. bezogen auf eine Absicherung der Nachhaltigkeit und auf breiten Transfer der Programmergebnisse das Projekt Landau seine Erfahrungen mit einbringen kann.

## Literatur

BLK (Hrsg.) (2001): Lebenslanges Lernen. Programmbeschreibung und Darstellung der Länderprojekte. Bonn: Bund-Länder-Kommission für Bildungsplanung und Forschungsförderung.

# III. Projektansatz

Konzept, Gestaltung, Ergebnisse

Detlef Behrmann

# Professionalisierung unter dem Aspekt der Optimierung von Systemvoraussetzungen für das lebenslange Lernen – Erfahrungen und Erkenntnisse eines Forschungsprojekts

Lebenslanges Lernen lässt sich aus pädagogisch-anthropologischer Sicht zunächst als ein grundsätzliches Muster menschlicher Verfasstheit ansehen, wenn der Mensch als ein Lernwesen verstanden wird, welches sich in permanenter Auseinandersetzung mit sich selbst und der Welt entwickelt und dabei eine soziale, ökonomische, politische, religiöse, ethische und ästhetische wie auch eine pädagogische Praxis hervorbringt. In Anlehnung an die Felder menschlicher Praxis lässt sich das lebenslange Lernen also nicht nur als Bestimmungsmerkmal des Menschen, sondern auch als konstitutiv für die von ihm gestaltete Lebenswelt deuten. Geht man hiervon aus, lassen sich auch die ausdifferenzierten Institutionalisierungsformen gesellschaftlichen Lebens unter der Perspektive des lebenslanges Lernens fassen und als kontinuierlicher Veränderungsprozess organisationaler Strukturen verstehen.
Insofern kann festgestellt werden: „Das Weiterbildungssystem, seine flexiblen und durchlässigen Strukturen bzw. sein Anreiz-, Motivations- und Fördersystem sagen etwas darüber aus, wie weit eine Gesellschaft lebenslanges Lernen ermöglicht“ (Gieseke 2003, S. 7). Die Erscheinungsform des Weiterbildungssektors als gesellschaftlichem Partialsystem bringt zum Ausdruck, inwieweit individuelle Lern- und gesellschaftliche Entwicklungsprozesse gestützt und die Reproduktion wie Innovation des Lebens des Einzelnen und der Konstitution sozialer Lebenswelten gefördert wird, wobei die Entwicklung des stützenden Systems selbst mit eingeschlossen ist.
Vor dem Hintergrund dieser grundsätzlichen Annahme hat das Projekt „Innovative Methoden zur Förderung des lebenslangen

Lernens im Kooperationsverbund Hochschule und Weiterbildung" (im Folgenden: Projekt LLL) in Anlehnung an die Programmbeschreibung des BLK-Modellversuchsprogramms „Lebenslanges Lernen" (vgl. BLK 2001) zuvorderst die Programmlinie 3 des Modellversuchsprogramms, „Umsetzung des lebenslangen Lernens – Verbesserung der Rahmenbedingungen", aufgegriffen, erforscht und in produktive Gestaltungsmaßnahmen umgesetzt. Daneben wurden aber auch Teilaspekte des Gesamtkonzepts, „Lebenslanges Lernen – übergeordnete Leitgedanken", sowie der Programmlinie 1, „Erprobung innovativer Angebote und Methoden des lebenslangen Lernens", und der Programmlinie 2, „Stärkung der Motivation und Nachfrage nach lebenslangem Lernen sowie Förderung der individuellen Voraussetzungen", berücksichtigt.
In Bezug auf diese programmatischen Gesichtspunkte liefert der folgende Beitrag einen Überblick über konzeptionelle Überlegungen, Ansatzpunkte, Durchführungsaspekte und Ergebnisse des Projekts LLL. Dies soll Aufschluss über ein mehrdimensionales Professionalisierungskonzept geben, welches zur Förderung der organisatorischen Voraussetzungen des lebenslangen Lernens veranschlagt werden kann. Dabei wird letztlich deutlich, dass das lebenslange Lernen nicht nur durch Weiterbildung zu stützen, sondern auch von den Weiterbildungseinrichtungen und ihren Mitarbeitern selbst als Entwicklungs- und Veränderungskonzept in Anspruch zu nehmen ist (vgl. Schwarz 2003). Beratung und informationstechnologische Unterstützung von Professionalisierungsvorgängen spielen dabei ebenso eine Rolle, wie die Selbstbestimmung im Lern- und Entwicklungsprozess und die Verzahnung einer bildungsbereichsübergreifenden Professionalisierung von künftigen und aktiven Erwachsenenbildnerinnen und Erwachsenenbildnern.

## 1. Professionalisierung durch Optimierung der Rahmenbedingungen

In der Programmbeschreibung heißt es, dass für das lebenslange Lernen aller Menschen „Systemvoraussetzungen entwickelt und erprobt“ (BLK 2001, S. 20) werden müssen. Hierauf konzentrierte sich das Projekt LLL. Schwerpunkt der Projektaktivitäten war es, in den Weiterbildungseinrichtungen Systemvoraussetzungen im Sinne organisatorischer Rahmenbedingungen des lebenslangen Lernens zu optimieren. Die Aktivitäten auf organisatorischer bzw. betrieblicher Ebene konnten darüber hinaus im Verlauf des Projekts auch auf die Ebene der Weiterbildungspolitik (Träger, Landesorganisationen für Weiterbildung, Ministerium) sowie auf die Ebene der Lernmilieus (Programme, Angebote, Zielgruppen) ausstrahlen. Um dies verdeutlichen zu können, sei zunächst ein Zugang über organisationstheoretische Vorstellungen gesucht.
Unter Organisation wird ein in sich geschlossenes System verstanden, das im überdauernden Zusammenwirken von Technik, Arbeitsorganisation und Personal sowie unter Einsatz bestimmter Ressourcen und Verfahren spezifische Ziele verfolgt und diese in Wechselwirkung mit der Umwelt unter Voraussetzung einer prinzipiellen Responsivität gegenüber dem Systemkontext realisiert. Organisationen reduzieren Komplexität, indem sie Ordnungsstrukturen bilden, die das funktionale Zusammenwirken von einzelnen Systembestandteilen und die Interaktionen der Akteure regeln und dabei Orientierung hinsichtlich der Koordination technisch-organisatorischen wie sozialen Handelns stiften und darüber hinaus einen spezifischen Sinn bzw. bedeutungshafte Hintergründe konstituieren.
In diesem Sinne stellen zweifelsohne auch Weiterbildungseinrichtungen Organisationen dar, die als Resultat funktionaler Differenzierung die Reproduktions- und Innovationsfunktion einer arbeitsteilig organisierten Gesellschaft wahrnehmen, indem sie das prinzipielle Reflexivwerden sozialer Zusammenhänge und einer darauf ausgerichteten Förderung von Gestal-

tungskompetenzen der Individuen als Persönlichkeiten und als Gesellschaftsmitglieder aktiv unterstützen.
Da Weiterbildung nicht nur die Reproduktion und Innovation einer Gesellschaft sowie das Lernen von Individuen als Persönlichkeiten und gesellschaftliche Funktionsträger über reflektierte Auseinandersetzungs- und Entwicklungsprozesse fördert, sondern selbst mit ihren Einrichtungen und Mitarbeitern diesen Prozessen unterliegt, befindet auch sie sich in einem ständigen Wandlungsprozess, der über Lernprozesse der Weiterbildner sowie Entwicklungsprozesse der Weiterbildungseinrichtungen erfolgt. Insofern wird das Konzept des lebenslangen Lernens im Sinne der gesellschaftlichen Reproduktion und Innovation mittels des ständigen Lernens von Individuen und der kontinuierlichen Veränderung von Organisationen durch Weiterbildung und Organisationsentwicklung auch von Weiterbildung selbst in Anspruch genommen und kann im Sinne einer kontinuierlichen Personal- und Organisationsentwicklung als Professionalisierungsstrategie gelten (vgl. Behrmann 2003a).
Die Initiierung und Gestaltung entsprechender Entwicklungsprozesse liegt zunächst im Verantwortungsbereich der Träger und Einrichtungen der Weiterbildung. Da Weiterbildung aber nicht zuletzt vor dem Hintergrund öffentlicher Interessen gestaltet wird, haben Entwicklungsprogramme und –projekte, die von Bund und Ländern gefördert werden, einen nicht unerheblichen Einfluss auf die Optimierung des Weiterbildungssystems und seiner Einrichtungen. In diesem Zusammenhang ist festzustellen, dass die „expansive Nutzung der Drittmittel in Weiterbildungseinrichtungen (...) zur großen Relevanz projektförmiger Organisationsformen geführt (hat)“ (Küchler/Schäffter 1997, S. 29).
Systemisch gesehen werden Probleme und Innovationsbedarfe primärer Organisationsformen von Projekten als sekundärer Organisationsform aufgegriffen und bearbeitet, um aus der Bearbeitung hervorgehende Problemlösungen sowie Innovationen in die Primärorganisation umzusetzen. Projekte leisten dabei einen Beitrag zur Systemtransformation. Derartiges zu er-

möglichen, war Ziel des Projekts LLL. Wie dies im Projekt LLL vor dem Hintergrund der bisherigen Erläuterungen bewerkstelligt wurde, um die Rahmenbedingungen des lebenslangen Lernens zu fördern, wird nun dargestellt.
Da der Systembegriff offen lässt, um welches System es sich genau handelt, ist in Projekten zunächst zu bestimmen, in welchem System Projektaktivitäten initiiert und realisiert werden und auf welche Umsysteme sich diese Aktivitäten beziehen bzw. auf welche systemische Kontexte die Aktivitäten ausstrahlen (Abb.1).

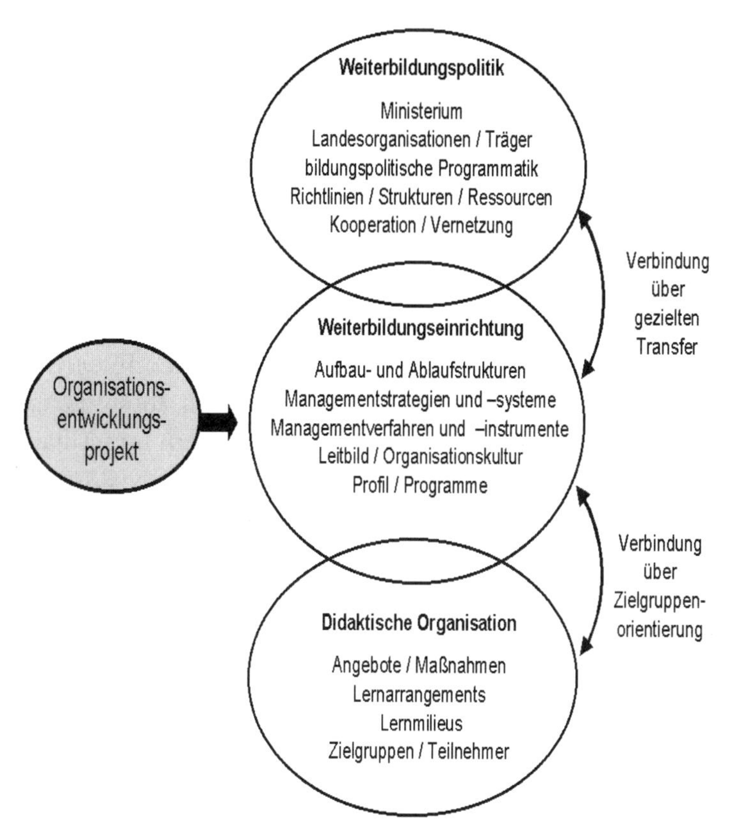


Abbildung 1: Ansatzpunkt und Ausstrahlungseffekte des Projekts LLL

(1) In Anlehnung an die Konstitutionsebenen pädagogischer Organisationen, d.h. die weiterbildungspolitische Ebene, die Ebene der Weiterbildungseinrichtung als betrieblichem Zusammenhang und die Ebene der didaktischen Organisation (vgl. Schäffter 2003), ist festzustellen, dass das Projekt LLL auf der Ebene der Weiterbildungseinrichtung und deren organisatorischer Gestaltung angesetzt hat. Angesichts der mit den Partnern in den Teilprojekten ermittelten Probleme oder Innovationsbedarfe wurden Zielvereinbarungen zu Lösungs- und Umsetzungsstrategien und den anzusteuernden Resultaten für den organisationalen Wandel getroffen.
Eine Clusterung der einzelnen Themen in den Teilprojekten (Entwicklungsteams) ergab übergreifende Themenstellungen, wie Reorganisation im Zusammenhang mit Teamentwicklung und Weiterbildungsmanagement sowie Zielgruppenorientierung im Zusammenhang mit Programmplanung und Weiterbildungsmarketing. In beiden Fällen wurde die Thematik der Entwicklung von Komponenten des Qualitätsmanagements mit berücksichtigt.
Die Entwicklungsteams, die das Projekt durchführten, bestanden zumeist aus Leitern und Mitarbeitern einer Einrichtung, wobei sich der Teilnehmerkreis unterschiedlich zusammensetzte aus haupt-, neben- und ehrenamtlichen Leitern und Mitarbeitern sowie aus pädagogischem Personal und Verwaltungskräften. In einem Projekt arbeiteten Leiter unterschiedlicher Einrichtungen eines gemeinsamen Trägers im Entwicklungsteam zusammen.
Zu den Ergebnissen, die im Zuge der Entwicklungsteamarbeit erzielt wurden, gehörten beispielsweise die Neubestimmung von Verantwortlichkeiten und Funktionen in der Einrichtung, die Definition von Kernprozessen, wie etwa der Programmplanung, die Erstellung eines neuen Programmhefts aufgrund einer Bedarfsanalyse, die Erstellung einer Datenbank zur Infrastruktur und zu demographischen Informationen über Zielgruppen in einzelnen Regionen, der Entwurf eines leitbildorientierten Selbstverständnisses zur kundenorientierten Weiterbildungsar-

beit bis hin zur Neugestaltung von Schriftstücken und Plakaten mit einem organisationsspezifischen Charakter. Außerdem wurde ein Pool von Instrumenten entwickelt, die im Zuge der Gestaltung von künftigen Organisationsentwicklungsprojekten eingesetzt werden können.
Über diese Innovation von Strukturen, Abläufen und Instrumenten durch die jeweiligen Teilprojekte wurde ein iterativer Transformationsprozess der eigenen Organisation auf betrieblicher Ebene eingeleitet und zielorientiert durchgeführt, der die organisatorischen Voraussetzungen für eine adäquate Weiterbildungsarbeit verbessern half.

(2) Wie aus den Beispielen deutlich wird, ergeben sich aus Organisationsentwicklungsprojekten bezüglich der betrieblichen Organisation einer Weiterbildungseinrichtung auch Auswirkungen auf die Ebene der didaktischen Arrangements im weiteren Sinne.
Dies war im Projekt LLL insofern der Fall, als die institutionelle Deutung der Bedarfslagen von potentiellen Weiterbildungsteilnehmern als Gegenstand der Programmplanung gezielt aufgenommen und in entsprechende Abläufe, Programme und Angebote umgesetzt wurde.
Auch wenn – dem Sprachgebrauch im Modellversuchsprogramm folgend – die „Endnutzer“ des Projekts LLL die Weiterbildner selbst und nicht die Weiterbildungsteilnehmer waren, so lässt sich doch feststellen, dass die Veränderung auf der organisationalen Ebene Nebeneffekte in Richtung der didaktischen Ebene bzw. der Lernmilieus aufwies, indem z.B. potentielle Teilnehmer durch veränderte Programmhefte und Angebotsformulierungen angemessener angesprochen wurden, die Verwaltungsabläufe kundengerechter gestaltet werden konnten und das spezifische Profil der Einrichtung und ihres Programms den Weiterbildungsinteressenten bei der Auswahl adäquater Maßnahmen zur Seite stand.

(3) Bezüglich der Ebene der Weiterbildungspolitik, die das Zusammenwirken unterschiedlicher Partialsysteme in der Weiterbildung impliziert, ergeben sich ebenfalls Wirkungen eines Projekts, sofern es Arrangements bereitstellt, die die Wechselwirkungen von Partialsystemen zum Zweck der Förderung der Transformation des Gesamtsystems verstärken. Im Projekt LLL wurden hierzu Workshops, die sogenannten Kompetenzateliers, eingesetzt.
Ein erstes Kompetenzatelier bestand darin, dass sich die verschiedenen Entwicklungsteams aus unterschiedlicher Trägerschaft ihre Zielstellungen, ihre Entwicklungsansätze und –maßnahmen sowie ihre bisherigen Prozesserfahrungen und –ergebnisse gegenseitig vorstellten. In Plenumsdiskussionen und im bilateralen Erfahrungsaustausch konnten sowohl Einzelaspekte vertieft als auch generelle Vorgehensweisen zur Optimierung der organisatorischen Voraussetzungen für das lebenslange Lernen weiter herausgearbeitet werden. In einem weiteren Schritt wurden in kleineren gemischten Gruppen Implikationen von Organisationsentwicklung in Weiterbildungseinrichtungen analysiert und in deren Zusammenhang und Wirkungsweise spielerisch präsentiert (Pantomime, Geschichte, Bild, Musikstück).
Insgesamt wurde hierdurch ein Rahmen geschaffen, der dazu beitrug, am Beispiel anderer zu lernen und deren Erfahrungen und Erkenntnisse auf die Situation der eigenen Arbeit und Einrichtung zu übertragen. Darüber hinaus konnte die spielerische Auseinandersetzung mit dem Thema Organisationsentwicklung zur verstärkten Sensibilisierung für das Thema beitragen. In Kartenabfragen, Punktewertungen und Blitzlichtern wurde der hohe Nutzen dieser Veranstaltung hervorgehoben. Dies wurde zunächst relativ unspezifisch geäußert, deutete sich aber in den Folgeprozessen u.a. dadurch an, dass modellhafte Vorgehensweisen anderer für die Strukturierung der eigenen Arbeit verwendet wurden oder die von anderen eingesetzten Instrumente für die Gestaltung des eigenen Prozesses im Entwicklungsteam angewendet wurden. Hieraus entstand auch die Idee einer ent-

wicklungsteamübergreifenden Instrumentensammlung, die mittels des Content-Management-Systems des Projekts LLL verfügbar gemacht wurde.
Ein zweites Kompetenzatelier war der Verständigung der Entwicklungsteams mit ihren vorgesetzten Dienststellen, Trägern, Landesorganisationen für Weiterbildung und einer Vertreterin des für Weiterbildung zuständigen Ministeriums gewidmet. Auch hier wurden zunächst Ergebnisse präsentiert. Ziel war es diesmal jedoch, deutlich zu machen, an welcher Stelle und auf welche Weise sich aus den Ergebnissen der Entwicklungsteams Innovationspotentiale für die jeweilige Gesamteinrichtung und auch für die Zusammenarbeit der Landesorganisationen für Weiterbildung ergeben. Die hierzu aufgezeigten Ansatzpunkte wurden in Arbeitsgruppen aufgegriffen, diskutiert und weiterentwickelt sowie mit Blick auf konkrete Transfervorhaben bearbeitet.
Ergebnisse waren beispielsweise die Implementierung von Sitzungen pädagogischer Mitarbeiter mit Verwaltungskräften auf der Ebene der übergeordneten Dienststelle, einrichtungsübergreifende Organisationsentwicklungsforen auf der Ebene des Trägers, ein regionenübergreifendes Multiplikatorenkonzept zur Förderung zielgruppenorientierter Weiterbildungsarbeit, eine bessere Abstimmung der Qualitätsentwicklungsaktivitäten in der Gesamtorganisation sowie der mittelfristige Aufbau einer zentralen Supporteinrichtung für Organisationsentwicklungsprojekte auf Landesebene.
Reviews, die gegen Ende des Projekts durchgeführt wurden, ergaben, dass in einigen Fällen bereits konkrete Maßnahmen zur Realisierung der Transfervorhaben getroffen wurden, in anderen Fällen weiter am Konzept gearbeitet wurde und in keinem Fall die vereinbarten Transfervorhaben nicht weiter verfolgt wurden. Auf Landesebene steht ein Projekt zur trägerübergreifenden Implementierung von Qualitätsmanagementsystemen in konkreter Verhandlung.

Zusammenfassend lässt sich hinsichtlich der Professionalisierung der Weiterbildung zur Förderung der Rahmenbedingungen lebenslangen Lernens feststellen:

- Organisationsentwicklungsprojekte, die auf der betrieblichen Ebene der Weiterbildung ansetzen, sind eine wesentliche Voraussetzung dafür, die organisationalen Strukturen und Prozesse sowie Managementverfahren und Instrumente in den Einrichtungen zu optimieren, um dadurch die Voraussetzungen für lebenslanges Lernen zu verbessern. Die projektförmige Organisation solcher Entwicklungsvorgänge kann selbst als lebenslanger Prozess der kontinuierlichen Professionalisierung im Sinne des Lernens von Weiterbildnern und im Sinne der Entwicklung bzw. internen Transformation von Weiterbildungseinrichtungen gelten.
- Unter Berücksichtigung der Systemreferenzen pädagogischer Organisationen lassen sich Veränderungen bzw. Verbesserungen auf betrieblicher Ebene auf weitere Partialsysteme von Weiterbildung, wie die Ebene der Weiterbildungspolitik und die Ebene didaktischen Handelns und deren Zusammenwirken, ausweiten. Voraussetzung hierfür sind gezielt eingesetzte Arrangements, die die Wechselwirkungen zwischen den Partialsystemen ermöglichen, indem sie diese initiieren und begleiten.
- Projekte, die Entwicklungen nicht nur ein-, sondern mehrdimensional anregen, stellen Arrangements zur Verfügung, die ein lernförderliches Pendant zur mittleren Systematisierung des systemischen Zusammenhangs der Weiterbildung darstellen. Das bedeutet, dass an den Schnittstellen verschiedener Konstitutionsebenen von Weiterbildung Impulse gegeben und Innovationspotentiale freigesetzt werden, die sich über Rückkopplungen zwischen den Systemebenen in Transformationsprozesse des Gesamtsystems umsetzen.

## 2. Professionalisierung durch Beratung

Im Rahmen des Projekts LLL kam es in Anlehnung an die Strukturelemente des Modellversuchsprogramms darauf an, Veränderungsprozesse in Weiterbildungseinrichtungen zu initiieren, zu begleiten und zu Ergebnissen zu führen, die zum einen eine Professionalisierung für „hauptberufliche Kräfte als auch für nebenberufliche und ehrenamtliche" (BLK 2001, S. 20) Mitarbeiter bedeutete und die zum anderen der „Verbesserung der Rahmenbedingungen" (dies., S. 20) bzw. organisatorischen Voraussetzungen für die Planung und Organisation von Weiterbildungsarbeit im Kontext des lebenslangen Lernens dienten. Im Zuge der Organisationsentwicklungsprozesse wurden ebenfalls ansatzweise Voraussetzungen für die „Verstärkung des Qualitätsmanagements von (...) Bildungsträgern" (dies., S. 20) geschaffen, die zudem durch eine „begleitende Evaluation" (dies., S. 20) unterstützt wurden. Angesichts dieser Aufgaben wurden den Partnern (Entwicklungsteams) des Projekts LLL in der Projektlinie „Personal- und Organisationsentwicklung" (PE/OE) Beratungsdienstleistungen zur Verfügung gestellt, die entsprechende Professionalisierungsvorgänge unterstützten.

(1) Weiterbildungsberatung lässt sich zunächst in die Personenberatung und die Institutionenberatung untergliedern (vgl. Schiersmann 2000) (Abb.2). Bei der Personenberatung geht es zum einen um die Lern- und zum anderen um die Bildungslaufbahnberatung der Teilnehmer. Bei der Institutionenberatung geht es zum einen um die Qualifizierungsberatung für die Leiter und Mitarbeiter von Weiterbildungseinrichtungen und zum anderen um die Organisationsentwicklungsberatung.
In Anlehnung an diese Systematik handelte es sich bei den seitens des Projekts LLL angebotenen Beratungsleistungen in erster Linie um Institutionenberatung im Sinne der Organisationsentwicklungsberatung. Vom Ansatz her wurde allerdings von vornherein vom Konzept einer integrierten Personal- und Or-

ganisationsentwicklung ausgegangen. Das heißt, dass die Organisationsentwicklung zwar im Vordergrund stand, jedoch entstehende Qualifizierungsbedarfe ebenfalls aufgegriffen und – wo möglich – im Prozess durch Vermittlungsleistungen der Berater ausgeglichen wurden oder in aus dem Prozess ausgegliederten Weiterbildungsmaßnahmen befriedigt wurden. Hierbei kam die im Projekt LLL angelegte Kooperation mit der Arbeitsstelle für die Weiterbildung der Weiterbildenden zum Tragen, die hinsichtlich der erkannten Bedarfslagen z.B. Fortbildungsmaßnahmen zum Projektmanagement und zur zielgruppengerechten Formulierung von Ankündigungstexten für Weiterbildungsveranstaltungen durchgeführt hat.

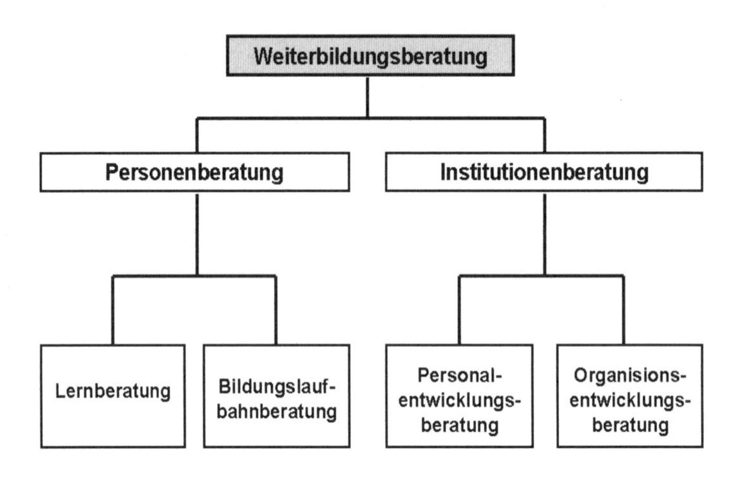


Abbildung 2: Dimensionen der Weiterbildungsberatung

Seitens des Projekts LLL ist dementsprechend festzustellen, dass Lernprozesse zur Kompetenzaneignung und –entfaltung von Individuen sowie Entwicklungsprozesse zur strukturellen und kulturellen Veränderung von Organisationen in einem wechselseitigen Zusammenhang stehen, denn: Kompetenzen können sich nicht optimal entfalten, wenn die organisationalen Rahmenbedingungen dies nicht zulassen, und organisationale

Rahmenbedingungen lassen sich nicht optimal gestalten, wenn keine entsprechenden Kompetenzen hierzu vorhanden sind. Angesichts des komplementären Zusammenhangs von Personal- und Organisationsentwicklung und deren rekursiver Beziehungsstruktur muss Organisationsentwicklungsberatung darauf eingestellt und institutionell darauf ausgerichtet sein, entsprechend differenzierte Dimensionen von Professionalisierungsvorgängen berücksichtigen und durch Angebote abdecken zu können.

(2) Beratung wird darüber hinaus definiert als „eine freiwillige, kurzfristige, oft nur situative, soziale Interaktion zwischen Ratsuchendem (Klienten) und Berater mit dem Ziel, im Beratungsprozeß eine Entscheidungshilfe zur Bewältigung eines vom Klienten vorgegebenen Problems durch Vermittlung von Informationen und/oder Einüben von Fertigkeiten gemeinsam zu erarbeiten" (Schwarzer/Posse 1986, S. 634). Vor diesem Hintergrund besteht die Aufgabe der Beratung vornehmlich darin, Klienten in der von ihnen selbst aktiv vollzogenen Problemlösung zu unterstützen. Nichts desto trotz finden sich neben einer am Klienten orientierten humanistisch-psychologischen Konzeption auch Ansätze, die eher von einer deterministischen Funktion der Beratung ausgehen, die bedeutet, dass Berater als Experten die Verhaltensänderung der Klienten herbeiführen können und sollen (vgl. Schwarzer/Posse 1986). Aus verschiedenen theoretischen Zugängen heraus kann letztlich eine Matrix entworfen werden (vgl. Küchler/Schäffter 1997), die besagt, dass es Beratungstypen gibt, bei denen die Problemlagen der Klienten vom Berater inhaltlich gedeutet und in direkt vermittelte Problemlösungen sowie vom Berater vorgegebene Problemlösungswege überführt werden (direktive Expertenberatung und fachliche Intervention in Entwicklungsverläufen). Daneben gibt es Beratungstypen, die davon ausgehen, dass das Problem und der Weg zu dessen Lösung seitens des Klienten definiert wird und dass der Berater die Funktion hat, dies durch fachliche Unterstützungsleistungen und nicht-

direktive Vorschläge zur Prozessgestaltung zu ermöglichen (fachliche Serviceleistungen und nondirektive Prozessberatung). Im Projekt LLL wurde diesbezüglich die Erfahrung gemacht, dass in den Beratungsprozessen zur Professionalisierung im Sinne der Qualifizierung von Weiterbildnern und der Entwicklung von Weiterbildungsorganisationen keiner der idealtypisch beschreibbaren Beratungstypen in ausschließlicher Form realisiert wurde. Vielmehr kam es darauf an, eine situationsadäquate Beratungsform in Interaktion mit den Teilnehmenden (Mitgliedern der Entwicklungsteams) ständig neu zu bestimmen. Dabei wurden die gegebenen Bedingungen in der Organisation als Voraussetzungen verstanden, an die Beratungsgegenstände und –formen anschließen. Zusätzlich wurden Szenarien und Visionen berücksichtigt, die über Organisationsentwicklung und gezielte Veränderungsprozesse erreicht und über spezifische Formen der Beratung unterstützt werden sollten. Die Klienten äußerten Entwicklungsbedarfe und formulierten Entwicklungsziele, denen seitens der Beratung durch Entwicklungsangebote und Unterstützungsleistungen entsprochen wurde. In dem Geflecht aus Bedingungen/Voraussetzungen, Szenarien/Visionen, Bedarfen und Zielen der Klienten sowie Angeboten und Leistungen der Berater ergab sich die variabel gestaltete Wahl spezifischer Beratungstypen (Abb.3). Leitgedanke war in jedem Fall, dass die Verfügung über den Beratungsprozess niemals aus den Händen der Klienten auf den Berater überging. Das heißt, dass selbst die zeitweilig veranschlagte Expertenberatung und die temporäre fachliche Intervention neben der Serviceleistung und der nicht-direktiven Prozessberatung nur dann zum Tragen kam, wenn die Klienten dies ausdrücklich befürwortet haben. Seitens des Beraters kam es darauf an, immer wieder auf die selbstbestimmte Problemdefinition und Problemlösungswegbeschreibung zu drängen, um einer rezeptiven Problembewältigungshaltung seitens der Klienten vorzubeugen.

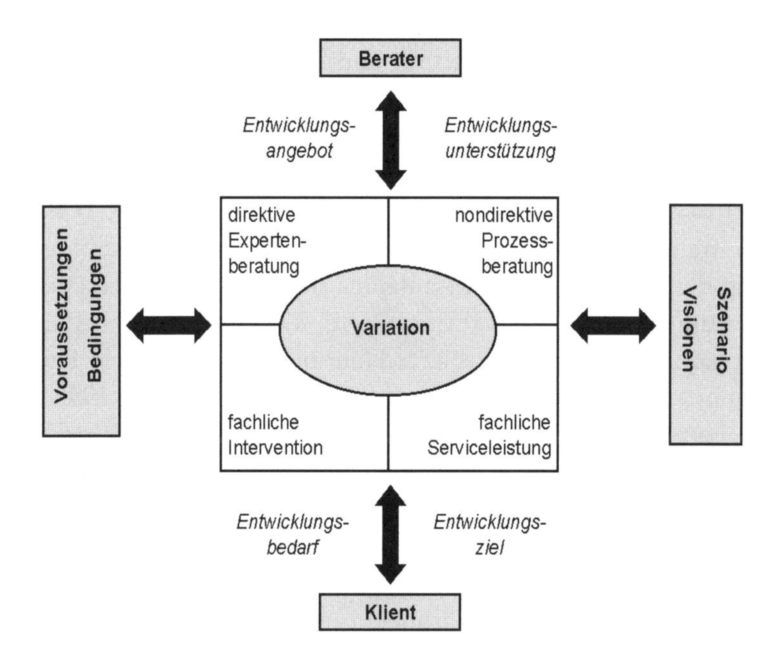


Abbildung 3: Variabel gestaltete Beratung im Projekt LLL

An dieser Stelle bleibt letztlich zu erwähnen, dass die im Beratungsprozess gegebene und seitens des Beraters immer wieder von neuem provozierte Selbstvergewisserung über die Definition von Problemlagen und die Regulierung von Problemlösungswegen in den projektseitig initiierten Prozessevaluationen und Reviews von den Klienten bzw. Entwicklungsteammitgliedern als akzeptabler und im gemeinsamen Einverständnis gestalteter Beratungsvorgang bewertet wurde.
In letzter Konsequenz bedeutet dies, dass Prozesse zur Erhöhung der Professionalität von Weiterbildnern und in Weiterbildungsorganisationen eine Beratung erforderlich machen, die zwischen verschiedenen Beratungstypen unterscheidet und diese situationsadäquat sowie in Abstimmung mit den von sich aus selbstbestimmten Klienten in Anschlag bringt.

(3) Ein weiterer Gesichtspunkt ist, dass Weiterbildungsberatung der Förderung des lebenslangen Lernens von Weiterbildnern in Weiterbildungsorganisationen dienen soll, mit dem Ziel, die Rahmenbedingungen des lebenslangen Lernens der Weiterbildungsteilnehmer zu verbessern. Dadurch kommt dem Aspekt der Professionalisierung durch Beratung eine besondere Bedeutung zu. Dient Professionalisierung durch Beratung der Erhöhung der Professionalität und heißt Professionalität, „die Fähigkeit nutzen zu können, breit gelagerte, wissenschaftlich vertiefte und damit vielfältig abstrahierte Kenntnisse in konkreten Situationen angemessen anwenden zu können" (Tietgens 1988, S. 37), dann hat Beratung den Stellenwert einer wissenschaftlich orientierten Intervention und Begleitung von Entwicklungsprozessen in der Weiterbildung.
Im Projekt LLL wurde diese Orientierung dadurch eingelöst, dass im Zuge der Förderung der Personal- und Organisationsentwicklung in den Einrichtungen auf wissenschaftliche Konzepte aus den Bereichen der Erwachsenenpädagogik sowie der Betriebswirtschafts- und Managementlehre Bezug genommen wurde. Die wissenschaftliche Orientierung entstand nicht allein durch eine entsprechend ausgerichtete Impulsgebung seitens der vom Projekt eingesetzten Berater, sondern auch dadurch, dass die Berater ihre Vorgehensweise und deren theoretische Grundlegung ständig mit der wissenschaftlichen Leitung des Projekts abgestimmt und inhaltlich diskutiert haben, bevor und während entsprechendes Wissen in die Entwicklungsteamarbeit eingebracht wurde. Seitens der Akteure in den Entwicklungsteams wurde das Changieren zwischen theoretischen Ansätzen einerseits und verwendungsorientierten Konzepten andererseits im Laufe des Entwicklungsprozesses immer mehr akzeptiert. Dies lag den Äußerungen der Akteure zufolge daran, dass erst im Zuge des Fortschreitens des Projektverlaufs ein Nutzen theoretischer Orientierungen für die Strukturierung des praktischen Handelns deutlich wurde, der zu Beginn des Projekts noch nicht einsehbar war.

Als Konsequenz ergibt sich für die wissenschaftlich orientierte Beratung zur Unterstützung von Professionalisierungsprozessen, dass Reflexionsangebote und theoretische Konzepte zunächst seitens des Beraters vorgehalten werden müssen und sich die Akteure zunächst darauf einlassen müssen, damit im weiteren Verlauf der Nutzen abstrakter Modellvorstellungen für das Erkennen, das Verstehen und die Lösung konkreter Probleme sukzessive einsichtig werden kann. Ferner erfordert dies die fortwährende Herstellung anschaulicher Bezüge zwischen Theorie und Praxis im Prozess, die seitens des Beraters angeregt wird, sowie das Vermögen und die Bereitschaft zur Abstraktion, die seitens der Akteure einzubringen ist. Festzustellen ist, dass die Fähigkeit und die Motivation, im Entwicklungs- bzw. Professionalisierungsprozess zwischen Theorie und Praxis zu vermitteln, einerseits als Voraussetzung sowie andererseits als Ergebnis eines entsprechend gestalteten Beratungs- und Lernarrangements erscheint.

(4) Eine weitere unabdingbare Komponente von Professionalisierungsprozessen in durch Beratung unterstützten Projekten sind konkrete Zielvereinbarungen. Im Projekt LLL hat es sich herausgestellt, dass die zu Beginn erfolgte und im Prozess immer wieder von Neuem reflektierte Zielbestimmung sowohl ergebnisorientiertes Arbeiten als auch zufriedenstellende Erfolge erzielen half und somit als wesentliches Instrument der Prozesssteuerung gelten kann.
Hinsichtlich der Gestaltung von Zielvereinbarungen lassen sich sowohl betriebswirtschaftliche als auch pädagogische Bezüge herstellen. Im betriebswirtschaftlichen Sinne lässt sich eine Verbindung zum Führungskonzept des Management by Objectives (MbO) finden (vgl. Staehle 1999), welches besagt, dass Zielvereinbarungen, die gleichermaßen betriebliche wie individuelle Ziele integrieren, zur Funktionalität von und zur Motivation in Leistungserstellungsprozessen beitragen. Darüber hinaus ermöglichen sie den Ausgleich zwischen Fremd- und Selbstkontrolle im Zuge einer zielführenden Arbeitsgestaltung (Abb.4).

Im pädagogischen Sinne lassen sich Lernverträge für Zielvereinbarungen nutzen (vgl. Meueler 1993), die gewährleisten, dass Ziele, Inhalte und Methoden sowie Aufgabenverteilungen und Rollen zwischen Lehrendem und Lernendem abgestimmt und dokumentiert werden, wodurch Voraussetzungen für Klarheit, Struktur, Prozesssteuerung und Erfolgskontrolle sowie Verantwortlichkeiten für den folgenden Lernprozess gegeben werden (Abb.5). Zugleich wird durch den Akt der Vereinbarung eines Lernvertrags ein erster Impuls für die ständige Reflexivität im Lernprozess gegeben.

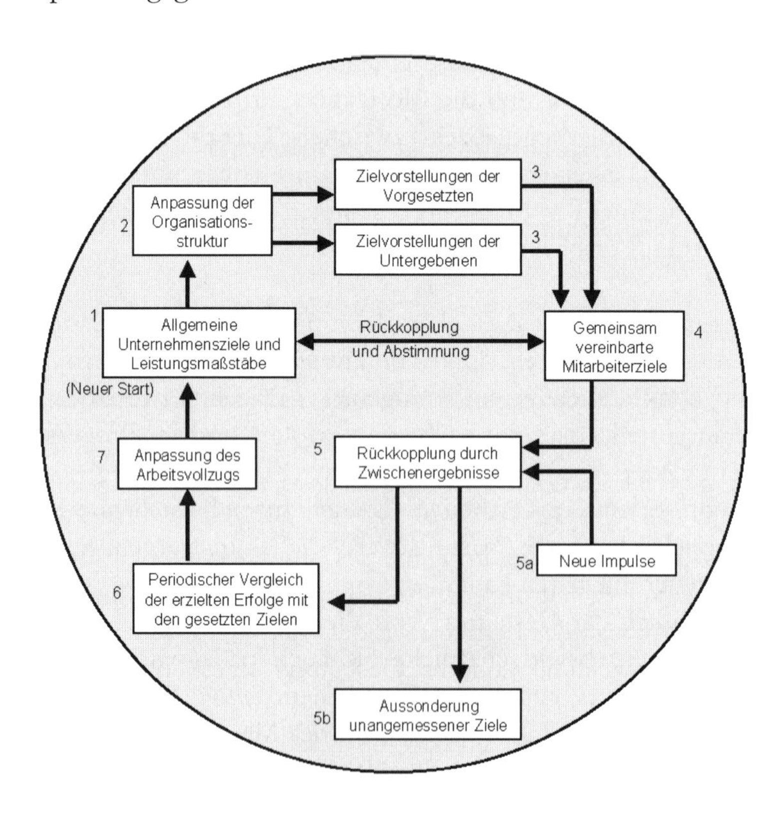


Abbildung 4: Zielvereinbarung im Management by Objectives (Staehle 1999, S. 854)

**Lehr-Lernvertrag**

Im Aushandeln eines Arbeitsbündnisses zwischen Erwachsenenbildner und Teilnehmer sollte eine Einigung bezüglich folgender Fragen zustande kommen:

- Welche Probleme / Situationen aus der individuellen oder kollektiven Lebenspraxis sollen gemeinsam bearbeitet werden?
- Welche Lernerfordernisse sind naheliegend? Was hat die inhaltliche Vorbereitung durch den Erwachsenenlehrer ergeben?
- Welche Lernbedürfnisse hat der Teilnehmer?
- Welche Ziele können und sollen gemeinsam verfolgt werden? Welche Kompetenzen sollen gefördert werden?
- Wie wird vorgegangen und mit welchen Methoden wird ein Problem angegangen?
- Welche Sozialformen und Umgangsformen werden in der Lehr-Lernsituation gewählt?
- Wie sieht der Aufbau des Seminars und die Zeitgestaltung aus?
- Wie werden die Rollen in der Lehr-Lernsituation verteilt?
- Welche Handlungskonsequenzen sollte das Lernen für die Lebenspraxis haben?

Abbildung 5: Lehr-Lern-Vertrag (modifiziert Meueler 1993, S. 233)

Die Zielvereinbarung im Sinne des MbO, die eher auf die Definition von Zielen und die Festlegung von Ergebnisgrößen gerichtet ist, und der Lernvertrag, der eher auf Aspekte der Kompetenzentwicklung und die Gestaltung eines ent-sprechenden Lernprozesses gerichtet ist, lassen sich kombinieren. Im Projekt entstand dabei eine entwicklungsorientierte Zielvereinbarung bzw. ein auf Professionalisierung bezogener Kontrakt, der Ziele, zielführende Schritte und Maßnahmen, erwartete Ergebnisse, Rollenverteilung und Methoden des Arbeitens/Lernens, der Prozesssteuerung und Evaluation enthielt und zwischen Berater und Klient mit Blick auf ein zu lösendes Problem bzw. eine Organisationsentwicklungsaufgabe ausgehandelt wurde (Abb.6).

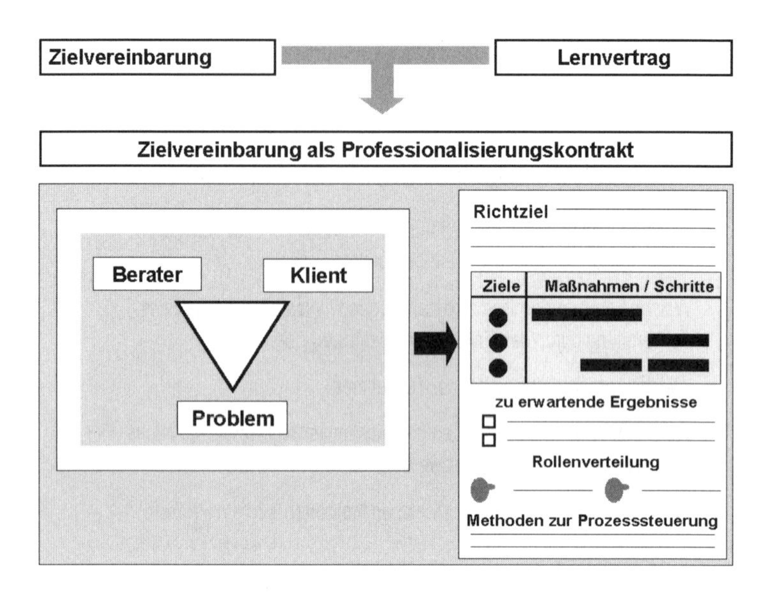


Abbildung 6: Zielvereinbarung im Sinne eines Professionalisierungskontrakts

Im Projekt LLL kam der Zielvereinbarung im Sinne eines Professionalisierungskontrakts eine besondere Aufmerksamkeit zu. Vom Procedere her wurden zunächst Probleme oder Innovationsbedarfe der Partner sowie personale und organisationale Voraussetzungen und Bedingungen ihrer Einrichtungen ermittelt, die für das gemeinsam zu gestaltende Projekt relevant waren. Ebenso wurden strukturelle Rahmenbedingungen geklärt, unter denen die Realisierung des Projekts erfolgen sollte. Seitens des Beraters wurden dabei die Zielstellungen des Projekts LLL eingebracht und seitens der Projektpartner in den Einrichtungen (Entwicklungsteams) wurden deren Zielvorstellungen hinsichtlich des anzusteuernden Personal- und Organisationsentwicklungsvorhabens artikuliert, um beides in gemeinsam vereinbarte Ziele für den Professionalisierungsprozesses zu übertragen. Eine schriftliche Vereinbarung über Aufgabenstellungen und Ziele hatte im laufenden Prozess die Funktion, die

Rückkopplung zwischen den Ereignissen und Zwischenergebnissen sowie den ursprünglichen Zielen vorzunehmen und in die wechselseitige Anpassung zwischen Zielen und Arbeitsvollzügen einfließen zu lassen. Diese periodisch wiederkehrenden Vergleiche ermöglichten, dass weder das ursprüngliche Ziel noch neu auftretende Ereignisse übergangen wurden. Aufgrund der an Zielvereinbarungen ausgerichteten ergebnisorientierten Arbeit war es darüber hinaus jederzeit möglich, sich über die Produkte der Arbeit im Klaren zu sein und diese z.B. in den projektseitig initiierten Kompetenzateliers vorstellen zu können, um ihren Transfer in die eigene Trägerorganisation, auf andere Einrichtungen und Träger sowie in den Kontext des Weiterbildungssystems (Landesorganisationen, Ministerium) zu ermöglichen.
Als Konsequenz ergibt sich, Zielvereinbarungen als eine wesentliche Komponente in durch Beratung unterstützte Professionalisierungsvorgänge aufzunehmen, um ergebnisorientiertes Arbeiten, eine zielführende Prozesssteuerung, Transparenz und Transfer sowie Motivation und Zufriedenheit gewährleisten zu können. Allerdings ergibt sich aus den Erfahrungen und Erkenntnissen des Projekts auch eine kritische Ergänzung hinsichtlich der Gestaltung von Zielvereinbarungen. Eine auf diesen Aspekt gerichtete Diplomarbeit, die die Beobachtung und Auswertung einzelner Phasen der Entwicklungsteamprozesse zum Gegenstand hatte, sowie die projektseitige Rezeption allgemeiner Vorstellungen zum Organisationslernen machten auch deutlich, dass eine zumindest potentielle Gefahr darin besteht, dass eine an Zielvereinbarungen angelehnte aktionistische Verfolgung und technokratische Abarbeitung von Arbeitszielen zwar zu operativen Erfolgen führt, die allerdings dazu verleiten können, die strategischen und normativen Implikationen von Entwicklungsprozessen auszublenden. Von daher sind Zielvereinbarungen in jedem Falle auf operative Arbeits- *und* reflexive Lernziele auszulegen und die Lernziele wiederum auf verschiedene organisationale Lernniveaus auszurichten, sofern die Professionalisierung in Weiterbildungseinrichtungen nicht

nur zu einer funktions-, sondern auch zu einer entwicklungsfähigen Organisation führen sollen (vgl. Geißler 1995).

(5) Nicht zuletzt sei erwähnt, dass Professionalisierungsprozesse zunächst per se der Erhöhung der Qualität der Weiterbildungsarbeit und ihrer Rahmenbedingungen dienen. Darüber hinaus erfolgen jedoch seit mehreren Jahren dezidiert auf die Implementierung von Qualitätsmanagementsystemen gerichtete Aktivitäten im Weiterbildungssystem, die auf Qualität im Sinne eines ordnungspolitischen Gewährleistungs- und Regulierungsinstruments, auf Qualität im Sinne der Erhöhung der Effektivität von Einrichtungen, sowie Qualität mit Blick auf die Güte der den Teilnehmenden zugute kommenden Dienstleistungen zielen (vgl. Küchler/Meisel 1999).
Systematisch betrachtet ist Qualitätssicherung und –entwicklung zunächst eine Aufgabe, die auf normativer Ebene durch Bildungsauftrag und –anspruch legitimierte Standards hervorbringt, auf strategischer Ebene Steuerungskonzepte im Sinne von Qualitätsmanagementsystemen in Kraft setzt, um qualitätsorientierte Aktivitäten auf operativer Ebene durch den Einsatz von Verfahren und Instrumenten sicherzustellen. Demgegenüber definiert sich Organisationsentwicklung als ein generelles Veränderungskonzept, welches sich auf die Gesamtheit aller strukturellen, kulturellen und funktionalen Managementkomponenten einer Organisation bezieht und welches die Problemlösungs- und Erneuerungsprozesse in der Organisation zu verbessern sucht (vgl. French/Bell 1994). Organisationsentwicklung kann sich insofern auf die Implementierung von Qualitätsmanagement richten, aber bedeutet dies nicht ausschließlich.
Im Projekt LLL stand zunächst Organisationsentwicklung im allgemeinen Sinne und nicht unter besonderer Berücksichtigung der Implementierung von Qualitätsmanagementsystemen im Vordergrund. Durch die Relevanz des Qualitätsthemas und durch die Tatsache, dass einige Projektpartner bereits Planungen zur Qualitätssicherung und –entwicklung vorgenommen

und Maßnahmen hierzu getroffen hatten, ergab sich nicht nur eine Sensibilität gegenüber dem Thema, sondern auch die Möglichkeit, Verbindungen zwischen den im Projekt zu bewältigenden Organisationsentwicklungsaufgaben und den Ansätzen zum Qualitätsmanagement herzustellen. Vor diesem Hintergrund wurden die Veränderungsmaßnahmen, die in den Entwicklungsteams hinsichtlich der Optimierung der organisationalen Rahmenbedingungen des lebenslangen Lernens getroffen wurden, immer daraufhin geprüft, inwieweit hieraus gleichzeitig Elemente des Qualitätsmanagements generiert werden konnten. Als Resultat wurden etwa neu zu definierende Abläufe der zielgruppenorientierten Programmplanung als Kernprozesse definiert und dokumentiert, um damit ein Anforderungselement des systematischen Qualitätsmanagements zu erfüllen (Prozesslenkung). Im Zuge der Teamentwicklung wurde beispielsweise die Reorganisation von Funktionen und Verantwortlichkeiten der Mitarbeiter innerhalb der Einrichtung sogleich auf die Definition, Regelung und Dokumentation von Schnittstellen zu den Weiterbildungsinteressenten und –teilnehmern erweitert (Kundendienst) etc. (vgl. Faulstich 1995).
Insofern ist festzustellen, dass ein Qualitätsmanagementkonzept Weiterbildungseinrichtungen nicht aufgesetzt werden braucht. Vielmehr lässt es sich unter Berücksichtigung von Qualitätsaspekten aus Organisationsentwicklungsprojekten generieren, die die Organisation ohnehin im Rahmen von Problemlösungs- und Erneuerungsprozessen vollzieht. Über kontinuierliche Veränderungsprozesse im Zuge der Organisationsentwicklung werden kontinuierliche Verbesserungsprozess im Sinne der Qualitätsentwicklung entfaltet (Abb.7). Den Aufbau eines Qualitätsmanagementsystems als integrative Aufgabe im Zuge von Organisationsentwicklung zu betrachten, ist nicht nur möglich, sondern auch ressourcensparend und indentifikationsstiftend, weil Qualität implizit mitentwickelt und auf die organisationsseitig wesentlich und relevant erachteten Aspekte des Managements von Weiterbildungseinrichtungen abgestimmt werden kann.

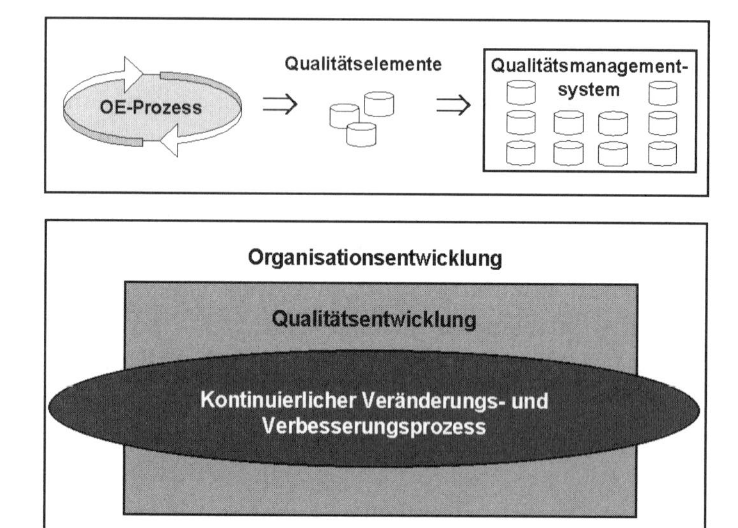


Abbildung 7: Integrative Qualitätsentwicklung im Organisationsentwicklungsprozess

Zusammengefasst lässt sich hinsichtlich der Professionalisierung in der Weiterbildung durch Beratung feststellen:

- Die Verbesserung der Rahmenbedingungen lebenslangen Lernens erfordert eine professionelle Institutionenberatung, die Organisationsentwicklungsprozesse von Weiterbildungseinrichtungen initiiert und unterstützt und dabei prozessbegleitende Maßnahmen der Personalentwicklung von Weiterbildnern sowohl implizit als auch durch gesonderte Qualifizierungsangebote anbietet.
- Beratungsdienstleistungen zur Verbesserung des lebenslangen selbstgesteuerten Lernens der Weiterbildner variieren vom Ansatz her zwischen direktiver Expertenberatung und fachlicher Intervention einerseits sowie fachlicher Serviceleistung und nicht-direktiver Prozessbegleitung andererseits. Die Entscheidung für die jeweilige Unterstützungsleistung obliegt der Selbstbestimmung der

Akteure, die seitens des Beraters herauszufordern und zu fördern ist.

- Beratung zur Erhöhung der erwachsenenpädagogischen Professionalität von Weiterbildnern und in Weiterbildungseinrichtungen hat vom Anspruch her zu ermöglichen, dass Prozesse zur Optimierung der organisationalen Voraussetzungen von Weiterbildung wissenschaftlich orientiert sind und die Vermittlung zwischen theoretischen Modellen und praktisch verwertbaren Konzepten wie Instrumenten fördern.
- Zielvereinbarungssysteme wie Management by Objektives oder Lernverträge erfüllen eine wichtige Funktion hinsichtlich der Transparenz, Steuerung und Evaluation von Entwicklungs- und Lernprozessen in Projekten. Darüber hinaus tragen sie zur Ergebnisorientierung der Arbeit, Motivation und Zufriedenheit der Akteure sowie zur Übertragbarkeit der Resultate bei. Voraussetzung hierfür ist, dass die Ziele der Professionalisierung gleichermaßen auf die Ebenen der operativen Umsetzbarkeit, der strategischen Zielbestimmung und ihrer normativen Legitimation gerichtet sind.
- Aus Organisationsentwicklungsprozessen lassen sich Elemente des Qualitätsmanagements generieren, die die Professionalität des Handelns in und von Weiterbildungseinrichtungen unterstützen. Die Überprüfung von Resultaten der Organisationsentwicklung hinsichtlich ihrer Übertragbarkeit in Elemente des Qualitätsmanagements sowie der sukzessive Ausbau und die Abstimmung derart generierter Elemente ermöglicht darüber hinaus den Aufbau eines komplexen, der Einrichtung, ihren Strukturen und Aufgabenstellungen angemessenen Qualitätsmanagementsystems.

## 3. Professionalisierung durch den Einsatz computergestützter Technologien

Durch die Projektlinie „Informations- und Kommunikationstechnologien" (IuK) wurde die Projektlinie PE/OE ergänzt, indem die Beratungs- und Organisationsentwicklungsprozesse durch die Implementierung von IuK-Technologien in Form eines Content-Management-Systems (CMS / virtuelles Büro) flankiert wurden. Die „Möglichkeiten der neuen Medientechnologien (...) für virtuelle Kommunikation und Kooperation" (BLK 2001, S. 20) in und zwischen den Weiterbildungseinrichtungen nutzbar zu machen und dies über die Förderung von „Medienkompetenz" (dies., S. 20) zu unterstützen, stand im Vordergrund der Aktivitäten der Projektlinie IuK des Projekts LLL.

Eine grundlegende Differenzierung der in Weiterbildungszusammenhängen eingesetzten Informations- und Kommunikationstechnologien (IuK) ist diejenige, zwischen computergestützten Lernprogrammen (computer-based-training/CBT) und virtuellen Bildungsangeboten (web-based-training/WBT) auf der einen sowie der computerunterstützten Gruppenarbeit (computer-supported-cooperative-work/CSCW) oder virtuellen Arbeitsstrukturen bzw. –büros (content-management-system/CMS) auf der anderen Seite zu unterscheiden (vgl. Behrmann 2003b).

Hinsichtlich des lebenslangen selbstgesteuerten Lernens werden vor allem die Möglichkeiten der räumlich und zeitlich entkoppelten sowie multimedial unterstützten oder netzbasierten Infrastruktur autonomen Lernens und dessen Didaktisierung untersucht (CBT/WBT) (vgl. Apel/Kraft 2003).

Die informations- und Kommunikationstechnologien bieten darüber hinaus aber auch Arrangements zur computergestützten und virtuellen Abwicklung von Arbeitsprozessen in der betrieblichen Dimension von Weiterbildungseinrichtungen (CSCW/CMS). Dabei richten sie sich auf Kooperation, Koordination und Kommunikation in Arbeitsprozessen, die seitens des Weiterbildungspersonals interaktiv gestaltet werden, um organisationale Rahmenbedingungen für Weiterbildungsprozesse zu schaffen.

(1) Prinzipiell lassen sich verschiedene technische Systeme, wie Videokonferenzsysteme, Email, Bulletinboards, Datenbanken, verteilte Hypertextsysteme, Gruppeneditoren, Planungssysteme und Workflow-Management-Systeme unterscheiden, die einzeln oder unterschiedlich kombiniert die virtuelle Unterstützung von Kommunikation (Informationsaustausch und interpersonelle Verständigung), Koordination (Abstimmung von Tätigkeiten) und Kooperation (gemeinsame Bearbeitung von Aufgaben) in Gruppen gewährleisten (vgl. Wölker/Götz 2000). Bezüglich des Weiterbildungsbereichs ist zunächst festzustellen, dass „bestimmte Nutzungsformen wie Mail- und Dateisysteme im Intranet, Buchhaltungsprogramme, Buchungsprogramme über das Internet etc. (...) längst Standard in vielen Einrichtungen (sind), aber alle Systeme, die einen höheren Organisationsgrad für vernetzte Zugriffe von Datenbeständen aufweisen und eine technisch gestützte Gruppenkommunikation ermöglichen oder Lehr/Lernplattformen für "Endlerner" bereitstellen, befinden sich in Bildungseinrichtungen noch sehr im Anfang, so dass hier wesentlich mit neuen Formen experimentiert wird“ (Apel 2003, S. 360f.).
Mit Ausnahme eines Partners, bei dem sich eine eigens entwickelte Systemlösung in der Erprobung befand, waren bei allen anderen Partnern des Projekts LLL keine komplexeren IuK-Plattformen im Einsatz. Das Ziel, die Organisationsentwicklungsprozesse informationstechnologisch zu unterstützen, bedeutete angesichts dieser Voraussetzungen, das Projekt vor allem als Experimentierfeld für einzelne Anwendungen von computergestützten Informationssystemen im Zuge des Projektmanagements zu nutzen, um über die dabei anwendungsnah entstehenden Anschlussmöglichkeiten zwischen der Projektarbeit auf der einen und ihrer virtuellen Unterstützung auf der

anderen Seite Perspektiven für erweiterte Einsatzmöglichkeiten solcher Systeme entstehen zu lassen.
Dies führte im weiteren Verlauf dazu, dass die Erprobung des eigens erstellten Systems eines Partners mit Blick auf die konkrete Aufgabenstellung der technologischen Unterstützung des Organisationsentwicklungsprozesses auf diesen konkreten Gegenstand bezogen forciert werden konnte. In einem anderen Entwicklungsteam führte die experimentelle Erprobung des projektseitig angebotenen Content Management Systems dazu, sich mittelfristig um die Integration bestehender Verwaltungs- und Emailprogramme auf einer auf Gruppenarbeit bezogenen Plattform zu integrieren. Eine echte Perspektiverweiterung ergab sich in einem Entwicklungsteam, welches das CMS nicht nur für die Unterstützung der unmittelbaren Projektaktivitäten nutzte, sondern dadurch eine Anregung für die virtuell unterstützte Programmplanung erhielt, welche in eine regionalstellenübergreifende Datenbank (Weiterbildungslandkarte) konkret umgesetzt wurde. Neben diesen prospektiven Entwicklungen gab es allerdings auch den Fall, dass die fehlenden technischen Voraussetzungen vorwiegend ehrenamtlich und am heimischen Personalcomputer arbeitender Weiterbildner die Möglichkeit der virtuellen Unterstützung der Arbeit konterkarierten.
In jedem Falle war außerdem festzustellen, dass die sukzessive Erschließung der Möglichkeiten neuer Technologien erhebliche zeitliche Ressourcen erforderte und mit Blick auf die Implementierung eines ständig eingesetzten IuK-Systems zur Kooperation und Kommunikation in Gruppen eines zusätzlichen organisatorischen und finanziellen Aufwandes bedurften, der hinsichtlich der Implementierung und technischen Realisierung entsprechender Systeme einzukalkulieren ist.
Als Konsequenz ergibt sich aus den Projekterfahrungen, dass die Verbreitung und Nutzung neuer Technologien zur Unterstützung der Kommunikation, Koordination und Kooperation in der Weiterbildung ebenso disparat erscheint wie die Weiterbildungslandschaft selbst. Nichts desto trotz, lassen sich neue Technologien sinnvoll in die Arbeit integrieren, wenn An-

schlussmöglichkeiten an konkrete Aufgabenstellungen und Räume für experimentelle Erschließungsprozesse geschaffen werden, die darüber hinaus die kreative Umsetzung in erweiterte Anwendungs- und Nutzungsformen neuer Technologien für die Planung und Organisation von Weiterbildungsarbeit ermöglichen. Voraussetzung hierfür sind allerdings auch zeitliche, personelle, organisatorische, technische und finanzielle Ressourcen, die vorhanden sein oder freigesetzt werden müssen, um die Nutzungspotentiale computergestützter Informationssysteme weiter ausschöpfen zu können und entsprechende Entwicklungsprozesse – falls gewollt – zu beschleunigen.

(2) Der gesellschaftliche und globale Strukturwandel wird gegenwärtig durch rasant erfolgende technologische Entwicklungsschübe begleitet, die Organisationen herausfordern, sich selbst strukturell zu wandeln, wozu nicht zuletzt eine „radikale Neuorientierung beim Verständnis und bei der Gestaltung der betrieblichen DV" (Dirsch 1999, S. 3) gehört. Die Datenverarbeitungs-, Informations- und Kommunikationssysteme begleiten allerdings „nicht nur einen Strukturwandel in der Arbeitswelt, sondern in allen Lebensbereichen (...). Sie müssen daher auch als Gegenstand betrachtet werden, mit dem das Bildungswesen sich zunehmend auseinandersetzen muss" (BLK 2001, S. 5). Vor dem Hintergrund des Anspruchs einer professionellen und somit auch wissenschaftlich orientierten Gestaltung von Weiterbildungsarbeit ist eine systematische Herangehensweise an die Auswahl- (a) und Implementierung (b) von Informations- und Kommunikationssystemen angezeigt.

(2a) Die systematische Auswahl von IuK-Systemen lässt sich generell an idealtypische Strukturierungslogiken von Auswahlprozessen anlehnen. Einzelne logische Schritte können z.B. Zielsetzung bestimmen, Informationen beschaffen, Kriterien bestimmen, Nutzwertanalyse durchführen, Arbeitspaket formulieren, Präsentation, Vertrag vereinbaren, Betroffene informie-

ren (vgl. Dirsch 1999) sein, ohne damit eine Variationsmöglichkeit in der praktischen Durchführung auszuschließen.
Im Projekt LLL wurde in Anlehnung an die genannte Strukturierungslogik ein Content Management System ausgewählt, welches den Projektpartnern zur Verfügung gestellt wurde.
Ohne ausführlich auf die jeweiligen Schritte eingehen zu können, kann festgestellt werden, dass sich ein derart strukturiertes Vorgehen anbietet, wenn bereits durch die Auswahl Voraussetzungen dafür geschaffen werden sollen, dass das IuK-System den Intentionen und Ansprüchen der Einrichtung, den Aufgabenanforderungen sowie den Benutzern gerecht wird, um im späteren Einsatz adäquat, d.h. zielbezogen, effizient und nutzerfreundlich zu sein. Eine besondere Bedeutung kam daher im Projekt LLL der Formulierung von Zielstellungen hinsichtlich des konkreten Einsatzes des Systems sowie der Erstellung differenzierter Anforderungskriterien zu den Kriterienkategorien des IuK-Systems selbst, seiner organisationsspezifischen Funktionalität und zu den Leistungen des Systemanbieters zu. Auch lassen sich die Schritte „Arbeitspaket formulieren“ und „Präsentation des Anbieters“ verkürzen, wenn es sich bei dem Produkt um Standardsoftware handelt und diese in einer Onlineversion zur Erkundung zur Verfügung steht. In jedem Falle ist anzustreben, die späteren Nutzer nicht erst am Ende, sondern schon mit Beginn in den Auswahlprozess einzubeziehen. Falls dies nicht möglich ist, sollten zumindest Experten zu Rate gezogen werden, die nicht nur mit der Technologie, sondern vor allem mit dem Anwendungsfeld vertraut sind.

(2b) Hinsichtlich der Implementierung lassen sich zunächst auch einzelne Schritte, wie Information der Beteiligten und Betroffenen, Bedingungsanalyse der personalen, organisatorischen und technischen Voraussetzungen, Strukturierung der Vorgehensweise, Strategiebestimmung des Implementierungsprozesses, Erprobung des Systems, Überprüfung der Systemeignung und Realisierung des Systembetriebs beschreiben (vgl. Hoffmann 1984). Angesichts der zahlreichen und vielschichtigen Wechselwirkungen zwischen der technischen Konstruktion von IuK-Systemen, den Aufbau- und Ablaufstrukturen und Zielen einer Organisation sowie den Voraussetzungen und Interessen der Nutzer bietet sich darüber hinaus eine den Implementierungsprozess ständig begleitende Revision der Bedingungsanalyse mit dem Ziel der sukzessiven Konkretion von Einfluss- und Bedingungsfaktoren an, die eine Optimierung der Anpassung zwischen Personal, Organisation und Technik ermöglicht (vgl. Wollnik 1986).

Der im Projekt LLL verfolgte Implementierungsvorgang erfolgte in Anlehnung an die genannte Struktur. Ohne hier alle Schritte im einzelnen darstellen zu können, sei auf diejenigen Erfahrungen und Erkenntnisse hingewiesen, die aus dem Prozess einer in Organisationsentwicklungsprojekte integrierten Implementierung eines Content Management Systems in Weiterbildungseinrichtungen hervorgehen.

Festzustellen war hinsichtlich der Bedingungsanalyse in Koppelung mit der darauf bezogenen Strukturierung, dass die Abstimmung der personalen, organisatorischen und technischen Bedingungen des Implementierungsvorgangs dadurch erleichtert werden konnte, dass sie sich auf die zu bewältigenden Aufgaben und die hierbei zu verarbeitenden Informationen als zentralen und zwischen den Bedingungsfaktoren vermittelnden Elementen bezogen. Am konkreten Beispiel der zu bewältigenden Teilaufgaben im Organisationsentwicklungsprozess wurden technische Möglichkeiten, organisatorische Gestaltungsspielräume und personale Potentiale in Beziehung zueinander gesetzt und in ihrem Zusammenwirken hinsichtlich der Implementierung des IuK-Systems reguliert.

Hinsichtlich der Bestimmung und Verfolgung der Implementierungsstrategie ist zu sagen, dass die Implementierung im Projekt LLL nicht in einem Zug und mit Blick auf das gesamte System (Vorgehen im Sinne des Bombenwurfs), sondern schrittweise mit Blick auf die Einführung einzelner Systemkomponenten durchgeführt wurde (Vorgehen im Sinne einer iterativen Einführung). Da im Projekt von vornherein eine iterative Implementierungsstrategie verfolgt wurde und keine Vergleichsmöglichkeiten zu einer Strategie im Sinne des Bombenwurfs existieren, kann hier allenfalls aufgrund der Resultate der erstgenannten Vorgehensweise konstatiert werden, dass eine iterative Implementierungsstrategie sich insbesondere anbietet, wenn in einer Einrichtung zuvor noch keine oder wenige Erfahrungen mit einer Informations- und Kommunikationsplattform mittlerer oder höherer Komplexität gemacht wurden. Eine iterative Implementierungsstrategie ermöglicht die Erprobung neuer Technologien in zunächst begrenzten, sich aber sukzessive erweiternden Arbeitsfeldern, wodurch experimentelle Erfahrungen gemacht und ausgewertet werden können, um später als erfahrungsfundierte Erkenntnis in ausgedehntere Nutzungsformen computergestützter Informationssysteme übergehen zu können. Darüber hinaus ist zu erwähnen, dass für die Gestaltung des Implementierungsprozesses weitere strategische Optionen veranschlagt werden können. Im Projekt LLL stand in zwei Entwicklungsteams die Technik im Vordergrund, was bedeutete, dass die Auseinandersetzung mit dem Content Management System einen maßgeblichen Einfluss auf die Strukturierung des Implementierungsprozesses und auf die Faktoren Person und Organisation hatte. In anderen Entwicklungsteams stand der Organisationsentwicklungsprozess im Vordergrund, was bedeutete, dass die Nutzung des Content Management Systems bei Bedarf in den Arbeitsprozess der beteiligten Personen und in die organisatorischen Rahmenbedingungen eingepasst wurde. Aus diesen in Abstimmung mit den Akteuren entwickelten Vorgehensweisen, lassen sich in systematischer Sicht zunächst zwei Implementierungsstrategien ableiten. Bei der technikzentrierten und potentialorientierten Implementierungsstrategie steht das technische System mit seinen Anwendungsmöglichkeiten im Vordergrund und die Arbeitsorganisation wird an die dadurch gegebenen technischen Facilitäten und Realisierungsoptionen angepasst. Bei der aufgabenzentrierten und problemorientierten Implementierungsstrategie stehen die Aufgabenanforderungen sowie die in diesem Kontext zu lösenden Problemstellungen im Vordergrund, wobei die Technologie dann eingesetzt wird, wenn sie Vorteile gegenüber herkömmlichen Kooperations- und Kommunikationsverfahren aufweist. Da bei der Implementierung des IuK-Systems in unterschiedlichen Entwicklungsteams verschiedene Implementierungsstrategien verfolgt wurden, lässt sich projektseitig feststellen, dass sich die aufgabenzentrierte und problemorientierte Implementierungsstrategie als vorteilhafter erwiesen hat, was derart interpretiert werden kann, dass sich die Technik aus der Bedeutungsperspektive der Akteure und der von ihnen zu bewältigenden Aufgabe und nicht allein aus dem objektiven Stellenwert und den Möglichkeiten des technischen Systems heraus erschlossen hat.

Dennoch ergaben sich in Einzelfällen immer wieder Diskontinuitäten der Nutzung der bereitgestellten IuK-Plattform, was Anlass gab, deren Ursache in einer zunächst hermeneutischen Verfahrensweise auf den Grund zu gehen (vgl. Behrmann 2004a). Ergebnis war die Annahme, dass die formale Abstimmung zwischen Person, Organisation, Technik, Aufgabe und Information auf spezifischen Deutungsmustern der beteiligten Akteure beruht. Das heißt, dass den einzelnen Faktoren sowie der Vorgehensweise im Implementierungsprozess seitens der Akteure unterschiedliche Bedeutungen zugeschrieben werden und sich daraus unterschiedliche Haltungen und Verhaltensweisen im Implementierungsprozess ergeben, die die Herangehensweise an sowie die Art und Intensität der Nutzung von neuen Technologien beeinflussen. Je nachdem ob eine gerätetechnische, programmlogische, anwendungsbezogene oder soziotechnische Auffassung vertreten wird (vgl. Wollnik 1986), oder je nachdem ob die Technologiedimension, die Logistik- und Organisationsdimension oder die menschliche und soziale Dimension seitens der Akteure im Vordergrund gesehen wird (vgl. Dueck 2001), hat dies einen Einfluss auf die Entwicklungen im Implementierungsprozess neuer Technologien. In Folge einer Rekonstruktion des Implementierungsprozesses ließ sich im Projekt LLL feststellen, dass insbesondere diejenigen Akteure, die den organisatorischen Nutzen der neuen Technologien von vornherein in Frage gestellt hatten, auch im weiteren Vorgehen eher diskontinuierlich mit der IuK-Plattform arbeiteten. Andere, die sich dem IuK-System vorbehaltlos oder aus reinem technischen Interesse genähert hatten, haben sich demgegenüber häufiger und regelmäßiger an der virtuellen Kommunikation mittels der IuK-Plattform beteiligt. Sicher sind dies zunächst nur Indikatoren, denen noch näher nachgegangen werden muss, aber immerhin kann dies Anlass geben, der Wirkung von Deutungsmustern in technologiebezogenen Implementierungsprozessen größere Bedeutung zuzumessen. In letzter Konsequenz deuten die Erfahrungen im Projekt darauf hin, dass sich eine Abstimmung der technischen, organisatorischen und sozialen Dimension von Wissensmanagement und Technikimplementierung nicht per se einstellt bzw. im technokratischen Sinne herstellen lässt, sondern eine konstruktive Abstimmung eher realisierbar erscheint, wenn es gelingt, die besondere Haltung von beteiligten und betroffenen Menschen gegenüber den technischen, organisatorischen und sozialen Bedingungsfaktoren ihres Handelns zu sehen, zu verstehen und gemeinsam zu regulieren.

Abschließend kann zur Auswahl (2a) und Implementierung (2b) computergestützter Informationssysteme festgestellt werden, dass IuK-Systeme nicht bloß technische Lösungen, sondern vor allem Lösungen im Sinne eines informationalen Bezugsrahmens menschlicher Handlungen in einem sozialen System sind. Je eher und je intensiver demnach technische, personale und organisationale Komponenten von vornherein in einem gemeinsamen Gestaltungszusammenhang gesehen werden sowie konstruktiv auf Aufgaben und zu verarbeitende Informationen bezogen werden und in entsprechend systematisierte Auswahl- wie Implementierungsprozesse einmünden, die darüber hinaus vor dem Hintergrund von diesbezüglichen Deutungen und Bedeutungen reguliert werden, desto wahrscheinlicher erscheint es, dass die hinsichtlich der Nutzung des IuK-Systems intendierten Wirkungen auch erzielt werden können (Abb.8).

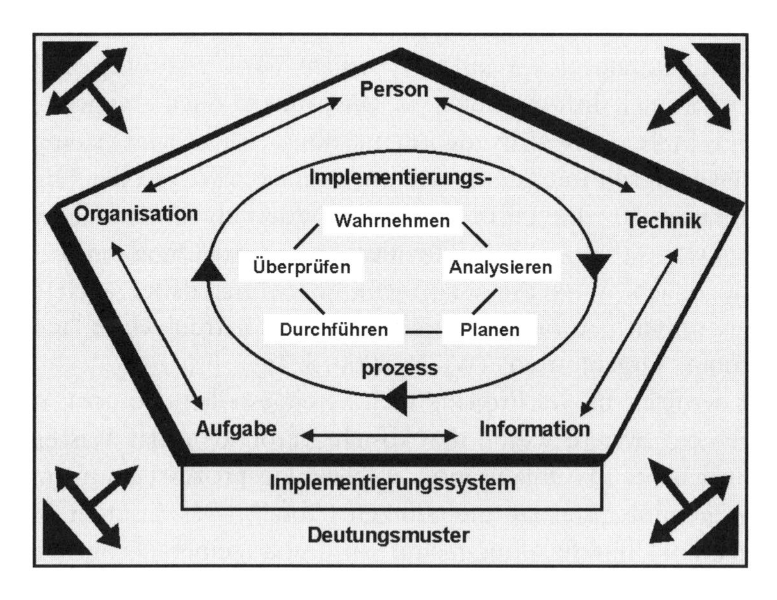


Abbildung 8: Komponenten des Implementierungssystems neuer Technologien

(3) Ein weiterer Aspekt des Einsatzes von Informations- und Kommunikationstechnologien ist deren Nutzung für Prozesse des Wissensmanagements in Organisationen. Wissensmanagement als Forschungsgegenstand kann zunächst als Folge der Diskussion um lernende Organisationen betrachtet werden: „Dem Wissensmanagement wird inzwischen von vielen Seiten das Potential zugeschrieben, der schon lange bestehenden Metapher der lernenden Organisation zur Realisierung zu verhelfen, die ihr bislang versagt blieb“ (Reinmann-Rothmeier/Mandl 2000, S. 22). Insofern stellt Wissensmanagement eine Konkretion des Organisationslernens im Sinne einer Voraussetzung für die Schaffung, den Erhalt und die Entwicklung lernender Organisationen dar und kann als „wichtiges Element von Organisationslernen bzw. eines der grundlegenden OL-Tools“ (PWB

1999, S. 8) betrachtet werden. Wissensmanagement erscheint dabei als Ansatz, wie „das aus der Kollision des organisationalen Bedarfes an Wissen und der organisierten Komplexität von Organisationen“ (Roehl 1999, S. 13) hervorgehende Problem des Zusammenspiels von individuellem Wissen und organisationsrelevanten Informationen in einem mehr oder weniger formalen System gelöst werden kann, um letztlich den systematischen Umgang mit gemeinsam zu teilendem Wissen der Organisationsmitglieder mit Blick auf die Förderung von Handlungsfähigkeit, –effizienz und –orientierung in einer Organisation zu ermöglichen. Wissensmanagement bezeichnet daher auch die „Gesamtheit korporativer Strategien zur Schaffung einer "intelligenten" Organisation“ (Willke 2000, S. 15).
Mit dem seitens des Projekts LLL bereitgestellten Content Management System wurde die Absicht verbunden, das Wissensmanagement in Organisationsentwicklungsprozessen informationstechnologisch zu unterstützen (Abb.9). Das Content Management System ermöglichte aufgrund seiner technischen Funktionen, Informationen in einem Intranet veröffentlichen zu können, einen multimodalen Zugriff auf kollektiv verfügbare Dokumente zu haben, Experteninformationen austauschen und diskutieren zu können, Modell-, Methoden-, Know-how-Datenbanken verfügbar machen zu können sowie bei Bedarf eine Informations- und Kommunikationsstruktur zur Unterstützung virtueller Bildungsangebote integrieren zu können. Im Verlauf des Projekts ließ sich feststellen, dass das Informationssystem vornehmlich zur Dokumentation des Organisationsentwicklungsprozesses (z.B. Speichern von Ergebnisprotokollen), zur Zusammenstellung von Instrumenten (z.B. Ishikawa-Diagramm zur Ursachenanalyse bei Problemen im Entwicklungsprozess), zum Verteilen von Informationen (z.B. Tagesordnungspunkte für die nächste Entwicklungsteamsitzung) sowie zur virtuellen Verständigung über Teilaspekte der gemeinsam zu bewältigenden Aufgabe (z.B. Chat über ein für die Gruppe relevantes Thema) verwendet wurde, wobei Letzteres mit einigen Komplikationen hinsichtlich der Vermittelbarkeit

komplizierter Sachverhalte verbunden war. Phasen der Planung, Durchführung und Evaluation des Organisationsentwicklungsprozesses, in denen es darüber hinaus um die Vermittlung oder Erschließung von Wissen ging, welches für die situative Gestaltung des Prozesses von Bedeutung war, wurden zumeist in Präsenzsitzungen vollzogen. Die Erfahrungen haben gezeigt, dass das computergestützte Informationssystem eher für die Dokumentation und die Distribution von Informationen und weniger für die interaktive Entwicklung und Anwendung von Wissen genutzt wurde. Außerdem hat sich herausgestellt, dass vor allem die Komplexität der Aufgabe sowie die Art der zu vollziehenden Tätigkeit entscheidend dafür sind, welches Medium eingesetzt wird.

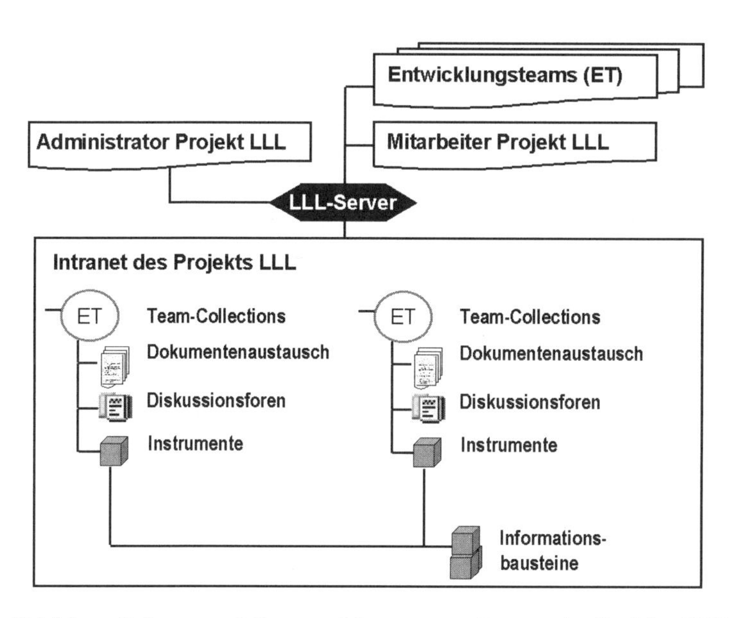


Abbildung 9: Intranet / Content-Management-System des Projekts LLL

Als Konsequenz ergibt sich, dass Befunde zur virtuellen Prozessierung von Wissen (vgl. Reinmann-Rothmeier/Mandl 2000) und zur computergestützten Informationsverarbeitung (vgl. Reichwald u.a. 1998, Reichwald 1993) durch die Ergebnisse im

Projekt bestätigt werden können. Das heißt, dass sich Informations- und Kommunikationstechnologien in Anlehnung an die Generierung, Präsentation, Kommunikation und Nutzung von Information und Wissen als Prozesskategorien des Informations- und Wissensmanagements insbesondere zum Zwecke der Präsentation und Kommunikation und in geringerem Maße für die Generierung und Nutzung von Wissen einsetzen lassen (Abb.10). Zusätzlich lässt sich hinsichtlich des Aspekts der Kommunikation von Information und Wissen feststellen, dass sich auf spezifische Tätigkeiten bezogene Kommunikationsaufgaben eher technologisch unterstützen lassen, wenn sie von geringerer Komplexität sind, und sich weniger unterstützen lassen, wenn sie von mittlerer bis höherer Komplexität sind (Abb.11). Aufgrund der Erfahrungen spricht hinsichtlich der virtuellen Gestaltung von Arbeitsprozessen mittels computergestützter Informationstechnologien vieles dafür, dass – analog zu Konzepten des blended learning – virtuelle Phasen und Präsenzphasen zur Koordination, Kooperation und Kommunikation in Arbeits- und Lernprozessen von Gruppen einander abwechseln und komplementär ergänzen sollten. Allerdings ist auch zu vermuten, dass sich die Potentiale der computergestützten Informationssysteme durch eine wachsende Übung im Umgang mit ihnen und durch die Internalisierung entsprechender Fähigkeiten in erweiterter Form ausschöpfen lassen. Nichts desto trotz scheint es aber Interaktions- und Kommunikationsformen sowie –faktoren zu geben, die nicht in jedem Falle technologisch abbildbar und prozessierbar sind, weshalb computergestützte Informationstechnologen reale Kommunikationssituationen nur mit Einschränkungen ersetzen können.

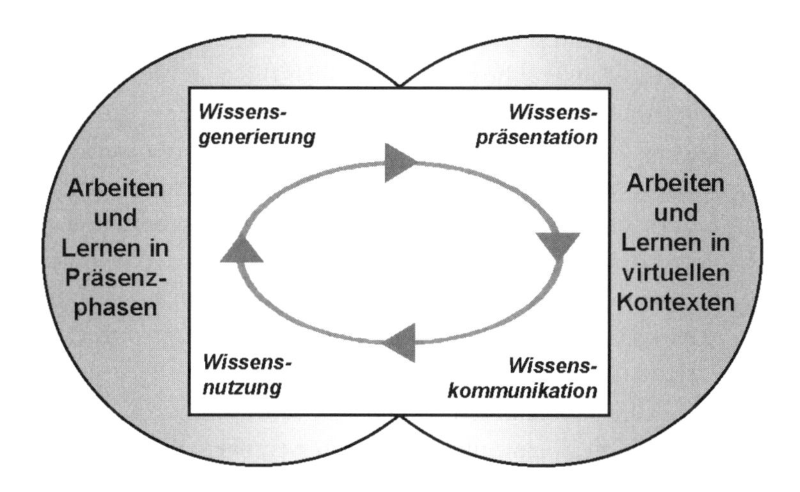


Abbildung 10: Qualitäten des Wissensmanagements in faktischen oder virtuellen Kontexten

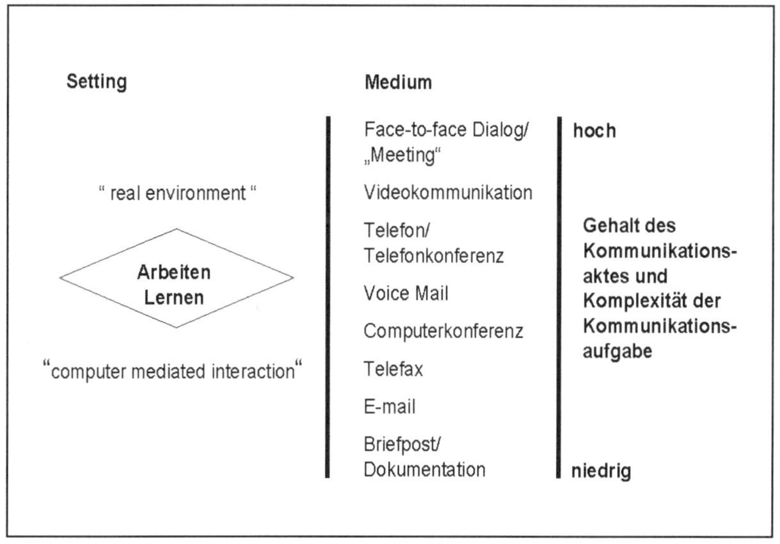


Abbildung 11: Funktionalität von Medien in realen und virtuellen Arbeits-/Lernsettings

Sofern Professionalisierungsprozesse in der Weiterbildung mit Blick auf die Verbesserung der Rahmenbedingungen des lebenslangen Lernens technologisch unterstützt werden sollen, lässt sich zusammenfassend feststellen:

- Die Art und der Grad der Nutzung computergestützter Informationstechnologien ist in der Weiterbildung sehr unterschiedlich ausgeprägt, weshalb die Implementierung von Informations- und Kommunikationstechnologien flexibel an variierende Voraussetzungen anknüpfen und vorwiegend in einer schrittweisen Einführung und experimentellen Erprobung erfolgen muss.
- Der Einsatz von Informations- und Kommunikationstechnologien zur computerunterstützten Kooperation, Koordination und Kommunikation in Arbeitszusammenhängen von Weiterbildungseinrichtungen erfordert eine sorgfältige und systematische, d.h. eine strukturierte und kriterienorientierte Auswahl entsprechender Systeme, um eine reibungslose Implementierung und bedarfsorientierte Nutzung schon in der Entscheidungsphase vorzubereiten.
- Bei der Implementierung computerunterstützter Systeme zur Kooperation, Koordination und Kommunikation in Arbeitsprozessen scheint eine an der Aufgabenbewältigung und an der Lösung spezieller Probleme aus Sicht der Nutzer orientierte Einführung erfolgreicher zu sein als eine an den technischen Potentialen des Informationssystems ausgerichtete. Perspektivisch ist allerdings zu berücksichtigen, dass über die Anwendung neuer Technologien für konkrete Problemlösungen auch Ideen hinsichtlich erweiterter Einsatzmöglichkeiten entstehen. Auf diese Weise kann die Nutzung von neuen Technologien sukzessive erschlossen und ausgedehnt werden.
- Bei der Implementierung computerunterstützter Systeme zur Kooperation, Koordination und Kommunikation in Arbeitsprozessen ist eine Abstimmung zwischen technischen, organisationalen und personalen Einflussfaktoren zu vollziehen. Als zwischen den Faktoren vermittelndes

Element können Aufgaben und die zu ihrer Bewältigung erforderlichen Informationen gelten. Außerdem lässt sich die Entwicklung und Einführung von computergestützten Informationstechnologien und Wissensmanagementsystemen durch einen Abgleich von technologiebezogenen Deutungsmustern transparenter gestalten und regulieren.

- Wissensmanagement in Organisationen lässt sich technologisch realisieren, wobei zu berücksichtigen ist, dass computergestützte Informationstechnologien eher für die Wissensdokumentation (Präsentation) und den Wissensaustausch (Kommunikation) als für die Wissenserarbeitung (Generierung) und die Wissensanwendung (Nutzung) geeignet sind. Außerdem erhöht sich mit dem Grad der Komplexität der Aufgabe und der zu ihrer Bewältigung erforderlichen Tätigkeit auch die Notwendigkeit einer persönlichen Verständigung in realen bzw. nichtvirtuellen Interaktions- und Kommunikationssituationen.

## 4. Professionalisierung durch Selbststeuerung

Insgesamt wurden die Einrichtungen und deren Mitarbeiter projektseitig als lebenslang lernende Personen und Organisationen betrachtet, die durch „Beratung für Lernprozesse sowie Entwicklung von Strukturen" (BLK 2001, S. 16) unterstützt und gefördert wurden, wozu auch die „Anwendung stärker mediengestützter (...) raumunabhängiger Kommunikation" (dies., S. 18) gehörte. Hierbei kam u.a. die „Hilfe (...) zum Selbstverständnis" (dies., S. 18) in professionellen „Arbeits- und Medienzusammenhängen" (dies., S. 18) sowie die „Bewusstwerdung der aktiven Rolle der Lernenden" (dies., S. 18) sowie ihrer auf Planung und Organisation bezogenen „Schlüsselkompetenzen" (dies., S. 11) einschließlich der „Medienkompetenz" (dies., S. 20) zum Tragen. Das Projekt verstand sich dabei als ein expertengestütztes System der „Information, der Beratung und des Coachings" (dies., S. 20), wobei dies sowohl auf

den Bedarf nach externen Impulsen und Anleitung als auch auf den Anspruch einer sich sukzessiv erweiternden Fähigkeit zur Selbstorganisation von Veränderungs- und Verbesserungsprozessen in Weiterbildungseinrichtungen reagierte.
Zunächst gelten hinsichtlich des Aspekts der Begleitung selbstgesteuerter Lernprozesse von Individuen und Entwicklungsprozessen von Organisationen die Voraussetzungen, die bereits im Abschnitt zur Professionalisierung durch Beratung angesprochen wurden. Hierzu gehört die professionelle Gestaltung des Beratungsprozesses unter dem Aspekt der Variation von Beratungstypen und –arrangements, die Selbstbestimmung der zu Beratenden als übergeordneter Anspruch, die Vermittlung zwischen Theorie und Praxis bzw. zwischen abstraktem Wissen und konkreten Problemen in authentischen Situationen sowie die partizipative Vereinbarung von Zielen. Ebenso wurde im Abschnitt zur Professionalisierung durch den Einsatz computergestützter Technologien darauf aufmerksam gemacht, dass der selbstinitiierte Zugriff auf virtuelle Arbeitsumgebungen von personalen Faktoren abhängt, die sorgfältig mit den technischen Voraussetzungen und Möglichkeiten sowie den organisatorischen Bedingungen und Gestaltungsspielräumen abzustimmen sind, um selbstgesteuerte Auseinandersetzungsprozesse mit Gegenständen, wie neuen Technologien, anregen zu können. Darüber hinaus soll Professionalisierung durch Selbststeuerung an dieser Stelle vornehmlich bezüglich des Verhältnisses von Selbst- und Fremdsteuerung und der dazwischen vermittelnden Selbstthematisierung und –vergewisserung in Lern- und Entwicklungsprozessen und der daraus potentiell hervorgehenden Selbststeuerungspotentiale skizziert werden.

(1) Selbstgesteuertes Lernen bedeutet zunächst einmal „ein lernendes Verarbeiten von Informationen, Eindrücken, Erfahrungen, bei dem die Lernenden diese Verstehens- und Deutungsprozesse im Hinblick auf ihre Zielausrichtung, Schwerpunkte und Wege im wesentlichen selbst lenken“ (Dohmen 1999, S. 16) und „bei dem sie die von anderen entwickelten Lernmög-

lichkeiten und fremdorganisierten Lernveranstaltungen jeweils nach den eigenen Bedürfnissen und Voraussetzungen gezielt ansteuern und nutzen“ (KMK-Beschluß v. 13./14.04.2000). Neben der autonomen Verfügung über das eigene Lernen spielt beim selbstgesteuerten Lernen demnach auch die freiwillige Inanspruchnahme fremder Leistungen eine Rolle. Sofern fremde Leistungen in Anspruch genommen werden, lässt sich feststellen, dass der Grad der Selbststeuerung hinsichtlich unterschiedlicher Bedingungsmomente und Einflussfaktoren, wie Lernort, -institution, -zeitpunkt, -dauer, -ziel, -inhalt, -methode, -medium, -partner, -techniken, -strategien, -ressourcen usw., variabel erscheint (vgl. Behrmann 2003c).
Im Projekt LLL, welches dem selbstgesteuerten Lernen von Weiterbildnerinnen und Weiterbildnern im Zuge von Personal- und Organisationsentwicklungsprozessen diente, ließ sich feststellen, dass eben jene Variabilität der Prozessregulierung zwischen Selbst- und Fremdsteuerung ein bestimmendes Moment darstellte. Während vor allem Ziele, Partner, Ort, Zeitpunkt und –dauer des Lernens im Organisationsentwicklungsprozess von den Entwicklungsteammitgliedern bestimmt wurden, kam den im Prozess eingesetzten Beratern im Wesentlichen die Aufgabe zu, die Methoden, Techniken und Medien vorzuschlagen, die seitens der Beteiligten übernommen oder aufgegriffen und in modifizierter Weise zur Anwendung gebracht werden konnten. Die Bestimmung von Inhalten der lernenden Auseinandersetzung mit organisationsrelevanten Themen wurde in wechselseitiger Absprache vorgenommen, wobei sich die Entwicklungsteammitglieder zumeist Impulse seitens des Beraters erhofften, die ihnen dann jedoch die eigenständige Auswahl der weiter zu verfolgenden Thematik ermöglichte und erleichterte. Nicht zuletzt ergaben sich neue Ziele, Inhalte und Wege auch aus der Eigendynamik des Organisationsentwicklungsprozesses, weshalb sich die Frage nach dem Verhältnis von Selbst- und Fremdbestimmung nicht stellte. Dies bedeutete jedoch, sich stets reflexiv mit dem Verlauf des Prozess auseinanderzusetzen,

um in der selbstbestimmten Regulierung der Aktivitäten nicht durch die Eigendynamik des Prozesses übersteuert zu werden. Demnach ist selbstgesteuertes Lernen in Professionalisierungsprozessen vor dem Hintergrund der Erfahrungen des Projekts LLL nicht dogmatisch zu verstehen und ist auch nicht mit einem verabsolutierten Autonomieanspruch versehen. Vielmehr variiert der Grad der Selbststeuerung hinsichtlich der zu bestimmenden Strukturelemente des Personal- und Organisationsentwicklungsprozesses, weil er die selbstbestimmte Inanspruchnahme fremdseitiger Impulse einschließt, weil er in Interaktions- und Kommunikationszusammenhängen eine interindividuelle und dialogische Abstimmung auch unter Berücksichtigung einer aus Gründen der Vernunft erforderlichen wechselseitigen Anpassung beinhaltet und weil der Selbststeuerungsprozess eine aus sich selbst heraus generierende Eigenlogik und –dynamik entwickelt, die eine bewusste Beeinflussung von Stellgrößen zeitweilig entbehrlich macht. Unabdingbare Voraussetzung selbstgesteuerter Professionalisierungsprozesse ist jedoch die permanente Aufrechterhaltung von Reflexivität, die hierbei nicht allein der Selbststeuerung, sondern vor allem auch der Gewährleistung der Selbstbestimmung von arbeitenden und lernenden Subjekten dient.

(2) Wie soeben bereits angesprochen, ist die Bestimmung und Regulierung des Verhältnisses von Selbst- und Fremdsteuerung ein zentraler Aspekt der Diskussion um selbstgesteuertes Lernen und dessen Realisierung. Hieraus hat sich die Vorstellung ergeben, dass ein sukzessiver Übergang von Fremd- zu Selbststeuerung anzustreben ist, sofern die nicht in jedem Falle vorauszusetzende Selbststeuerungskompetenz sich erst entwickeln muss. Das bedeutet, die „Lehrkraft belehrt nicht, sondern sie unterstützt anfänglich mit mehr, später mit immer weniger Einwirkungen das Lernen, indem sie Scaffolding (vom Englischen ein Gerüst bauen) betreibt, d.h. fortwährend Anstöße und Impulse gibt, die den Lernenden das Lernen erleichtern und bewusst machen. Damit zeigt die Lehrkraft im Anfänger-

unterricht ein direkteres Unterrichtsverhalten, das sich aber immer stärker zur individuellen Lernberatung entwickeln muß" (Dubs 1999, S. 351f.).
Im Projekt LLL hat sich das Prinzip des Scaffolding dadurch realisiert, dass in der Initiierungs- und Anfangsphase weitaus mehr Impulse seitens des Beraters bzw. Lernbegleiters gegeben wurden, die allerdings nicht deterministischen Vorgaben entsprachen, sondern vielmehr im Arbeits- und Lernkontext zur Disposition gestellt wurden, um den Selbststeuerungspotentialen der Klienten bzw. Lernenden die Möglichkeit zur Entfaltung zu geben. Im weiteren Verlauf konnte an das Gelernte angeknüpft werden, was den Lernenden die Möglichkeit des Handelns in zunehmender Eigenregie gab. Beispielsweise wurde dies daran deutlich, dass die zuvor unter verstärkter Intervention des Beraters zustandegekommene Beschreibung eines Kernprozesses zur Programmplanung in einer nächsten Phase selbständig auf die Beschreibung eines anderen Tätigkeitskomplexes übertragen wurde und dies lediglich durch ein gemeinsames Review mit dem Berater retrospektiv reflektiert wurde. Ein weiteres Beispiel ist in der Verstetigung der Anwendung von Instrumenten zur Prozesssteuerung zu sehen. Während der Berater anfänglich vermehrt Verfahrensvorschläge einbringen musste, wurden diese im weiteren Verlauf und bei zunehmender Sicherheit im Umgang mit entsprechenden Verfahren und Instrumenten immer häufiger von den Prozessbeteiligten selbst eingebracht oder es wurden alternative Vorgehensweisen durch eigenständige Beiträge vorgetragen, durchgesetzt und angewendet.
Als Konsequenz aus den Erfahrungen im Projekt LLL ergibt sich nicht allein die Bestätigung, selbstgesteuertes Lernen sinnvollerweise dem Prinzip des Scaffoldings folgen zu lassen. Darüber hinaus hat sich im besonderen Fall der Personal- und Organisationsentwicklung in Weiterbildungseinrichtungen gezeigt, dass beraterseitige Impulse, die keinesfalls direktiv vermittelt, sondern zur Disposition gestellt wurden, sowie beraterseitige Aufforderungen, die die Reflexivität im Lern- und Entwick-

lungsprozess herausgefordert haben, zu einer sukzessiven Entfaltung von Selbststeuerungskompetenz beitragen konnten. Das vermittelnde Moment zwischen Fremd- und Selbststeuerung in professionalisierungsbezogenen Personal- und Organisationsentwicklungsprozessen in Weiterbildungseinrichtungen ist daher in dem Aufforderungsgehalt der begleiterseitigen Impulse zur Thematisierung der lernerseitigen Situationsdeutungen der eigenen und der organisationalen Voraussetzungen und Bedingungen in Bezug auf einen lern- und entwicklungsrelevanten Gegenstand zu sehen. Die Selbstthematisierung konnte Selbstreflexivität hervorrufen und darüber die Entfaltung von Selbststeuerungspotentialen ermöglichen (Abb.12). Der Aufforderungsgehalt der Impulse und der Situation konnte dazu beitragen, dass sich die Lernenden ihrer selbst und ihrer Kompetenzen sowie den Entwicklungen der Organisation gegenüber bewusst wurden. So konnte gewährleistet werden, dass die Verfügung über den Lern- und Entwicklungsprozess schrittweise in die Hände der Beteiligten überging und Interventionen seitens des Beraters in immer geringerem Maße erfolgen brauchten. Fremd- und Selbststeuerung waren rekursiv aufeinander bezogen und wurden in ihrem Verhältnis über die gemeinsame Reflexion von Beratendem bzw. Lehrendem und Klienten bzw. Lernenden reguliert (Abb.12).

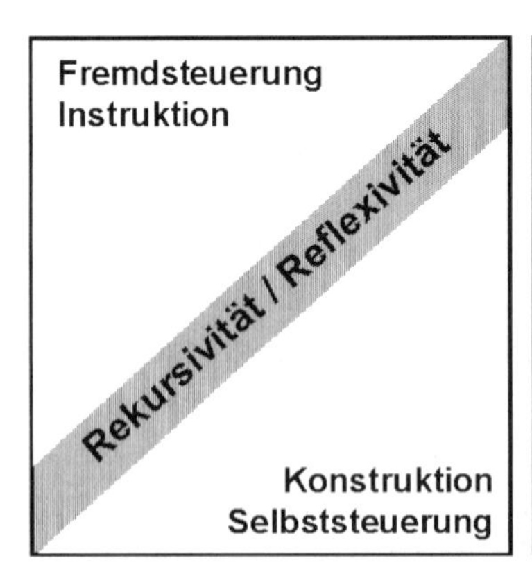

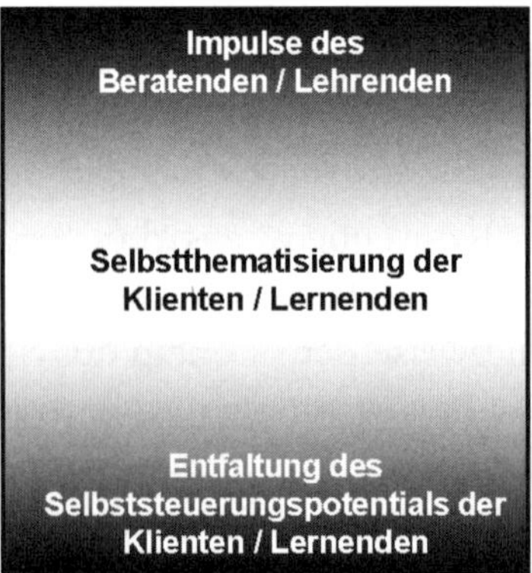


Abbildung 12: Regulierung von Selbst- und Fremdsteuerung

(3) In selbstgesteuerten Lernprozessen, die weite lernerseitige Gestaltungsspielräume enthalten und daher als offene Lerngelegenheiten zu bezeichnen sind, verstehen sich die beteiligten Akteure, d.h. Lernende wie Lehrende, als Lernpartner (vgl. Meueler 1993). Partnerschaft bedeutet hierbei, den jeweils anderen zunächst einmal in dessen Autonomie und Dignität wahrzunehmen und anzuerkennen. Da in sozialen Zusammenhängen vollzogenes selbstgesteuertes Lernen vor dem Hintergrund wechselseitiger Anerkennung allerdings weniger individualistische Tendenzen, sondern vielmehr solidarische Züge aufweist, gehört es zum partnerschaftlich orientierten und organisierten selbstgesteuerten Lernen dazu, die Partner im Zuge selbstgesteuerter Lernprozesse in sozialen Situationen zu unterstützen, aber ihre Kompetenzen auch im umgekehrten Sinne für den eigenen Lernprozess nutzen zu können. Selbstgesteuertes Lernen in offenen sozialen Lernsituationen zu vollziehen, bedeutet dabei, Synergieeffekte durch die wechselseitige Unterstützung für den eigenen Lernprozess sowie denjenigen der Partner fruchtbar zu machen.
Im Projekt LLL wurden zunächst Zielvereinbarungen getroffen, die auch ein partnerschaftliches Rollenverständnis der Beteiligten enthielten. Der dementsprechende Umgang miteinander wurde wiederholt in Feedbackrunden überprüft und reguliert. Darüber hinaus wurden im Laufe des Entwicklungsprozesses Anregungen gegeben, Informations- und Wissensbestände transparent zu machen und zwischen den Beteiligten auszutauschen sowie die Lernerfolge der einzelnen sowie der Gruppe vor einem nächsten gemeinsamen Lernschritt zu thematisieren und zu reflektieren. Neben den unmittelbaren synergetischen Lerneffekten, die daraus resultierten, wurde seitens der Beteiligten hervorgehoben, dass dieses Vorgehen im Verlaufe des Prozesses nicht nur die Verantwortung für den eigenen Lernprozess, sondern auch die Verpflichtung auf den Lernprozess der anderen verstärkt hat. Die Tatsache, sich selbst und anderen gegenüber den Fortschritt, aber auch die Schwierigkeiten im Lernprozess zu verdeutlichen, hat nicht nur zu

Reflexivität und Transparenz sowie zu Lernsynergien beigetragen, sondern wurde auch als Verpflichtung für die verantwortliche Gestaltung des eigenen Fortkommens in Verbindung mit dem Fortschritt der Gruppe erlebt.
In letzter Konsequenz bedeutet dies, dass ein prinzipiell autonomes, aber darüber hinaus partnerschaftlich organisiertes selbstgesteuertes Lernen in sozialen Zusammenhängen sowohl die Selbstverantwortung für das eigene Lernen als auch die Selbstverpflichtung auf das Lernen anderer herausfordert und fördern kann, vorausgesetzt, es gibt ein Lernarrangement, welches dies über reflexive Verfahren ermöglicht. Wichtig erscheint hierbei, dass die Verfahren nicht im deterministischen Sinne Zwänge aufbauen, sondern als symbolisch bereitgestellte Interaktions- und Kommunikationsformen die Entstehung von Verantwortung und Verpflichtung aller Beteiligten anregen (Abb.13).

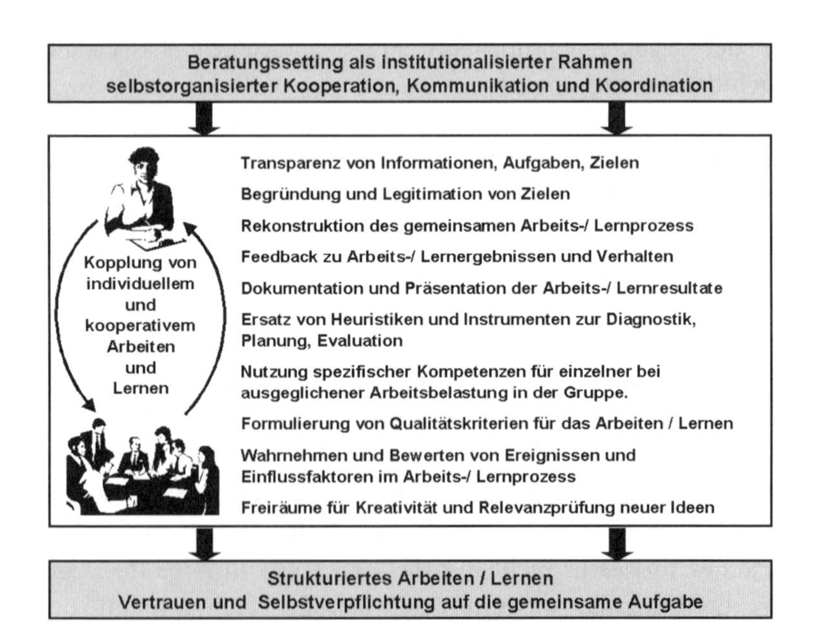


Abbildung 13: Bedingungsfaktoren für verantwortungsvolles, selbstorganisiertes und kooperatives Arbeiten und Lernen im Projekt LLL

(4) Selbstgesteuertes Lernen zu fördern, hat zur verstärkten Auseinandersetzung mit den dafür geeigneten Lernumgebungen geführt. Als erfolgversprechend hat sich hierbei das situierte Lernen erwiesen (vgl. Friedrich/Mandl 1997), was bedeutet: „Die Lerninhalte werden in konkreten Verwendungssituationen angeeignet und geübt. Diese Situationen sollen authentisch, d.h. an den Erfahrungen der Lernenden orientiert sein, sie sollten unterschiedliche Perspektiven zulassen und die Eigenaktivität fördern. Durch die Variation der Situation können dann auch Schlüsselqualifikationen erworben werden" (Siebert 2001, S. 195).

Im Projekt LLL wurde die Förderung von personen- und organisationsbezogenen Professionalisierungsprozessen im Sinne des situierten Lernens angelegt. Von konkreten Problemen oder Innovationsabsichten in den einzelnen Einrichtungen ausgehend wurden diese bearbeitet und in die Optimierung von Strukturen und Prozessen in den Organisationen umgesetzt. Dadurch fand Lernen in einer konkreten Verwendungssituation statt. Außerdem wurden im Verlauf des Veränderungs- bzw. Verbesserungsprozesses entstehende Diskrepanzen aufgegriffen und lernend bearbeitet. Diskrepanzen entstanden etwa, wenn ein als Soll gesetztes Ziel von dem erreichten Ist-Zustand abwich, wenn Informations- oder Kompetenzdefizite hinsichtlich einer zu bewältigenden Problemstellung auftraten oder wenn Friktionen im Prozess sowie Konflikte in der Zusammenarbeit entstanden. Solche Diskrepanzen wurden dann als Lernanlässe verstanden und vor dem Hintergrund des unmittelbaren Erfahrungszusammenhangs in Lernphasen ausgegliedert. In den Lernphasen wurde eine temporäre Abstraktion von den Erfahrungen vorgenommen, indem diese angesichts theoretischer Erkenntnisse zum erfahrenen Problem thematisiert, durch modellhaftes Wissen ergänzt und in idealtypische Problemlösungen übertragen wurden. Anschließend wurde der Zusammenhang zum unmittelbaren Veränderungsprozess wieder hergestellt, indem die erarbeitete Problemlösung in entsprechende Aktivitäten umgesetzt wurde. Ferner konnte im weiteren Verlauf das

sehr wohl auf Erfahrungen bezogene, aber von diesen dennoch abstrahierte Wissen nicht nur auf gleiche, sondern auch ähnlich gelagerte neue Problemstellungen angewendet werden. Vor allem wurde deutlich, dass der systematische Wechsel von produktivem Arbeiten und reflexivem Lernen sich verstetigen und verselbständigen sowie zur Optimierung von Problemlösungsprozessen beitragen konnte (Abb.14).
Insofern ist festzustellen, dass sich selbstgesteuertes Lernen als situiertes Lernen in Professionalisierungsprozessen idealtypisch realisieren lässt, wenn es als arbeitsorientiertes Lernen im Zuge der Gestaltung projektförmiger Veränderungsprozesse in Organisationen angelegt wird und dabei zur Vermittlung zwischen Erfahrungsbezügen und theoretischem Wissen beiträgt (vgl. Behrmann 2004b).

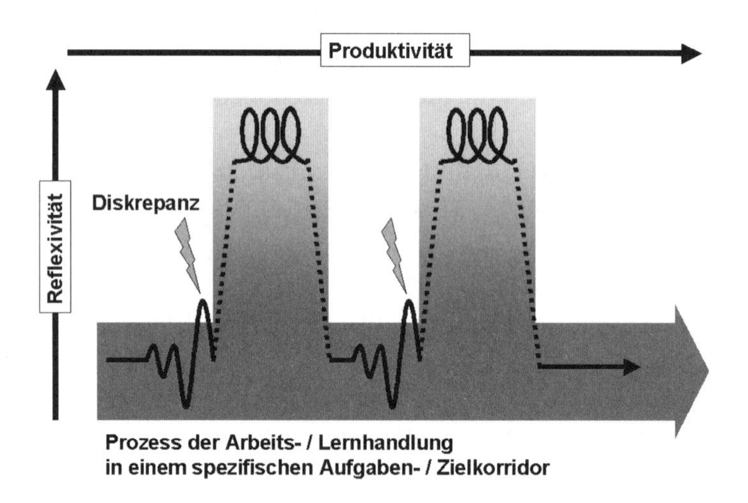


Abbildung 14: Situiertes Lernen aufgrund der Rekursivität von Arbeits- und Lernhandlungen

(5) Die Gestaltung selbstgesteuerter Lernprozesse schließt nicht zuletzt die fortwährend vom Lernenden selbst vorzunehmende Prozessevaluation und Ergebniskontrolle ein (vgl. Straka 1998). Neben herkömmlichen Testverfahren, die vom Lernenden

selbständig eingesetzt werden, bieten sich insbesondere die auf den individuellen Lernprozess und Lernfortschritt gerichteten Lerntagebücher (vgl. Forneck 2001) oder Prozessportfolios (Jäger 2001) an, die darüber hinaus im Kontext des lebenslangen Lernens an Bedeutung gewinnen, weil sie die Selbststeuerung und Eigenverantwortung im Lernen stärken (vgl. Häcker/Dumke/Schallies 2002).

Im Projekt LLL wurde in Anlehnung an Prozessportfolios ein sogenanntes Entwicklungsteamtagebuch eingeführt, welches den Beteiligten die Steuerung des eigens vollzogenen Lernprozesses und die Bewertung der erzielten Lernresultate ermöglicht hat. Das Entwicklungsteamtagebuch enthielt neben dem Deckblatt, der Zielvereinbarung für den Entwicklungsprozess sowie der Liste der Akteure und Ansprechpartner im jeweiligen Teilprojekt sowohl eine Dokumentation des Prozessverlaufs und To-do-Listen als auch Ergebnisprotokolle und Feedbackbögen, die darüber hinaus durch eine Sammlung der im Organisationsentwicklungsprozess eingesetzten Methoden und Instrumente ergänzt wurden. In Anlehnung an die im Entwicklungsteamtagebuch enthaltene Dokumentation des Prozesses und der erzielten Ergebnisse wurde zu Beginn einer jeden Sitzung ein Rückblick bezüglich der jeweils vorausgegangenen Sitzung, ihrer Ergebnisse sowie der seitdem für den Projektverlauf relevanten Ereignisse durchgeführt. Dies diente einerseits dazu, sich wichtige Ergebnisse nochmals zu vergegenwärtigen, wodurch das Bewusstwerden der Arbeits- und Lernerfolge gestützt werden konnte. Andererseits wurden Anschlussmöglichkeiten zwischen den einzelnen Prozessphasen und den dazwischen erfolgten Ereignissen hergestellt, wodurch die Rekonstruktion des bisherigen Prozesses ermöglicht, der interindividuelle Austausch über bereits Erarbeitetes, Entschiedenes, Vereinbartes, Bewertetes etc. angeregt sowie ein erneuter Abgleich weiterer Schritte unter dem Einfluss neuer Situationsvariablen gewährleistet war. Außerdem konnte sichergestellt werden, das z.B. in Form der Instrumentensammlung dokumentierte Wissen mit Blick auf einen nachhaltigen Transfer nutzbar zu machen, in-

dem die im fortlaufenden Prozess entwickelten Problemlösungsansätze und Methoden in späteren Situationen wiederholt Verwendung finden konnten.
Zum einen hat die im Entwicklungsteamtagebuch erfolgte Dokumentation des Lernprozesses und der Lernergebnisse in Organisationsentwicklungsprozessen die diachrone Fortschreibung und Weiterentwicklung von erarbeiteten Wissensbeständen unterstützt. Zum anderen gewährleistete das Entwicklungsteamtagebuch eine prozessbegleitende Diagnostik und Evaluation, die gerade hinsichtlich des Aspekts der Selbstvergewisserung und Regulierung in lebenslangen Lernprozessen von Individuen sowie in Entwicklungsprozessen von Organisationen zum Zwecke der kontinuierlichen Professionalisierung von Bedeutung ist und hierbei eine systematische wie reflexive Steuerung ermöglicht. Dies zielt gleichermaßen auf eine situative Selbstreflexion wie auf eine prozessuale Selbststeuerung (vgl. Behrmann 2003d). *Situative Selbstreflexion* heißt, dass sich lebenslang Lernende jederzeit darüber im Klaren sein müssen, wo sie stehen und wohin sie wollen. Sie müssen sich neben sich selbst stellen, um sich ihrer Ziele, Bedürfnisse und Interessen sowie ihrer Lernvoraussetzungen im Sinne von Lernfähigkeiten, -einstellungen, -strategien und -motiven bewusst zu werden. Gleiches gilt für Organisationen, wenn die in ihnen verankerten Ziele, zielführenden Mittel und Verfahren sowie strategischen Orientierungen und normativen Leitbilder klar zu stellen sind. Dokumentationen des individuellen Lern- und organisationalen Entwicklungsprozesses können diese diagnostisch ausgerichtete Reflexivität im Sinne einer Selbstvergewisserung unterstützen. *Prozessuale Selbststeuerung* bedeutet, dass Lernende zuweilen eine retrospektive Rekonstruktion ihres bisherigen Lernprozesses vornehmen müssen, um sich zu vergegenwärtigen, an welchen Stellen oder zu welchen Zeiten und bei welchen Ereignissen bestimmte Einflussfaktoren auf den Lernprozess gewirkt und ihn positiv oder negativ beeinflusst haben. Gleiches gilt für die Steuerung organisationaler Veränderungsprozesse. Eine derartige Rückschau ermöglicht in ihrer Konsequenz korrigierende

Interventionen im Sinne der Lenkung von Lern- und Entwicklungsprozessen, wobei Dokumentationen jener Prozesse eine umfassende Rückschau sowie einen differenzierten Rückblick auf bisherige Lernereignisse gewährleisten und Ansatzpunkte für Korrekturmaßnahmen in ihrer systematischen Entstehung und Umsetzung fördern.

Zusammenfassend lässt sich hinsichtlich der Ermöglichung von Selbststeuerung in Professionalisierungsprozessen in der Weiterbildung feststellen:

- Die Variabilität in der Regulierung von Strukturelementen des Lernens ist bestimmend für die erfolgreiche Gestaltung selbstgesteuerter Lernprozesse. Das heißt, dass selbstgesteuerte Lernprozesse einerseits autonom erfolgen, andererseits aber bezogen sind auf den selbstbestimmten Bedarf nach fremder Unterstützung, auf die Erfordernis der dialogischen Abstimmung von Lerninteressen und –vorgängen im sozialen Kontext sowie auf die sich aus dem Lernprozess selbst ergebende Eigenlogik und Eigendynamik.
- Die Entwicklung von Selbststeuerungskompetenz lässt sich fördern, indem die fremdseitige Instruktionsimpulse begleitende Aufforderung zur diesbezüglichen Selbstthematisierung dazu herausfordert, eine Selbstvergewisserung im Lernprozess vorzunehmen. Die durchaus extern provozierte, jedoch in zunehmendem Maße selbst initiierte Selbstvergewisserung im Lernprozess hilft dem Lernenden, die eigenständige Verfügung über den Lernprozess zu gewinnen sowie die Entfaltung von Selbststeuerungspotentialen zu begünstigen.
- Die Verwirklichung von selbstgesteuertem Lernen in organisierten, institutionalisierten sowie sozialen und mit Fremdbestimmungsanteilen versehenen Lernkontexten weist einen spezifischen Grad von wechselseitiger und sich dialektisch konstituierender Verpflichtung auf. Diese Verpflichtung führt günstigenfalls dazu, dass der indivi-

duelle Anteil am Lernprozess sowie die persönliche Verantwortung für die Lernergebnisse als ein selbstverpflichtendes Engagement für über das Selbst hinausgehende übergeordnete Ziele wahrgenommen wird. Dadurch wird die motivierte und beflissentliche Gestaltung der selbstgesteuert wahrzunehmenden eigenen Lernaufgabe durch den sozialen Kontext herausgefordert.

- Personal- und Organisationsentwicklungsprozesse, die der Professionalisierung in der Weiterbildung dienen und die als projektförmiges Arrangement zur innovativen Gestaltung von Arbeitsstrukturen und -prozessen angelegt sind, erfüllen die Voraussetzungen zur Förderung selbstgesteuerten Lernens im Sinne situierten Lernens, da sie authentische und problemorientierte Situationen darstellen, die die Entfaltung von Selbststeuerungspotentialen begünstigen. Voraussetzung hierfür ist, dass ein Wechsel zwischen Handlungsvollzügen auf der einen und der reflexiven bzw. lernenden Bearbeitung von Handlungsproblematiken auf der anderen Seite systematisch gefördert wird, was nicht zuletzt die Berücksichtigung wissenschaftlicher Erkenntnisse zur professionellen Lösung konkreter Handlungsproblematiken einschließt.
- Tagebücher, die Lern- und Entwicklungsprozesse dokumentieren, können die für lebenslanges Lernen erforderliche situative Selbstreflexion sowie prozessuale Selbststeuerung begünstigen. Dies liegt darin begründet, dass sie eine seitens der Akteure selbst vorgenommene Diagnostik und Prozessrekonstruktion unterstützen. Dadurch wird die Möglichkeit eröffnet, eine differenzierte Selbstvergewisserung in individuellen Lern- und organisationalen Entwicklungsprozessen und darauf bezogene korrigierende Interventionen vorzunehmen.

## 5. Professionalisierung durch Lernverbünde

Hinsichtlich der „stärkeren Verzahnung der (...) Bildungsbereiche“ (BLK 2001, S. 21) enthielt das Projekt LLL eine Komponente, die darin bestand, Kooperationen zwischen aktiven und künftigen Weiterbildnerinnen und Weiterbildnern zu organisieren. Hierzu wurden am Institut für Erziehungswissenschaft der Universität Koblenz-Landau, Campus Landau, im Diplomstudiengang Erziehungswissenschaft, Studienrichtung Erwachsenenbildung, Seminare veranstaltet, in denen spezielle Projektaufgaben durch Studierende in Zusammenarbeit mit den Projektpartnern aus den Weiterbildungseinrichtungen bearbeitet und mit Blick auf „lebenslanges Lernen (...) als Querschnittsaufgabe aller Bildungsbereiche (...) einschließlich Hochschulen und Weiterbildung“ (dies., S. 13) gefördert wurden. Neben der bildungsbereichsübergreifenden Kooperation wurde dadurch der Ansatz verfolgt, die Entwicklung von Professionswissen über herkömmliche Ausbildungsgänge auf der einen sowie weitgehend funktionales bzw. informelles Lernen im Arbeitsalltag auf der anderen Seite hinaus systematisch in den Blick zu nehmen und zu fördern.

(1) Im Projekt LLL wurde diesbezüglich an theoretische Modelle zur Entwicklung von Professionswissen angeknüpft, welche die Regulierung von Wissen in Arbeits- und Lernprozessen analytisch beschreiben.
Kolb (1984) unterscheidet beispielsweise vier Wissensarten, die sich in einem Zyklus von aktivem Verhalten, konkreter Erfahrung, reflektierter Realitätswahrnehmung und abstrakter Konzeptualisierung ausprägen. Im Zuge aktiven Verhaltens wird mit konkretem Handlungswissen umgegangen, welches die Grundlage dafür bildet, konkrete Erfahrungen in der Prozessierung von Wissen zu machen. Aufgrund der Erfahrbarkeit bzw. der Wahrnehmung des Wissens entsteht fallbezogenes Erfahrungswissen, welches der weiteren reflexiven Erschließung zugänglich wird. Aus der Reflexion entsteht systematisches Konzept-

wissen, wenn die Erfahrungen nicht nur reflektiert, sondern auch in abstrakter Form konzeptualisiert werden. Aus der Konzeptualisierung ergibt sich die Möglichkeit, verhaltensanleitendes Planungswissen für künftiges Verhalten zu entwickeln und als modellhaftes Wissen für die Nutzung in Handlungsvollzügen bereitzuhalten. In erneutes Verhalten umgesetzt, ergibt sich daraus neues Handlungswissen. Geißler (1994) spricht diesbezüglich von einem Lernprozess. Das heißt, dass Lernaktivitäten zur sukzessiven Veränderung des durch Lernen hervorgebrachten Wissens führen, indem Realität wahrgenommen und fallbezogenes Erfahrungswissen hervorgebracht wird, indem Erfahrenes analysiert und in systematisches Konzeptwissen umgewandelt wird, indem Verhaltensorientierungen entwickelt und in verhaltensanleitendes Planungswissen übertragen werden und indem Verhalten generiert und in konkretes Handlungswissen umgesetzt wird.
Eine Parallele ergibt sich zwischen diesem Modell und den in der Erwachsenenbildung festgestellten Aneignungsmodi von Professionswissen. Professionswissen wird dem Modus der Habitualisierung zufolge im Verhaltensvollzug angeeignet. Im Modus der Abstraktion wird Professionswissen als reflektiertes und systematisiertes Wissen zugänglich. Im Modus der Konkretion wird Wissen gedanklich auf künftiges Handeln projiziert und im Modus der Realisierung wird das Wissen handlungsanleitend umgesetzt. Versteht man die einzelnen Modi nicht als isolierte Aneignungsformen, sondern sieht man sie prozesshaft miteinander verbunden, kommt den Übergängen zwischen den Wissensformen bzw. Aneignungsmodi eine besondere Bedeutung zu (vgl. Behrmann 2002). Der Übergang von habitualisiertem Wissen in abstraktes Wissen lässt sich durch den Vorgang der Externalisierung beschreiben, in dem implizites Wissen in explizites umgewandelt und transparent gemacht wird. Der Übergang von abstraktem Wissen zu konkretem Wissen erfolgt über die Konstruktion, d.h. darüber, dass explizite Wissensbestände systematisch aufeinander bezogen und abgestimmt werden. Der Übergang zwischen konkretem Wissen und realisier-

tem Wissen erfolgt über Internalisierung, also die Umwandlung von explizitem in implizites Wissen. Der Übergang von realisiertem zu habitualisiertem Wissen erfolgt durch Exploitation, d.h. die unmittelbare Nutzung impliziten Wissens in der Anwendungssituation, die eine Verstetigung und Verfestigung von Denk- und Handlungsschemata zur Folge hat (Abb.15).

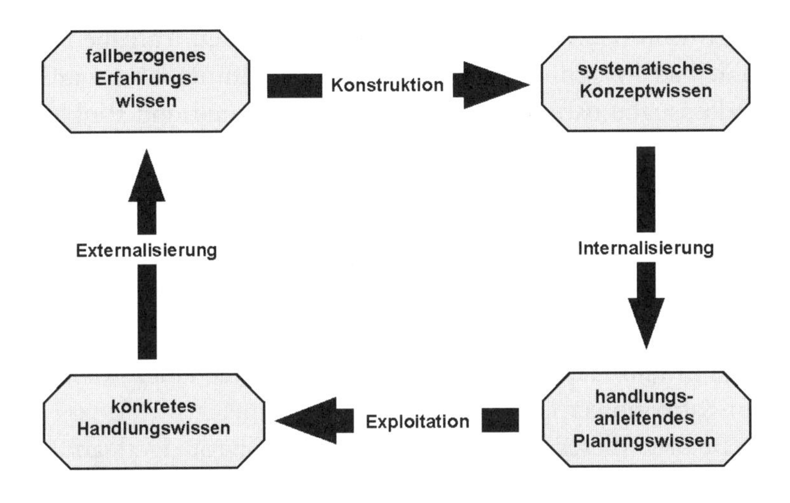


Abbildung 15: Zyklische Transformation von Professionswissen

Der konkrete Ansatzpunkt, der sich aus dem allgemeinen und aus dem im Kontext der Erwachsenenbildung entstandenen Modell für das Projekt LLL ergeben hat, bestand darin, den Zyklus der Prozessierung von Professionswissen in einem Lernkontext zwischen aktiven und künftigen Erwachsenenbildnern komplett abzubilden, um einerseits einen erfahrungsbezogenen Prozess der Wissensgenerierung und andererseits einen auf spezifische Aneignungsmodi bezogenen Transformationsprozess von Wissen zu unterstützen. Vom Vorgehen her wurden dabei in einem Projektseminar zunächst die Aufgaben und Probleme der aktiven Erwachsenenbildner in den projektseitig begleiteten Entwicklungsprozessen transparent gemacht und

die dabei gegebenen Voraussetzungen und Bedingungen sowie die darauf wirkenden Einflussfaktoren geklärt. Es gab die Möglichkeit, eigene Problemsichten und auf Erfahrungen beruhende Problemlösungsoptionen zu explizieren. Dies wurde vor dem Hintergrund theoretischer Erklärungsmodelle reflektiert und mit allen Beteiligten diskutiert, um bestehende und hinzukommende Wissensbestände abzugleichen, zu kombinieren, zu reorganisieren, d.h. neues Wissen zu konstruieren. Mit diesem Wissen wurde mit Blick auf die zu bewältigenden Aufgaben und Problemstellungen gedanklich experimentiert und es wurden Handlungsalternativen zur Aufgabenbewältigung und Problemlösung entworfen sowie bewertet. Die von allen Beteiligten am ehesten priorisierte Lösung wurde sodann in den konkreten Handlungskontext der sich dem Organisationsentwicklungsprozess stellenden Einrichtung umgesetzt und im kooperativen Zusammenwirken erprobt. Mit einer Reflexion der Umsetzungsphase begann eine erneute diaologische Rekonstruktion und Explikation der Erfahrungen, die einen nächsten Transformationszyklus in Gang setzen konnte.
Am Beispiel dieses Vorgehens und aufgrund von Evaluationen wurde deutlich, dass ein derart angelegtes Projektseminar geeignet erscheint, aktiven Erwachsenenbildnern die Möglichkeit zu geben, ihr Handlungswissen explizieren und ihr Erfahrungswissen gezielt reflektieren zu können, um es vor dem Hintergrund theoretischer Impulse in neues Konzeptwissen umwandeln und in ein dementsprechend aktualisiertes Planungswissen überführen zu können. Gerade die zeitweilige Abstraktion vom unmittelbaren Handlungskontext und die aufgrund dessen mögliche Konkretion aktualisierter Wissensbestände hinsichtlich neuer Problemlösungswege erschienen als fruchtbares Lernmoment in der systematischen Erweiterung von professionsrelevantem Wissen, während der Arbeitsalltag oftmals auf die Realisierung und Habitualisierung von Wissen in handlungsimpliziten Erneuerungsprozessen des Wissens beschränkt bleibt. Den künftigen Erwachsenenbildnern bzw. Studierenden war es möglich, ihr im Studienalltag zumeist von konkreten Arbeitszusammen-

hängen losgelöst angeeignetes Konzeptwissen in Zusammenarbeit mit den aktiven Erwachsenenbildnern zur Disposition zu stellen, im Sinne von Planungswissen experimentell auf konkrete Praxisfälle zu beziehen und in realen Kontexten als Handlungswissen anzuwenden, es in seiner Wirkung in der Realität als Erfahrungswissen wahrzunehmen und erneut zu reflektieren. In herkömmlichen Veranstaltungen eignen sich Studierende meist abstraktes Wissen an, das in gelegentlichen Übungen konkretisiert wird. Durch den Bezug zu einem konkreten Anwendungsfeld und zu einer unmittelbar virulenten Arbeitsproblematik wurde dieses Wissen umsetzbar und erlebbar, also realisiert und habitualisiert.

(2) Hinsichtlich der Kooperation der Bildungsbereiche zur Förderung des lebenslangen Lernens in Professionalisierungsprozessen ist darüber hinaus anzumerken, dass zeitliche und strukturelle Abstimmungen erfolgen müssen, um bildungsbereichsübergreifende Aktionen und Programme realisieren zu können. In den seitens des Projekts LLL veranstalteten Projektseminaren stellte sich das Problem, die Zeithorizonte der Arbeitsprozesse in den Einrichtungen und diejenigen der Lernprozesse an der Universität abzugleichen. In einigen Fällen stellte es sich als Schwierigkeit heraus, dass die in den Seminaren erarbeiteten Problemlösungen geeignet waren, Verbesserungen in den Einrichtungen zu ermöglichen, aber die erforderlichen Verbesserungsprozesse über den zeitlichen Rahmen eines Studiensemesters hinausreichten. Daher ist aufgrund der Erfahrungen im Projekt anzustreben, Aufgaben oder Arbeits- und Lernpakete in Projektseminaren so überschaubar zu formulieren, dass eine Umsetzung in den Entwicklungsprozess der beteiligten Einrichtungen gewährleistet ist. Eine weitere Möglichkeit bestünde darin, Projektseminare so zu arrangieren, dass anschließende Praktika von Studierenden eingeplant werden, die die Fortsetzung der angestoßenen Entwicklungen sicherstellen und einen Abschluss der Aufgaben ermöglichen, wie dies am Beispiel des Projekts LLL in mehreren Fällen geschehen ist.

Ansonsten sind auch strukturelle Probleme zu lösen, die z.B. darin liegen, dass inhaltliche Anforderungen von Projekten und curriculare Erfordernisse von Ausbildungsgängen berücksichtigt und aufeinander abgestimmt werden müssen. Aufgrund der durch Studienordnungen festgelegten Inhaltsbereiche der akademischen Ausbildung ist es nicht immer möglich, Projektseminare zu veranstalten, die mit Gegenständen von Forschungsprojekten zur Professionalisierung parallel zu schalten sind. Auch ist darauf zu achten, dass die universitäre Ausbildung nicht zum Zwecke der Weiterbildung von Weiterbildenden oder für die Organisationsentwicklung in der Weiterbildung – oder sonstige Interessen – instrumentalisiert wird. Dennoch scheint es gerade vor dem Hintergrund der Modularisierung und der Handlungsorientierung von akademischen Ausbildungsgängen möglich, Gestaltungsspielräume für an Forschungsprojekte angelehnte Ausbildungsmodule oder Komponenten akademischer Ausbildung zumindest partiell und in ergänzender Weise zu nutzen. Neben den sachlogisch orientierten Ansprüchen akademischer Ausbildung könnten somit auch berufsfeldbezogene Orientierungen sowie aktuelle Bedarfe wissenschaftlicher Weiterbildung in das Programm universitärer Bildungsangebote aufgenommen werden. Im Projekt LLL hat sich gezeigt, dass der wissenschaftliche Anspruch universitärer Aus- und wissenschaftlicher Weiterbildung hierbei keineswegs ein Hemmnis darstellt, sondern die wissenschaftliche Orientierung bei Aufrechterhaltung systematischer Wissensvermittlung sowie die Praxisorientierung bei Gewährleistung von Abstraktionsbereitschaft von unmittelbaren Erfahrungszusammenhängen produktiv miteinander verzahnt werden können, wenn entsprechende Ansprüche und Voraussetzungen transparent gemacht und in bildungsbereichsübergreifenden Kooperationen explizit vereinbart werden.

Mit Blick auf die Gestaltung des lebenslangen Lernens im Kooperationsverbund Hochschule und Weiterbildung lässt sich feststellen:

- Projektseminare an einer Universität, die das kooperative Lernen von aktiven und künftigen Erwachsenenbildnern in einem gemeinsamen Lernkontext fördern, tragen zur anwendungsbezogenen Aneignung und Erprobung theoretischen Wissens bei Studierenden sowie zur wissenschaftlich orientierten Rekonstruktion und Erweiterung von Professionswissen bei aktiven Erwachsenenbildnern bei. Voraussetzung hierfür ist, dass dieses didaktische Arrangement auf verschiedene Wissensarten, Aneignungsmodi und Transformationstypen von Professionswissen bezogen ist. Dies ist der Fall, wenn Projektseminare sich an dem Zyklus orientieren, der bei aktiven Erwachsenenbildnern Erfahrungswissen über Konzeptwissen in Planungs- und Handlungswissen überträgt und der bei Studierenden Konzeptwissen in Planungs-, Handlungs- und Erfahrungswissen transformiert. Die auf spezifische Aufgaben gerichtete Auseinandersetzung von aktiven und künftigen Erwachsenenbildnern mit professionsrelevantem Wissen und der im Projektseminar erfolgende Wechsel von Reflexion und Aktion bzw. von Externalisierung und Internalisierung des Wissens regt die zyklisch erfolgende Aneignung und Entwicklung von Professionswissen an.
- Eine bildungsbereichsübergreifende Kooperation zur Professionalisierung in der Erwachsenenbildung lässt sich durch eine gleichsam forschungs- wie anwendungsbezogene Kombination aus akademischer Ausbildung und wissenschaftlicher Weiterbildung realisieren. Dies scheint institutionell möglich, sofern modularisierte und handlungsorientierte Komponenten von universitären Bildungsangeboten in Ergänzung zu rein sachlogisch strukturierten curricularen Plänen und vermittlungsorientierten Veranstaltungsformen angestrebt werden. Dies setzt Ab-

stimmungen zwischen beiderlei veranschlagten Ansprüchen sowie Vereinbarungen der Interessen von Bedarfsträgern, Teilnehmenden und Bildungsverantwortlichen voraus.

## 6. Lebenslanges Lernen als Professionalisierungsprozess

Vor dem Hintergrund der Dynamik und Komplexität des gesellschaftlichen Wandels erscheint das lebenslange Lernen als Voraussetzung für die permanente Entwicklung lebensdienlicher Kompetenzen und Orientierungen von Menschen sowie der kontinuierlichen Entwicklung der Selbsterhaltungs- und Gestaltungsfähigkeit von Systemen.
In der Weiterbildung bedeutet lebenslanges Lernen neben seiner Ausdruckform als politisches Programm und als permanenter Prozess der Kompetenzerweiterung von Individuen auch eine besondere Herausforderung an Weiterbildungsorganisationen, die strukturelle Rahmenbedingungen, inhaltlich angemessene Programme und Angebote sowie dies stützende Qualifikationen des Weiterbildungspersonals zur Förderung des lebenslangen Lernens zur Verfügung stellen.
Dabei hat Weiterbildung einerseits ordnungspolitische Maßgaben zu berücksichtigen, aber auch darauf bezogene Erneuerungsimpulse freizusetzen, die lebenslanges Lernen von gesellschaftlichen Strukturen und politischen Ansprüchen über einrichtungsspezifische Leitideen, Bedingungen und Programme auf eine adäquate Bildungsarbeit transponieren. Andererseits hat Weiterbildung die Bildungsbedarfe und Interessen der Teilnehmer aufzugreifen, sie in dem lebenslangen Lernen dienliche Angebote und Veranstaltungsformen umzusetzen, diese mit den Ansprüchen und Möglichkeiten der Einrichtung oder des Trägers zu vereinbaren und entsprechende Wirkungszusammenhänge in den gesellschaftlichen und politischen Kontext zu spiegeln.

Mit anderen Worten hat sich die Weiterbildung den gesellschaftlichen und politischen Herausforderungen zu stellen, den Bedarfen und Interessen der Bildungsteilnehmer zu entsprechen und sich dabei selbst als vermittelnde Instanz wahrzunehmen, die im dialektischen Sinne gleichermaßen abhängig wie autonom erscheint. Diese Sichtwiese deutet darauf hin, lebenslangen Lernens nicht nur unter den Gesichtspunkten des gesellschaftlichen Wandels, eines politischen Programms und den Lernbewegungen der Teilnehmenden zu profilieren, sondern diese Profilbildung als Professionalisierungsprozess zu verstehen, der der Kompetenzentwicklung von Weiterbildenden und der Organisationsentwicklung von Weiterbildungseinrichtungen bedarf und deren systematische Gestaltung und Unterstützung sowie deren kritische und konstruktive Entfaltung voraussetzt.
Das Projekt LLL hat gezeigt, wie sich durch einen mehrdimensional angelegten Prozess die Weiterbildungsarbeit auf Einrichtungsebene profilieren kann. In den Weiterbildungseinrichtungen wurden Erneuerungsimpulse freigesetzt und Entwicklungen entfaltet, die sich sowohl positiv auf die Gestaltung des Systemkontextes der Organisation als auch auf die pädagogische Basisarbeit auswirken konnten, wodurch die Rahmenbedingungen des lebenslangen Lernens insgesamt gefördert und verbessert wurden. Es wurde deutlich, dass dies der externen Unterstützung durch eine situationsangemessene und flexibel variierende Beratung bedarf und dass dabei die Perspektive der eigenen Verfügung über den persönlichen und organisationalen Entwicklungsprozess in Professionalisierungsvorgängen über die Anregung permanenter Selbstvergewisserung gewährleistet werden kann. Ferner konnte festgestellt werden, dass Informations- und Kommunikationstechnologien als in den Entwicklungsprozess integrierte Medien die Aufgabenbewältigung teilweise stützen, aber die persönliche Zusammenarbeit engagierter Leistungsträger keinesfalls ersetzen können. Nicht zuletzt konnte exemplarisch aufgezeigt werden, wie Professionalisierung in der Weiterbildung in Kooperation zwischen Studierenden an der Universität und aktivem Weiterbildungspersonal in den

Einrichtungen zu ermöglichen ist und im Sinne lebenslangen Lernens institutionenübergreifend realisierbar erscheint.
All dies sollte letztlich als Anregung verstanden werden, lebenslanges Lernen weniger als zwangsläufigen Prozess, sondern eher als offensive Strategie zu verstehen, sich den Entwicklungserfordernissen anzunehmen, sie kritisch zu reflektieren und der pädagogischen Autonomie entsprechend zu deuten, zu bewerten und konstruktiv zu gestalten.

## Literatur


Apel, H. (2003): Kommunikation in elektronischen Netzwerken von Einrichtungen und Projekten. In: Selbstgesteuertes lebenslanges Lernen. Herausforderungen an die Weiterbildungsorganisation. Hrsg.: D. Behrmann, B. Schwarz. Bielefeld: Bertelsmann.

Apel, H./Kraft, S. (Hrsg.) (2003): Online lehren. Planung und Gestaltung netzbasierter Weiterbildung. Bielefeld: Bertelsmann.

Behrmann, D. (2004a): Weiterbildung technologisch unterstützen. Erfahrungen, Erkenntnisse und Perspektiven zur Auswahl und Implementierung von computergestützten Informationssystemen in der Weiterbildungsarbeit. In: Lebenslang Lernen mit neuen Medien. Hrsg.: H. Apel. Bielefeld: Bertelsmann.

Behrmann, D. (2004b): Die Organisation als Rahmen motivierten selbstgesteuerten Lernens. In: Lernprozess, Lernumgebung, Lerndiagnostik. Wissenschaftliche Beiträge zum Lernen im 21. Jahrhundert. Hrsg.: M. Wosnitza, A. Frey, R. Jäger. Landau: Verlag Empirische Pädagogik.

Behrmann, D. (2003a): Personal- und Organisationsentwicklung als Professionalisierungsstrategie in der Erwachsenenbildung. Herausforderungen am Beispiel „Selbstgesteuertes Lernen“. In: Selbstgesteuertes lebenslanges Lernen. Herausforderungen an die Weiterbildungsorganisati-

on. Hrsg.: D. Behrmann, B. Schwarz. Bielefeld: Bertelsmann.
Behrmann, D. (2003b): Auswahl von Informations- und Kommunikationssystemen zur Unterstützung netzbasierter Kooperation und virtuellen Lernens in der Weiterbildung. In: Selbstgesteuertes lebenslanges Lernen. Herausforderungen an die Weiterbildungsorganisation. Hrsg.: D. Behrmann, B. Schwarz. Bielefeld: Bertelsmann.
Behrmann, D. (2003c): Selbstgesteuertes lebenslanges Lernen in der Erwachsenenbildung. Ein kritischer Überblick zu didaktischen Möglichkeiten und Grenzen aus theoretischer und praktischer Sicht. In: Selbstgesteuertes lebenslanges Lernen. Herausforderungen an die Weiterbildungsorganisation. Hrsg.: D. Behrmann, B. Schwarz. Bielefeld: Bertelsmann.
Behrmann, D. (2003d): Evaluation im Zuge selbstgesteuerter Lern- und Entwicklungsprozesse von Personen und Organisationen. In: Selbstgesteuertes lebenslanges Lernen. Herausforderungen an die Weiterbildungsorganisation. Hrsg.: D. Behrmann, B. Schwarz. Bielefeld: Bertelsmann.
Behrmann, D. (2002): Verzahnung akademischer Ausbildung und wissenschaftlicher Weiterbildung zur Entwicklung von Professionswissen in der Erwachsenenbildung. In: Professionswissen und erwachsenenpädagogisches Handeln. Hrsg.: B. Dewe, G. Wiesner, J. Wittpoth. Bielefeld: Bertelsmann.
Behrmann, D./Frey, A. (2002): Evaluation als Instrument zur Systemlenkung und Handlungsoptimierung in lernenden Organisationen. In: Balanced Organization. Hrsg.: H. Geißler. Köln: Deutscher Wirtschaftsdienst.
Bißbort, D. (2003): Möglichkeiten und Grenzen selbstgesteuerter Kommunikation mittels Intranet. Beispiele für Struktur- und Funktionselemente eines intranetbasierten Wissensmanagements. In: Selbstgesteuertes lebenslanges Lernen. Herausforderungen an die Weiterbildungsorganisati-

on. Hrsg.: D. Behrmann, B. Schwarz. Bielefeld: Bertelsmann.
BLK (Bund-Länder-Kommission für Bildungsplanung und Forschungsförderung) (2001): Lebenslanges Lernen. Programmbeschreibung und Darstellung der Länderprojekte. Materialien zur Bildungsplanung und Forschungsförderung. Heft 88. Bonn: BLK.
Dirsch, H. (1999): Technikgestützte Informations- und Kommunikationssysteme in der Lernenden Organisation. Göttingen: Vandenhoeck & Ruprecht.
Dubs, R. (1999): Selbstgesteuertes Lernen. In: Wörterbuch Berufs- und Wirtschaftspädagogik. Hrsg.: F.-J. Kaiser, G. Pätzold. Bad Heilbrunn/Obb.: Klinkhardt.
Dueck, G. (2001): Kopfgold (oder: Knowledge Management). In: Informatik Spektrum, 24, Dezember 2001.
Faulstich, P. (1995): Qualität zertifiziert. Über die DIN/EN/ISO 9000ff. hinaus. In: Hesische Blätter für Volksbildung, 45. Jg. 1995, Nr. 4.
Forneck, H.J. (2001): Professionelle Strukturierung und Steuerung selbstgesteuerten Lernens. Umrisse einer Didaktik. In: Selbstgesteuertes Lernen in der Weiterbildungspraxis. Ergebnisse und Erfahrungen aus dem Projekt SeGeL. Hrsg.: S. Dietrich. Bielefeld: Bertelsmann.
French, W.L./Bell, C.H. (1994): Organisationsentwicklung. Sozialwissenschaftliche Strategien zur Organisationsveränderung. 4. Aufl. Bern u.a.: Haupt.
Friedrich, H.F./Mandl, H. (1997): Analyse und Förderung selbstgesteuerten Lernens. In: Psychologie der Erwachsenenbildung. Hrsg.: F.E. Weinert, H. Mandl. Göttingen u.a.: Hofgrefe, Verl. für Psychologie.
Geißler, H. (1995): Organisationslernen. Zur Bestimmung eines betriebspädagogischen Grundbegriffs. In: Weiterbildung und Organisation. Zwischen Organisationslernen und lernenden Organisationen. Hrsg.: R. Arnold, H. Weber. Berlin: Erich Schmidt Verlag.

Geißler, H. (1994): Grundlagen des Organisationslernens. Weinheim: Deutscher Studien Verlag.

Gieseke, W. (2003): Einleitung: Weiterbildungsinstitutionen ein Forschungsfeld. In: Institutionelle Innensichten der Weiterbildung. Hrsg.: W. Gieseke. Bielefeld: Bertelsmann.

Häcker, Th./Dumke, J./Schallies, M. (2002): Weiterentwicklung der Lernkultur: Portfolio als Instrument für selbstbestimmtes Lernen. In: Informationsschrift Pädagogische Hochschule Heidelberg, Institut für Weiterbildung, Wintersemester 2002/2003, Nr. 63.

Hoffmann, F. (1984): Computergestützte Informationssysteme. Einführung für Betriebswirte. München, Wien: Oldenbourg.

Jäger, R.S. (2001): Von der Beobachtung zur Notengebung: ein Lehrbuch. Diagnostik und Benotung in der Aus-, Fort- und Weiterbildung. Mit einem Beitrag von Urban Lissmann. 4. wesentl. überarb. Aufl. Landau: Verlag Empirische Pädagogik.

Kolb, D.A. (1984): Experiental learning. Englewood Cliffs.

Küchler, F.v./Meisel, K. (Hrsg.) (1999): Qualitätssicherung in der Weiterbildung. Auf dem Weg zu Qualitätsmaßstäben. Frankfurt a.M.: Deutsches Institut für Erwachsenenbildung.

Küchler, F.v./Schäffter, O. (1997): Organisationsentwicklung in Weiterbildungseinrichtungen. Frankfurt a.M.: Deutsches Institut für Erwachsenenbildung.

Meueler, E. (1993): Die Türen des Käfigs. Wege zum Subjekt in der Erwachsenenbildung. Stuttgart: Klett-Cotta.

PWB (Projektgruppe Wissenschaftliche Beratung) (1999): Organisationslernen durch Wissensmanagement. Frankfurt am Main u.a.: Lang.

Reichwald, R. u.a. (1998): Telekooperation. Verteilte Arbeits- und Organisationsformen. Berlin: Springer.

Reichwald, R. (1993): Kommunikation. In: Vahlens Kompendium der Betriebswirtschaftslehre. Bd. 2. Hrsg.: M. Bitz, K.

Dellmann, M. Domsch, H. Egner. 3. Aufl. München: Vahlen.
Reinmann-Rothmeier, G./Mandl, H. (2000): Individuelles Wissensmanagement. Strategien für den persönlichen Umgang mit Information und Wissen am Arbeitsplatz. Bern u.a.: Huber.
Roehl, H. (1999): Kritik des organisationalen Wissensmanagements. In: Organisationslernen durch Wissensmanagement. Hrsg.: Projektgruppe Wissenschaftliche Beratung. Frankfurt am Main u.a.: Lang.
Schäffter, O. (2003): Erwachsenenpädagogische Organisationstheorie. In: Institutionelle Innensichten der Weiterbildung. Hrsg.: W. Gieseke. Bielefeld: Bertelsmann.
Schiersmann, Chr. (2000): Beratung in der Weiterbildung – neue Herausforderungen und Aufgaben. In: Beratung. Hrsg.: E. Nuissl, Chr. Schiersmann, H. Siebert, K. Meisel. Frankfurt a.M.: Deutsches Institut für Erwachsenenbildung.
Schwarz, B. (2003): Selbstgesteuertes und professionelles Handeln in der Weiterbildung. In: Selbstgesteuertes lebenslanges Lernen. Herausforderungen an die Weiterbildungsorganisation. Hrsg.: D. Behrmann, B. Schwarz. Bielefeld: Bertelsmann.
Schwarzer, Chr./Posse,N. (1986): Beratung. In: Pädagogische Psychologie. Hrsg.: B. Weidenmann, A. Krapp. München; Weinheim: Psychologie Verlags Union; Urban u. Schwarzenberg.
Siebert, H. (2001): Lernen. In: Wörterbuch Erwachsenenpädagogik. Hrsg.: R. Arnold, S. Nolda, E. Nuissl. Bad Heilbrunn/Obb.: Klinkhardt.
Staehle, W. (1999): Management. 8. Aufl. München: Vahlen.
Straka, G. (1998): Informationen im Netz und selbstgesteuertes Lernen. In: Lernen mit Medien: Ergebnisse und Perspektiven zu medial vermittelten Lehr- und Lernprozessen. Hrsg.: G. Dörr, L. Jüngst. Weinheim: Juventa.

Tietgens, H. (1988): Professionalität für die Erwachsenenbildung. In: Professionalität und Professionalisierung. Hrsg.: W. Gieseke. Bad Heilbrunn/Obb.: Klinkhardt.

Willke, H. (2000): Nagelprobe des Wissensmanagements. Zum Zusammenspiel von personalem und organisationalem Wissen. In: Wissensmanagement. Zwischen Wissen und Nichtwissen. 2. verb. Aufl. Hrsg.: K. Götz. München; Mering: Hampp.

Wölker, Th./Götz, K. (2000): Die Technik der modernen Kommunikation. In: Elektronische Medien als Managementinstrument. Hrsg.: K. Götz, J.U. Martens. München; Mering: Hampp.

Wollnik, M. (1986): Implementierung computergestützter Informationssysteme. Perspektive und Politik informationstechnologischer Gestaltung. Berlin, New York: Walter de Gruyter.

Waltraud Amberger

# Beratung und Begleitung von Organisationsentwicklungsprozessen in Weiterbildungseinrichtungen

Dieser Beitrag beschäftigt sich mit dem Thema Organisationsentwicklung in Weiterbildungseinrichtungen und basiert auf den Erfahrungen des Projektes „Innovative Methoden zur Förderung lebenslangen Lernens im Kooperationsverbund Hochschule und Weiterbildung" (Projekt LLL)
Er soll nicht nur dokumentieren, sondern auch Interesse wecken, die Ergebnisse mit Erfahrungen aus der Praxis in Beziehung zu bringen und Standpunkte zu reflektieren – vielleicht sogar darüber hinaus die Eine oder den Anderen motivieren, sich auf das Abenteuer einer ähnlichen Entwicklungsaufgabe einzulassen.
Um den Text nicht unnötig zu komplizieren, wird im folgenden Text bezüglich der weiblichen und männlichen Form der Nomen das große generische „I" gebraucht und als generalisierende Form das Femininum benutzt.
Veränderungen sind Angebote aus der Zukunft (vgl. Amberger 2003). Wer diese Angebote annimmt, wird Organisationsentwicklung nicht als unumgänglichen Problemlösungsprozess, sondern als Chance begreifen, wird sich Ziele setzen und aufbrechen...

## 1. Perspektiven und Bewegungsräume: Metaphorische Annäherung an das Thema Organisationsberatung

*„Der Weg: ein Streifen Erde, den man zu Fuß begeht. Die Straße: (...) eine Linie, die zwei Punkte miteinander verbindet. Die Straße an sich hat keinen Sinn; einen Sinn bekommt sie nur durch die beiden Punkte, die miteinander verbunden werden. Der Weg ist ein*

*Lob des Raumes. Jedes Teilstück hat einen Sinn für sich und lädt zum Verweilen ein. ...“*

“Der Weg und die Straße verkörpern zudem zwei ganz unterschiedliche Fassungen von Schönheit..... In der Welt der Straßen bedeutet schöne Landschaft: eine Insel der Schönheit, die durch eine lange Linie mit anderen Inseln der Schönheit verbunden ist. In der Welt der Wege ist die Schönheit dauerhaft und veränderlich; sie sagt uns bei jedem Schritt: “Verweile!“
(Milan Kundera: Die Unsterblichkeit)

- *Verschiedene Möglichkeiten, ein Ziel zu erreichen*

Abhängig von ihrer jeweiligen Funktion, gibt es verschiedene Arten von Straßen und Wegen. Einmal geht es mehr um das Tempo, ein anderes Mal eher um das Erlebnis. Wie sinnvoll die Fortbewegungsmöglichkeit ist, hängt nicht nur von der Tauglichkeit der Strukturen, sondern auch von den Bedingungen derer ab, die sich fortbewegen möchten.
*Straßen:*
Schnellstraßen, Einbahnstraßen, Umgehungsstraßen, Durchgangsstraßen, Spielstraßen, Landstraßen und Bundesstraßen. (Anm.: warum heißt es eigentlich Sack*gasse*? Und nie Sackstraße?)
*Wege:*
Rundwege, Wanderwege, Spazierwege, Reisewege, Umwege, Feldwege, Rückwege, Irrwege, Holzwege.
Straßen und Wege
Seiten-, Haupt-, Neben-, Uferstraßen und –wege
Gemeinsamkeiten lassen sich interessanterweise auf der strukturellen, aber nicht auf der funktionalen Ebene finden.

- *Ein Ziel ist erreicht! Was zählt?*

Ergebnisse? Erlebnisse? Schnelligkeit? Erfahrungen? Sicherheit? Innovation? Effektivität? Flexibilität? Erfolg? Zufriedenheit? Antworten auf die gestellte Frage sollten am Ende dieses Beitrages möglich sein.

Ohne sich eingangs - angeregt durch Milan Kundera - zu ausschweifenden philosophischen Spekulationen über Funktion, Struktur und Sinnhaftigkeit der Varianten von Vorwärtsbewegungsmöglichkeiten an und für sich hinreißen zu lassen, soll hier der Versuch unternommen werden, mit Hilfe der beiden Begriffe dem Thema Organisationsentwicklung näher zu kommen.
Straßen kann man anlegen, ausbessern, bauen, sperren, verbreitern, verlegen. Wer eine Straße benutzt, bewegt sich in klaren, vorgegebenen Strukturen. Sicherheit entsteht, indem Ordnungsprinzipien akzeptiert werden. Bei Beachtung aller Regeln ist zu erwarten, dass das vorgegebene Ziel in abschätzbarer Zeit erreicht wird. Aus der Straßenbezeichnung kann auf strukturelle Gegebenheiten geschlossen werden. An jeder Gefahrenstelle oder Abzweigung sind Signale und Orientierungsmarken vorgegeben. Karten und Hinweisschilder führen zum genannten Ziel.

Wege kann man abkürzen, bahnen, bereiten, beschreiben, ebnen, einschlagen, finden, freigeben, gehen, machen, trennen, verfehlen, versperren, zeigen. Wer einen Weg begeht, muss sich den örtlichen Gegebenheiten anpassen, ihre Eigentümlichkeiten beachten; kann Seitenwege einschlagen, Umwege machen, verweilen oder umkehren. Der Weg selbst hat seinen Sinn nicht darin, dass man durch ihn ein bestimmtes Ziel erreicht. Für manche, die ihn benutzen, ist der Weg gleichzeitig das Ziel. Wer neue Wege bahnt, ist auf den eigenen Orientierungssinn angewiesen, muss Details beachten, damit – falls man sich verläuft – der Rückweg wieder gefunden werden kann.
Beide Möglichkeiten sich einem Ziel zu nähern, sind auch im Prozess einer Organisationsentwicklung im Spiel. Organisationsberatung ist Spuren lesen, Ziele ansteuern, Strukturen nutzen, Wege bahnen, Richtungen festlegen, eine permanente Such- und Findbewegung. Je nach Wahl der Mittel ist der Prozess mehr oder weniger ergebnisoffen. Sind die Mittel nicht den jeweiligen Bedürfnissen angepasst, wird die Motivation, sich zu

bewegen schnell schwinden, was selbstverständlich auch die Nachhaltigkeit jeder Veränderung verhindert.
Welche unterschiedlichen Möglichkeiten bieten Straßen und Wege? Welche Sinnzusammenhänge und Perspektiven können durch die Übertragung der Metaphern auf das Projekt LLL erschlossen werden?

*Kontext 1: „Straßen“*
Ein Kreisverkehr: An sich hat er keinen Sinn, nur in seiner Funktion als gestaltete Möglichkeit zum gezielten Abbiegen. Der Mittelpunkt ist selbstgenügsame ästhetische Zugabe, nicht zum Entdecken gemacht; wer – außer dem Landschaftsgärtner - stand je auf dem Rondell dieser so variationsreich angelegten Biotope.
Im Kontext von Organisationsentwicklung wäre hier ein Kreisverkehr zum Beispiel die Aufgabe, sich für einen Planungsschwerpunkt zum Thema Controlling aus den Bereichen Finanzen, Personal oder Prozesse zu entscheiden. Wer in eine der Spuren einbiegt, begibt sich in eine bestimmte Richtung. Und wer diese beibehält und die Regeln beachtet, wird auch das angegebene Ziel erreichen. Wer „Prozesse“ ansteuert, wird auch dort (und nur dort) ankommen.

*Kontext 2: „Weg“*
Ein Rundweg: Wir begehen ihn in der Regel nicht nur um des Laufens willen, möchten Eindrücke sammeln, Ausblicke genießen. Wir hören Geräusche und nehmen charakteristische Gerüche wahr. Am Ende kommen wir am Ausgangspunkt an – neben der Erfahrung von Bewegung um die Erfahrungen der Landschaft reicher.
Im Kontext von Organisationsentwicklung wäre ein Rundweg zum Beispiel die Erstellung einer Prozesslandschaft: die Aufgabe, eine Bestandsaufnahme der charakteristischen Tätigkeiten einer Organisation zu machen, um sich ein Bild von der Gesamtheit der Abläufe, Beziehungen, Kommunikationswege und Schnittstellen zu machen. Im Verlauf der Bearbeitung wird Vie-

les in den Blick genommen werden müssen und es tun sich zahlreiche Perspektiven auf, die alle Bereiche der Organisation betreffen. Es müssen immer wieder Schwerpunkte gesetzt werden und es liegt in der Entscheidung der Agierenden, welche Aufgabenfelder im Zusammenhang mit den Prozessen bearbeitet werden.

*Kontext 3: Lebenslanges Lernen in Weiterbildungseinrichtungen*
Im Projektkontext wurden sowohl Straßen als auch Wege benutzt. Für das LLL-Projektteam standen im Mittelpunkt die Interessen der Partnerinnen und Partner in den Weiterbildungseinrichtungen. Deren Ausgangssituation und Entwicklungsbedarfe waren Anknüpfungspunkte unserer Bemühungen; entsprechend wurden manchmal Straßen, manchmal Wege benutzt. Im Folgenden soll die Projektarbeit der vergangenen drei Jahre aus verschiedenen Blickwinkeln betrachtet werden.

## 2. Organisationsberatung im Projekt Lebenslanges Lernen

Aufgabe von Organisationsberatung ist es, Rahmenbedingungen für geplante Veränderungen zu arrangieren (vgl. Amberger 2003). Zu Beginn des LLL-Projektes wurde der Anspruch formuliert, den Zugang zu Handlungsalternativen für alle beteiligten Menschen und Veränderungspotenziale für die Weiterbildungs-Einrichtungen zu erschließen; d.h.

- Problemlagen analysieren
- Prozesse strukturieren
- Rahmen der Möglichkeiten erweitern
- Unterschiedliche Lösungen erarbeiten und bewerten
- Handlungsperspektiven aufzeigen
- Potenziale erschließen
- Innovation anregen

Im folgenden allgemeinen Teil wird zunächst der Rahmen für das Beratungskonzept des Landauer LLL-Projektes erläutert. Auf dieser Grundlage werden anschließend anhand der Praxiserfahrungen aus drei Jahren exemplarisch erfolgreiche Elemente der durchlaufenen Organisationsentwicklungsprozesse dargestellt. Die Metapher der Straßen und Wege soll Leitmotiv sein.

## 2.1 Rollenverständnis

Wenn von Organisationsberatung die Rede ist, wird häufig erwartet, dass diese nach dem Rezept der Straße funktioniert: Das Problem ist bekannt – gefragt ist eine vorgegebene Route, prinzipielle Berechenbarkeit, klare Regeln, zugelassene Geschwindigkeiten, vorgegebene Strukturen, unterschiedliche Bereiche für verschiedene Verkehrsteilnehmer. Maßnahmen wie Einbahnstraßen und Lärmschutzwände sorgen für die Sicherheit aller Beteiligten.
Die Beraterin wäre hier die Macherin, die die Route berechnet, markiert, Meilensteine setzt und Teilstrecken freigibt. Sie hätte auch die Funktion, das Einhalten der Regeln zu überprüfen und Maßnahmen bei Abweichungen zu ergreifen. Die Rollen sind definiert und unumkehrbar. Straßen bauen Straßenbauer, die Nutzer erreichen darauf ihr Ziel, sind jedoch abhängig von der vorhandenen Infrastruktur und den Dienstleistungen des Straßenbauamtes. So oft sie die Straße auch befahren, das Handwerk des Straßenbaus werden sie dadurch nicht lernen.
Die Metapher des Weges führt zu anderen Betrachtungen: Es gibt Ausgangspunkte und Vorstellungen von möglichen Zielen. Verschiedene Arten von Wegen müssen bewertet und ihre vermutliche Beschaffenheit vorweggenommen werden, um die passende Variante und die entsprechende Ausrüstung zu wählen. Die Entscheidung ist ein Zusammenspiel verschiedener Aspekte. Es bleiben eine gewisse Unberechenbarkeit sowie Unsicherheitsfaktoren. Noch im Gehen können unter Umständen andere Möglichkeiten ergriffen werden.

Die Rolle der Beraterin wäre hier eher die einer Wegbegleiterin, die über spezielle Ortskenntnisse verfügt, den Zusammenhalt des Teams fördert, den Blick auf Sehenswürdigkeiten lenkt oder auf kritische Stellen aufmerksam macht und solcherart die Wahrnehmung der Weggefährten sensibilisiert. Ihre Vertrautheit mit der Landschaft hilft dabei, sowohl Neues als auch Typisches zu erschließen. „Wo ein Wille ist, ist ein Weg"; und dieses Wollen ist gestaltendes Element. Alle Beteiligten haben Verantwortung dafür, wie das Ziel erreicht wird. Dort angekommen könnten die Begleiteten prinzipiell selbst Wegbegleiter für Andere werden.

### 2.1.1 Die Rolle der Beraterin im Projekt LLL

Aufgabe der Beraterin ist die Analyse und die Strukturierung der zu bearbeitenden Problemfelder. Bei der Gründung eines Organisationsentwicklungsteams müssen zunächst Grundlagen für ein vertrauensvolles Verhältnis geschaffen werden:

- Zusammenarbeit findet auf der Basis von Ehrlichkeit und Zuverlässigkeit statt
- Authentizität und Wertschätzung sind Voraussetzung
- Die Beziehungen werden kooperativ und offen gestaltet
- Die Beraterin verfügt über Methoden-, Kommunikations- und Gestaltungskompetenz
- Zur Verfügung gestellte Informationen werden vertraulich behandelt
- Es werden klare und eindeutige Absprachen getroffen
- Die Beraterin nimmt einen neutralen Standpunkt ein
- Improvisationsfähigkeit schafft Freiräume für Innovationen

Die Beraterin ist nicht dafür verantwortlich, die geplanten Veränderungen in Gang zu setzen. Die Beteiligten entscheiden jeweils situativ für sich selbst, was sie mit den Ergebnissen der Beratung machen und haben das Recht, Vorschläge zu verwer-

fen. Ein Team kann auch entscheiden, den Beratungsprozess abzubrechen oder neu zu definieren.
Darüber hinaus müssen im gesamten Verlauf der Beratung Grenzen gewahrt bleiben. Die Beraterin darf sich nicht als Mitglied der Organsation verhalten, darf keine Partei ergreifen oder gar Bündnisse mit Einzelnen eingehen.

### 2.1.2 Die Entwicklungsteammitglieder

Hauptamtliche und ehrenamtliche MitarbeiterInnen von Weiterbildungs-Einrichtungen sehen sich im Berufsalltag vorwiegend in ihrer pädagogischen Rolle und Funktion als Lehrende. Im Verlauf einer Organisationsentwicklung werden sie zwangsläufig ihre diversen anderen Rollen reflektieren müssen. Sie gestalten

- die Lernarrangements und –prozesse der Kunden:
  in ihrer pädagogischen Rolle planen und konzipieren sie Fort- und Weiterbildungsveranstaltungen, führen diese durch und evaluieren sie;
- die Rahmenbedingungen für die Organisationsentwicklungsaufgabe:
  in der Rolle der am Organisationsentwicklungsprozess Beteiligten sind sie mitverantwortlich für das Projektmanagement und die Zielerreichung;
- ihre eigenen Lernprozesse:
  im Vollzug des Organisationsentwicklungsprozesses sind sie Lernende, die nach Bedarf selbstgesteuert ihre Fort- und Weiterbildung betreiben;
- Leitbild und Profil der Weiterbildungs-Einrichtung:
  Durch Veränderungsprozesse ergeben sich neue Deutungen und Positionen. Diese wirken sich im gesamten System aus; insofern tragen sie politische Verantwortung;
- die dienstleistende Organisation selbst:
  in der betriebswirtschaftlichen Rolle werden Kosten-Nutzen-Zusammenhänge reflektiert und es ist zu über-

prüfen, ob Alltagsroutinen und Aufgabenverteilungen ökonomisch sind;
- Kommunikation und Beziehungen:
  Die komplexe Aufgabe einer Organisationsentwicklung ist Netzwerkarbeit. Um die Organisationsentwicklung auf allen Ebenen zu kommunizieren, müssen Strukturen reflektiert und Informationskanäle aufgebaut werden.

Durch die Auseinandersetzung mit diesen Rollen und Funktionen findet eine differenzierte Selbstvergewisserung statt. Verantwortlichkeiten und Kompetenzen werden thematisiert. Die Reflektion darüber bietet mögliche Ansatzpunkte für eine den Prozess begleitende themen- und aufgabenzentrierte Personalentwicklung.

### 2.1.3 Die Weiterbildungsorganisation

Die Weiterbildungsorganisation als System wird ebenfalls in verschiedenen Bezugssystemen erklärt werden müssen. Weiterbildungspolitik und die Rahmenbedingungen des Trägers auf der einen und pädagogische Arrangements auf der anderen Seite bilden die Referenzebenen für Organisationsentwicklungsvorhaben (vgl. hierzu: Behrmann i.d.B.) Diese beziehen sich im LLL-Projekt auf

- Strategische Planung
- Aufbauorganisation
- Ablauforganisation
- Managementsysteme ( TQM, Controlling, Balanced Scorecard, Wissensmanagement)

Der Blick auf die Komplexität der Bezüge aus und zwischen den Ebenen ist Voraussetzung für die Planung des gesamten Organisationsentwicklungsprojektes. Ausgangsperspektive für jegliche Veränderung muss es sein, die Auswirkung von Maßnahmen in den verschiedenen Bereichen einzuschätzen. Im Prozess muss dann eine permanente Reflektion dieser Wechselwirkungen stattfinden.

## 2.2 Organisation und Entwicklung

Die im Folgenden geschilderten Beispiele aus Organisationsentwicklungsprozessen in Weiterbildungseinrichtungen spiegeln wider, dass es keine Patentrezepte gibt - weder Königswege noch fertige Straßen zum Erfolg. Organisationsentwicklung muss jeweils den Bedingungen folgen, die das System setzt. Je nach Aufgabe wird es sich im Verlauf des Organisationsentwicklungsprozesses zum einen mehr um von den Organisationsmitgliedern selbst zu erarbeitende, selbst gesteuerte Schritte handeln, zum anderen kann es jedoch im Verlauf eines Projektes sinnvoll bis notwendig sein, seitens der Beratenden Maßnahmen vorzuschlagen, zu intervenieren und manchmal auch zu steuern. Nicht immer ist Selbstregulation sinnvoll. Der externe Blick kann dem System helfen, seine Bedingungen zu reflektieren, zu hinterfragen, über den Tellerrand zu schauen und auf dieser Grundlage innovativ zu handeln.

Das Projekt geht theoretisch von einer Betrachtungsweise aus, nach der Organisationen keine nach den Prinzipien der Kausalität funktionierenden mechanistischen Systeme sind. Sie bestehen vielmehr aus handelnden Personen, die sowohl in einem Beziehungsgefüge zueinander als auch in einem gesellschaftlichen Gesamtzusammenhang stehen. Solche „gelebten" sozialen Systeme unterliegen einer je eigenen Sinnhaftigkeit und können nicht von außen gesteuert oder verändert werden. Dementsprechend hat auch Organisationsentwicklung der Vorstellung von autonomen Menschen zu folgen, von Personen, die in ihren Institutionen eigenverantwortlich denken, kommunizieren und arbeiten. Aufgabe von Organisationsentwicklung ist es, eine „Ermöglichungs-Kultur" (Schäffter 2000) zu schaffen, auf deren Grundlage Prozesse, Beziehungen und Strukturen als durchschaubar und veränderbar erlebt werden.

Organisationsentwicklung in diesem Sinne ist „geplante Evolution" (vgl. Behrmann 2003, S. 161). Sie soll - dem System angemessene - organisatorische Veränderungen anregen ohne sie zu verordnen. In der Begrifflichkeit scheint zunächst ein Widerspruch zu stecken: Einerseits steht Evolution für eine allmähliche, bruchlos fortschreitende Entwicklung im Geschichtsverlauf. Die lateinische Bedeutung „aufschlagen, hervorrollen" ist ein sehr schönes Bild für den Wortsinn: Inhalte sind aufgehoben (im Hegelschen Sinne), werden entfaltet, um gelesen und verarbeitet zu werden. Evolution ist jedem Lebewesen immanent, eine unbewusste und bestimmende Komponente menschlicher Entwicklungsgeschichte. Andererseits ist Planung jedoch bewusstes Vorwegnehmen und Steuern von Entwicklung. Innerhalb dieser Ambivalenz befindet sich auch Organisationsberatung. Der scheinbare Widerspruch lässt sich jedoch dialektisch aufheben. An der Schnittstelle zwischen Evolution und Planung liegt die Chance, die Dialektik von Veränderungsprozessen zu reflektieren, und sie nachhaltig zu gestalten.

## 2.3 Beratungskontext

Wer eine Landschaft entdecken will, hat bei der Wahl zwischen Wegen und Straßen entsprechend verschiedene Betrachtungsmöglichkeiten: Nähe und Ferne, Ästhetik und Geometrie, Panorama oder Detail, Flüchtigkeit oder Intensität - erst die Zusammenschau aller Komponenten ergibt ein authentisches, differenziertes Bild. Auch Beratung (als „Ent-deckung") bewegt sich zwischen verschiedenen Spannungsfeldern und dem entsprechend lassen sich Grundfiguren bestimmen, die einen Beratungsprozess konstituieren:

*Weiterbildungseinrichtung und Weiterbildungslandschaft*

- Binnenperspektive:
- Im Bezug auf die Weiterbildungs-Einrichtung muss sich Organisationsentwicklung an deren je besonderen Gegebenheiten „vor Ort" orientieren
- Außenperspektive:

- Die Weiterbildungs-Einrichtungen sind im Kontext von gewachsenen Strukturen der Weiterbildung zum einen und bildungspolitischen Trends zum anderen zu verorten

*Organisation und Individuum*

- Personalentwicklung:
  Mit Blick auf die Teilnehmenden an einem Organisationsentwicklungsprojekt geht es um die Weiterentwicklung von Kompetenzen und um Professionalisierung (lebenslanges Lernen)
- Organisationsentwicklung:
  Die Weiterbildungseinrichtung ist in ihren Strukturen, ihren Abläufen und in ihrer Dienstleistungsfunktion als Anbieterin für Weiterbildung zu betrachten („lernende Organisation“)

*Tradition und Wandel*

- Selbstvergewisserung:
  Organisationsentwicklung hat sich auseinander zu setzen mit den unterschiedlichen Profilen der einzelnen Weiterbildungs-Einrichtungen. Diese notwendige Verschiedenheit ist als Ressource zu verstehen.
- Veränderungskultur:
  Veränderungen werden häufig ausschließlich negativ interpretiert und als bedrohlich erfahren. Entwicklung erscheint so als defizitär, als Verlust oder gar als Niedergang. Es gilt, auch die andere Seite zu thematisieren, Entwicklung als Erschließung von Möglichkeiten und Handlungsräumen zu sehen.

Beratung soll die Möglichkeiten und „Produkte“ des Systems Weiterbildungsorganisation verbessern und Problemlöseverhalten von Individuen so gestalten, dass Strukturen für Veränderungen schaffen werden. Die beschriebenen Spannungsfelder führen zu drei verschiedenen Positionen von denen aus Beratung zu definieren ist:

1) Organisationsentwicklung basiert auf einem systemischen Verständnis von Organisation.
Aufgabenstellungen der Organisation werden prozessorientiert und problembezogen bearbeitet. Das System als solches wird in den Blick genommen, um Transparenz herzustellen und Reflexionsschleifen einzubauen. Die Organisation tritt durch die Entscheidung für eine Organisationsentwicklungsmaßnahme in einen Prozess ein, der je nach Aufgabenstellung zu Veränderungen sowohl in der Aufbau- als auch in der Ablauforganisation führen wird.

2) Organisationsentwicklung ist personenbezogen und orientiert sich an Potenzialen von Individuen
In diesem Zusammenhang geht es darum, Kompetenzen, Denkgewohnheiten und Handlungsmuster transparent zu machen, um Alternativen zu erschließen und selbstgesteuertes Lernen zu ermöglichen. Wenn im Folgenden der Begriff Selbstgesteuertes *Lernen* benutzt wird, so verweist dies darauf, dass „Lernen" in diesem Kontext die Aneignung spezieller Fähigkeiten ist. Es geht um die Anwendung von Kenntnissen, Instrumenten, Methoden und Kompetenzen in Prozessen der Organisationsentwicklung. Dabei sind die Lernenden gleichzeitig als Mitarbeitende in den Weiterbildungs-Einrichtungen Produzenten ihres Lerngegenstandes, sie konstituieren diesen durch ihre eigene Tätigkeit täglich mit. Lernen ist in diesem Sinne Reflexion der eigenen Arbeitsbedingungen. Davon hängt im Übrigen dann auch Qualität ab: welche Leistungen die Weiterbildungs-Einrichtung erbringen kann und wie zukunftsorientiert sie arbeitet ist abhängig von bewusst vollzogenen Veränderungsprozessen. Diese Abhängigkeit ist charakteristisch für den Dienstleistungsbereich, der sich dadurch auszeichnet, dass es im Gegensatz zum produzierenden Gewerbe kein materielles Produkt als Output gibt,

sondern dass das Produkt eine gemeinschaftliche Leistung von „Lernenden" und „Lehrenden" ist .

3) Organisationsentwicklung erfordert den Blick „von außen".
Der Effekt externer Organisationsberatung ist, dass das Alltagsgeschäft und eingefahrene Handlungsmuster bewusst betrachtet und erklärt werden müssen. Indem Selbstverständliches hinterfragt wird, ergeben sich neue Blickwinkel. Auf dieser Folie lassen sich Strukturen für Veränderungen entwickeln. Es geht, wie Ortfried Schäffter formuliert, darum, „Problembeschreibungen in wünschbare Entwicklungen zu reformulieren, die sich dann als linearer Lernprozess der Qualifizierung, als leitzielbestimmter Veränderungsprozess oder als zielgenerierende Suchbewegungen organisieren" lassen (Schäffter 2000, S. 58).

Aus diesen Vorüberlegungen ergibt sich die spezifische Gestaltung von Organsiatonsentwicklungsprozessen durch das Landauer LLL-Projektteam. Die oben beschriebenen theoretischen Grundlegungen sollen im Folgenden anhand exemplarischer Beispiele praktisch nachvollziehbar werden.

## 3. Gestaltung der Entwicklungsprozesse im Projekt „Lebenslanges Lernen"

Wer Weiterbildung betreibt, befindet sich momentan in einer Situation, die ihre Dynamik durch gravierende gesellschaftliche Veränderungsprozesse gewinnt. Ökonomische Zwänge und weiterbildungspolitische Forderungen bezüglich Qualitätssicherung erfordern komplexe Veränderungsprozesse in allen Bereichen der Weiterbildungslandschaft. Mit dem Projekt LLL haben wir versucht, einige Problemfelder zu erschließen und die drängenden Fragen gemeinsam mit den Partnern in den Weiterbildungs-Einrichtungen zu beantworten.

## 3.1 Ansatzpunkte für Beratung

Das Projektteam versteht - das dürfte in den vorangegangenen Betrachtungen deutlich geworden sein - Organisationsberatung als einen ergebnisorientierten Gestaltungsprozess in dessen Verlauf Planungs- und Entscheidungshilfen für Problemlösungen und Innovationsvorhaben angeboten werden. Wenn Organisationsentwicklung zudem nachhaltig wirksam sein soll, müssen im Verlauf der Veränderungsprozesse auch reflexive Elemente zum Tragen kommen. Auf einer Metaebene wird neben den zu erarbeitenden Aufgaben auch der Organisationsentwicklungsprozess betrachtet und bewertet.
Der Beratungsansatz des Projektes LLL orientiert sich, wie dargestellt, auf der organisationstheoretischen Ebene an der systemischen Theorie (siehe 2.3.). Das Beratungsteam hat sich bemüht, Rahmenbedingungen für selbstgesteuertes Lernen zu schaffen, die Veränderungsprozesse so zu begleiten und zu moderieren, dass den Entwicklungsteammitgliedern die Möglichkeit erschlossen wird, „die Welt mit anderen Augen zu sehen".
Das heißt zunächst einmal für die Beraterin, dass sie sich – zusammen mit dem Entwicklungsteam - ein Bild von den Bedingungen vor Ort machen muss. Erst dann ist es möglich, an gemeinsamen Deutungsmustern anzuknüpfen und subjektive Konstruktionen sichtbar zu machen. Die Beraterin ist „Veränderungspromotor" (Ziegler 1999, S. 85). Sie gibt keine Anweisungen, sondern schafft eine „ermöglichende" Umgebung, unterstützt die Gestaltung von Arbeits- und Lernprozessen, zeigt Lösungswege und Strukturierungsmöglichkeiten auf, „damit das System und seine Mitglieder die notwendigen Anpassungen oder Veränderungen vornehmen können, damit das Problem in kurzer Zeit mit maximalen Resultaten und wenig Verschiebungen im System gelöst wird" (Borwick 1990, S. 368).
Bezogen auf das Projekt LLL bestand die erste Aufgabe darin, einen Bezugsrahmen für die geplante Weiterentwicklung der Organisation abzustecken und dabei die oben bereits erwähnten

Perspektiven zu berücksichtigen. Dabei zu beachtende Fragen sind:

- Wie sieht sich die Weiterbildungs-Einrichtung selbst?
- Welche Beziehungen, Handlungsmuster und Strukturen sind relevant?
- Welche vorgegebenen Entwicklungsziele gibt es?
- Wie ist die „Veränderungskultur" der Organisation?

Im nächsten Schritt konnten durch eine Metaperspektive Handlungsspielräume eröffnet werden. Hier galt es zunächst nachzuvollziehen, wie die Organisation in der Vergangenheit Entwicklungen vollzogen hat. Routinen, Annahmen und Ist-Zustände wurden reflektiert. Fragestellungen waren zum Beispiel:

- „Wie sind wir die geworden, die wir sind?"
- „Wie funktioniert bei uns ... ?"
- „Was hat sich in den letzten Jahren verändert?"
- „Stimmt das, was wir tun, mit dem was wir wollen überein?"
- „Wie gehen wir mit neuen Anforderungen unserer Partner um?"

Ausgangspunkte für die Beratung sind, wie bereits dargestellt, die in den jeweiligen Weiterbildungseinrichtungen vorgegebenen Bedingungen. Beratung ist kontextgebunden und muss sich von Anfang an darum bemühen, mit den Gegebenheiten und nicht gegen das System zu arbeiten. Organisations*entwicklung* als Projekt bedeutet – auch wenn dies paradox erscheint - ein zeitweiliges *Innehalten*. Hier sei an die bereits erwähnten „Reflektionsschleifen", die Metaebene, die „Ermöglichungskultur" erinnert.
Der Anspruch, Gestaltung und Aufbau der Entwicklungsprozesse vollständig autonom und mit „Bordmitteln" zu gestalten, ist zwar aus finanziellen Erwägungen heraus nachvollziehbar, doch werden hier oft die Rahmenbedingungen unterschätzt. Sowohl Individuen als auch Organisationen kommen ohne jeg-

liche Unterstützung und externe Impulse relativ schnell an die Grenzen ihrer Möglichkeiten. Abgesehen von der vielzitierten Betriebsblindheit gibt es in selbstmoderierten Entwicklungsprozessen jede Menge Reibungsverluste. Zu eingespielt sind die Routinen, zu befangen die Einzelnen in den lang gewachsenen Beziehungs-, Informations- und Kommunikationsstrukturen. Eine professionelle Begleitung bietet die Chance, dieses Geflecht zeitweise außer Kraft zu setzen, systemisch ausgedrückt: die Selbstreferenz zu stören, widerzuspiegeln und neue Deutungsmuster zu provozieren.

## 3.2 Projektphasen

Zur Verdeutlichung des Beratungsbedarfs soll im Folgenden in einem kurzen Abriss der Ablauf eines Organisationsentwicklungsprozesses betrachtet werden. Im LLL-Projekt war dieser in vier Phasen gegliedert (vgl. hierzu: Amberger 2003). Jedes Teilprojekt verlief in den nachstehend beschriebenen Schritten. Betrachtet man die Entwicklungsteamarbeit nochmals konkret, so werden allerdings schon bei dieser generellen Charakterisierung auch Unterschiede deutlich. Je nach Ausgangssituation gestalteten sich inhaltliche und zeitliche Dimensionen sehr verschieden. So konnte zum Beispiel bei klar definierter Ausgangslage und fest umrissenem Entwicklungsziel die Einstiegsphase straffer organisiert werden als in einer Organisation, die nur mit einer vagen Vorstellung von strategischen Zielen startete. Bei Weiterbildungs-Einrichtungen, die bereits in der Vergangenheit Organisationsentwicklungsprojekte abgeschlossen hatten, konnte bei der Ist-Analyse auf eine Reihe vorhandener, schon aufbereiteter Daten zurück gegriffen werden, während bei anderen erst gesucht, sortiert und ausgewertet werden musste. Auch das heißt professionelle Gestaltung von Beratung: Fingerspitzengefühl, ein Projekt so zuzuschneiden, dass alle Ressourcen sinnvoll eingesetzt werden und der Aufwand am Ende in angemessener Relation zum Ergebnis steht.

### 3.2.1 Einstiegsphase

*„Wie ein Projekt startet, so endet es."*

Diese Erfahrung aus dem Projektmanagement sollte ernst genommen werden:
Eine solide Ausgangsbasis ist entscheidend für das Gelingen des gesamten Prozesses. Am Ende dieser Phase muss Grundsätzliches geklärt sein:

- Der Beratungsanlass ist transparent
- Die Ausgangssituation ist definiert
- Erwartungen, Zuständigkeiten und Rollen sind geklärt
- Das Leitziel der Beratung ist festgelegt
- Informationsbedarf ist ermittelt
- Handlungsfelder sind abgesteckt
- Der Auftrag ist formuliert

Exemplarische Fragestellungen in diesem Zusammenhang sind:

- Welche Organisationsentwicklungsprozesse sind dem aktuellen Prozess vorangegangen?
- Welche strukturellen Vorbedingungen gibt es?
- Welche Ziele sind top down vorgegeben?
- Welche Bedingungen könnten die Wirksamkeit von Maßnahmen einschränken?
- Welche Ereignisse haben die Entscheidung, in einen Prozess der Organisationsentwicklung einzutreten, herbeigeführt?
- Wie ist die jetzige Einstellung zum Entwicklungsvorhaben (top down und bottom up)?
- Wo genau gibt es Veränderungsbedarf?
- Was soll erreicht werden?
- Welche Ressourcen stehen zur Verfügung?

Da Organisationsentwicklung keine Insellösung sein darf, hieß das im Projektkontext LLL, dass die träger- und landesspezifischen Strukturen und Bedingungen berücksichtigt werden

mussten. Unterschiedliche Interessenlagen und gesetzliche Vorgaben, z.B. Aufbauorganisation, Hierarchien, Personalstruktur auf Trägerseite, Weiterbildungsgesetz, Landesweiterbildungsbeirat, Ausschüsse und Statistikkommission auf der landespolitischen Seite, sind Gegebenheiten, die nicht umgangen werden können.
Die Autonomie eines Prozesses kann unter Umständen stark eingeschränkt werden durch Verwaltungsstrukturen, interne Abteilungen, Fachzuständigkeiten, Beschäftigungsstruktur, Separatismus von Teilbereichen.
Der bisherige Umgang einer Weiterbildungs-Einrichtung mit Veränderung muss reflektiert werden, damit zum einen Erfahrungen und Fähigkeiten genutzt werden können, zum anderen aber auch bereits gemachte Fehler nicht wiederholt werden.
Ein entscheidender Faktor für den Erfolg des Organisationsentwicklungsvorhabens liegt (egal ob es sich um einen Top-Down- oder einen Bottom-Up-Prozess handelt) in der Unterstützung durch die Leitung sowie in der Motivation und der Kooperationsbereitschaft der Prozessbeteiligten. Dies muss in der ersten Phase geklärt werden.

*Wie funktioniert das?*

In einem Leitfaden-Interview mit der Leitung werden Projektschwerpunkte ermittelt und ein erster Aufgabenkatalog erstellt. Es ergeben sich folgende Schritte:
Beratungsanlass und Ausgangssituation werden definiert.

- Welcher Veränderungsbedarf besteht?
- Was ist das Ziel der Organisationsentwicklungsmaßnahme?
- Welche Mittel oder Wege gibt es, um das Ziel zu erreichen?
- Was brauchen die Beteiligten, um handlungsfähig zu sein bzw. zu werden?

Danach werden Erwartungen formuliert.

- Wie soll die Beziehung Beraterin - Entwicklungsteam - Leitung gestaltet werden?
- Wer übernimmt welche Rolle?

In einem nächsten Schritt gilt es Verbindlichkeit herzustellen, Verfahren festzulegen und den Handlungsrahmen abzustecken.

- Wie werden Verantwortlichkeiten im Entwicklungsteam verteilt?
- Wie ist das Vorgehen?
- Welche Regeln geben sich die am Organisationsentwicklungsprozess Beteiligten?

Die Rahmenbedingungen für den Organisationsentwicklungsprozess sind zu klären.

- Welche äußeren Bedingungen müssen vorhanden sein oder hergestellt werden, um den Veränderungsprozess anzuregen und zu fördern?
- Welche Ressourcen stehen zur Verfügung?

Bereits in dieser frühen Phase muss Ergebnissicherung und Transfer geplant werden.

- Wie können die Produkte und Wirkungen der Organisationsentwicklung erfasst und reflektiert werden?
- Wie kann der Erfolg einer Maßnahme festgestellt werden?
- Wie werden die Ergebnisse kommuniziert?

Wenn dies geklärt ist, kann ein konkreter Auftrag formuliert werden.

### 3.2.2 Ist-Analyse und Planungsphase

Wie bereits betont, ist die Einstiegsphase von äußerster Wichtigkeit für das Gelingen eines Organisationsentwicklungsvorhabens. Wer die oben formulierten Fragen beantwortet hat weiß, wohin die Reise gehen soll und wird bereits eine Vorstellung haben, was ihn erwartet.

Nun gilt es, den Prozess zu strukturieren, Ressourcen zu planen, Verantwortlichkeiten festzulegen und Risiken abzuschätzen. Hier kommen Methoden des Projektmanagements zum Einsatz.

Bei der Ist-Analyse geht es darum, den Problemkontext zu erfassen und zu reflektieren und die Sicht der Betroffenen sowie den Status quo der Organisation transparent machen. Thema ist die Innensicht der Weiterbildungs-Einrichtung.

Am Ende dieser Phase liegen die Fakten auf dem Tisch:

- Die Ausgangssituation ist analysiert
- zwischen den Partnern sind konkrete Ziele definiert und entsprechende Teilziele formuliert
- der Organisationsentwicklungsprozess ist strukturiert und geplant

Exemplarische Fragestellungen in diesem Zusammenhang sind:

- Was ist vorhanden?
- Welche fördernden und hemmenden Faktoren gibt es?
- Welche Lösungsmöglichkeiten werden gesehen?
- Welche Aufgabenstellungen werden bearbeitet?
- Wie können die Ziele operationalisiert werden?

Wie funktioniert das?

Es ergeben sich folgende Schritte:

- Infos und Daten sammeln
- Resultate dokumentieren, bewerten und gewichten
- Themenfelder abstecken

- Prozess strukturieren und geeignete Maßnahmen planen
- Rahmenbedingungen gestalten
- Ziele formulieren

Am Ende dieser Phase steht eine Zielvereinbarung mit formulierten Teilzielen und Meilensteinen. An dieser Stelle sei wieder einmal auf die Metapher des Weges und die dargestellten Kontexte verwiesen. Wege zum Ziel sind nicht bis ins kleinste Detail planbar. Gemeinsam Ziele zu entwickeln, ist ein spannender, kreativer Prozess, der auch innovativem Denken Raum geben sollte. In der Durchführungsphase werden eventuell Korrekturen notwendig sein. Kein Ziel sollte unumstößlich oder eindimensional festgeschrieben werden. Ziele müssen sich zirkulär und prozessbezogen entwickeln können. Das heißt, dass nach einer bestimmten Zeit auf der Grundlage der erzielten Zwischenergebnisse die anfänglich definierten Voraussetzungen und Annahmen reflektiert werden. Danach wird neu entschieden, ob der begonnene Prozess wie geplant fortgeführt werden soll oder ob eine Änderung oder gar ein anderer Weg sinnvoller erscheint.
So wie die Ziele der Entwicklungsteammitglieder im Prozessverlauf überprüft und eventuell geändert werden müssen, muss auch die Beraterin ihren Bezugsrahmen permanent reflektieren und sich stetig mit entwickeln und verändern. In diesem Sinne sollte selbstverständlich gerade das Organisationsberatungsteam eine Lernende Organisation sein.

### 3.2.3 Durchführungsphase

In der Durchführungsphase wird das Projekt in aufeinander abgestimmten Schritten abgewickelt.
Am Ende dieser Phase sollte Übereinstimmung zwischen dem Erreichten und den in der Zielvereinbarung formulierten Inhalten bestehen.
Für die detaillierte Darstellung sei an dieser Stelle auf die Fallbeispiele in Kapitel 4 verwiesen.

Einführungsphase (Auftrag) und Ist-Analyse (Zieldefinition) haben die Arbeitsgrundlage für die Problemlösung geschaffen. Nun gilt es in Bezug auf mehrere Faktoren Möglichkeiten zu erschließen

- *Spezifische Inhalte:* auf der Grundlage der erarbeiteten Daten und Informationen macht die Beraterin Strukturierungsvorschläge und erschließt aufgabenbezogen und ergebnisorientiert verschiedene Handlungsmöglichkeiten und Lösungswege. Verfahren, Methoden und Instrumente werden auf der Grundlage vorhandener Kapazitäten und Kompetenzen ausgewählt. Ein standardisiertes Vorgehen wäre hier fehl am Platz. Die aktuellen Möglichkeiten der Organisation bestimmen die Wahl der einzusetzenden Mittel. Deswegen ist eine gründliche und kompetent durchgeführte Ist-Analyse entscheidend für eine angepasste und Ressourcen schonende Durchführungsphase.
- *Lenkung der Prozesse*: Die Durchführungsphase ist in erster Linie dem Bearbeiten der vorher definierten Aufgaben und Themen gewidmet. Diese Bearbeitungsprozesse müssen gesteuert werden, indem reflektierende Fragestellungen und Feedbacks immer wieder für einen adäquaten, der jeweiligen Aufgabe angemessenen Prozessverlauf sowie die Dokumentation und Bewertung der Zwischenergebnisse sorgen.
- *Unterstützende Begleitung*: Die externe Beraterin ermöglicht durch widerspiegelnde Moderation eine Reflektion der Organisationsentwicklung im Prozess. Wichtig ist in dieser Phase auch ihre Funktion als „Aufgabenerledigungszentrum". Im Alltagsgeschäft gehen in den Weiterbildungseinrichtungen zusätzliche Aufgaben oft unter, so dass eine verpflichtende Absprache mit zeitnaher Erinnerung an Termine ein nicht zu unterschätzender Erfolgsfaktor sein kann. Die Teammitglieder werden durch diese unterstützende Begleitung entlastet und können sich dar-

auf verlassen, dass trotz Zeitnot, Alltagsroutine und Detailarbeit das Ganze nicht aus dem Blick gerät.

- *Angemessene Instruktion*: Auch direktives Vorgehen ist in dieser Phase gefragt. Wenn Informationen, Kenntnisse und Kompetenzen bezüglich der zu erarbeitenden Inhalte fehlen, kommt es darauf an, die Beteiligten durch geeignete Angebote mit dem nötigen Wissen zu versorgen.

In dieser Phase hat die Beraterin die Balance zu halten zwischen Ergebnisorientierung, Prozessverlauf und den Notwendigkeiten des Systems. Sie muss unvorhergesehene Situationen meistern und sensibel gegenüber systemimmanenten Widersprüchen oder Blockaden sein. Je eher sie mit Unsicherheit umgehen und an kritischen Punkten Sicherheit verschaffen kann, umso mehr wird sie kreative und innovative Potentiale wecken können. (siehe 2.1.1.)
Die Entwicklungsteam-Mitglieder konzentrieren sich auf die Teilziele und erarbeiten im Rahmen der Strategie Lösungen. Nach Bedarf werden Maßnahmen zur Weiterbildung der MitarbeiterInnen zu den Themen der Organisationsentwicklungsaufgabe getroffen.
Die Weiterbildungsorganisation als Auftraggeberin hat die notwendigen Rahmenbedingungen zu schaffen und Ressourcen bereitzustellen. Die Wahrnehmung von Managementaufgaben seitens der Leitung ist unverzichtbare Grundlage jeder nachhaltigen Veränderung. Klare Strukturen und Unterstützung der Entwicklungsvorhaben auf personeller wie auf organisationaler Ebene sind Voraussetzung für den Erfolg der gesamten Maßnahme.

### 3.2.4 Abschlussphase

In der letzten Phase geht es darum, den gesamten Prozess zu bewerten, die Zielerreichung zu überprüfen sowie Transfer und Veröffentlichung der Ergebnisse zu planen. Rückblickend sind

individuelle und organisationale Veränderungen zu bewerten und ein Ausblick auf die Zukunft festzuhalten.
Am Ende sollte auf allen Seiten Konsens und größtmögliche Zufriedenheit mit dem Erreichten hergestellt sein, weitere Schritte angedacht und das Projekt zu einem abgerundeten Ende gekommen sein. Es gibt Grund zum Feiern.
Eine gelungene Organisationsentwicklung, wie sie das Projektteam im Kontext von lebenslangem Lernen versteht, kann daran gemessen werden, inwieweit in der Weiterbildungs-Einrichtung die weitere Verwertbarkeit der Ergebnisse sichergestellt und ein kontinuierlicher Veränderungsprozess eingeleitet werden konnte. Kontinuität würde heißen, dass es den Beteiligten zur Gewohnheit geworden ist, sich beim Erreichen eines Zieles nicht zurückzulehnen und auf Zwänge von außen zu warten. Organisationsentwicklung findet permanent und reflektiert statt, weil ein von Zielen geleitetes Arbeiten zum normalen Ablauf gehört. Es ist ein Veränderungszyklus nach dem Muster des Deming-Circle installiert: plan → do → check → act. Reflektionsschleifen sind Teil der Kommunikationskultur.

## 3.3 Evaluation im Projekt LLL

Wer erst am Ziel daran denkt, sich Bilder vom zurückgelegten Weg zu machen, ist auf sein Gedächtnis angewiesen und wird nicht mehr in der Lage sein, das Augenmerk im Rückblick auf Besonderheiten zu richten.
Ein wissenschaftliches Projekt kommt ohne Evaluation nicht aus. Selbstverständlich kann das LLL-Projektteam die Auswertung der Ergebnisse nicht dem Zufall überlassen, auch wenn die Beraterin, fasziniert von Kunderas Theorie des Zufalls, hierzu literarisch fundierte Rückendeckung vorzuweisen hätte. Ein Zitat sei jedoch an dieser Stelle gestattet: (Anm.: der Rest ist im zitierten Werk nachzulesen. Milan Kundera 1990, S. 274ff) „Meinungsumfragen sind ein permanent tagendes Parlament, das die Aufgabe hat, die Wahrheit herzustellen, und zwar die

demokratischste aller Wahrheiten, die es je gegeben hat.“ (Milan Kundera, 1990, S. 146)
Eine Evaluation des Projektes wurde sowohl im Prozess als auch zum Abschluss durchgeführt. Im Prozess war dies strukturiert durch das Entwicklungsteam-Tagebuch. In regelmäßigen Abständen fand auf der Grundlage qualitativer Methoden eine Zielüberprüfung statt. Auch der Einsatz des Tagebuchs selbst wurde evaluiert. Die prozessbegleitende Evaluation war integrativer Teil der Organisationsentwicklung selbst. Durch die Feedbacks der einzelnen Sitzungen konnten die Teammitglieder ihre Ergebnisse bewerten und periodisch die Wirksamkeit der eingeschlagenen Lösungswege überprüfen. Diese Rückschau und Ergebnisbewertung - Teil der reflexiven Organisationsentwicklung - hat sich als eines der Erfolgskriterien für die einzelnen LLL-Projekte erwiesen.
Die Abschlussevaluation hatte zusätzlich die Vorgaben des gesamten Modellversuchsprogrammes zu berücksichtigen. Neben Reviewsitzungen und qualitativen Befragungen der Teams in Gruppendiskussionen wurde ein standardisierter Fragebogen eingesetzt (vgl. Schwarz, i.d.B.).

### 3.4 Nachhaltigkeit und Transfer

Wenn eine Veränderung nachhaltig wirken soll, ist es notwendig, in der Abschlussphase ganz besonders auf der Metaebene zu agieren. Strukturen, Methoden und Inhalte müssen in ihren Bedeutungszusammenhängen erfasst werden. Weiterhin muss überprüft werden, ob und wie Inhalte und Ergebnisse auf andere Bereiche übertragbar sind. Stand in den vorangegangenen Phasen das Organisationsentwicklungsprojekt noch teilweise isoliert als Vorhaben, so interessiert nun der Gesamtkontext. Rückblickend stehen Nutzen und Bedeutung für die gesamte Organisation im Fokus. Die Grundlage dafür muss in den vorangegangenen Phasen gelegt worden sein. Wer jetzt erst anfängt zu dokumentieren wird größte Mühe haben, brauchbare Ergebnisse zu erzielen.

Transfer wird in zweierlei Hinsicht geleistet:

- Transfer im Projektkontext:
  - Orientiert an Aufgaben der Projektarbeit bilden sich Netzwerke und Informationskanäle
  - Die Entwicklungsteam-Mitglieder sind Multiplikatoren für Kolleginnen und Kollegen - auch aus anderen Weiterbildungs-Einrichtungen (kollegiale Beratung).
  - In den Kompetenzateliers werden Institutionen übergreifende Arbeitsebenen angeregt.
  - Zwischen den Teams findet Erfahrungsaustausch statt.

- Transfer über den Projektkontext hinaus
  - Die beiden Kompetenzateliers und die Abschlussveranstaltung regen längerfristige Kooperationen an.
  - Die entwickelten Wissensbausteine sind verallgemeinerbares Wissen, das durch das Projekt entstanden ist.
  - Die Ergebnisse des Landauer Projektes finden Eingang ins Programm des Gesamtprojektes LLL (und haben damit hoffentlich auch Einfluss auf künftige Gestaltung von Rahmenbedingungen für Lebenslanges Lernen).

Was ist die Basis der Auswertungsphase?

- Entwicklungsprozesse sind dokumentiert
- Transparenz über den gesamten Entwicklungsprozess ist hergestellt
- Maßnahmen für die Ergebnissicherung sind benannt
- Indikatoren für Erfolg sind benannt

Das LLL-Projektteam hat die Erfahrung gemacht, dass sich die in den einzelnen Entwicklungsteams erarbeiteten Lösungsvorschläge durchaus auch auf weitere Handlungsfelder in der Weiterbildungslandschaft übertragen lassen. Dies wird im 5. Kapitel näher beleuchtet.

## 4 Die Arbeit mit den Entwicklungsteams

In diesem Abschnitt werden Beispiele aus der Praxis aus der Sicht der Beraterin beschrieben. Wie dies aus der Perspektive der Entwicklungsteams aussieht, kann in deren Erfahrungsberichten nachgelesen werden.

### 4.1 Methoden und Instrumente

In Anlehnung an die Phasen des Organisationsentwicklungsprozesses werden im Folgenden einige ausgewählte Vorgehensweisen dargestellt. Im Laufe des Projektes kamen eine ganze Reihe von Methoden, Instrumenten und Interventionselementen verschiedener „Schulen" zum Einsatz. Orientiert an der je spezifischen Themenstellung ist es Aufgabe der Beraterin, Vorschläge zu machen, wobei die Methoden und Instrumente manchmal einfach übernommen werden können, in vielen Fällen aber modifiziert und auf die spezifischen Bedarfe zugeschnitten werden müssen. (Anm.: *Zur näheren Information über die erwähnten Methoden sei auf die Literaturliste zu diesem Beitrag verwiesen, in der exemplarisch einige Standardwerke benannt sind und in der auch einige praxistaugliche Quellen aufgeführt werden.)*

Elemente aus folgenden Bereichen waren Teil der Arbeit im Projekt:

*Methoden der Beratung*:
Klientenzentrierte Gesprächsführung (Anm.: in diesem Fall besser „personenzentriert"), TZI- Grundsätze, Gestalttheorie, NLP, Hermeneutik

*Moderations- und Kommunikationstechniken*:
Kommunikationstheorie Schulz von Thuns, Metaplantechnik, Kreativitätstechniken

*Methoden der Prozessgestaltung*:
Elemente aus verschiedenen Managementkonzepten (z.B. Prozessmanagement, Balanced Scorecard, Controlling, Wissensmanagement, Six Sigma)

*Methoden des Qualitätsmanagements*
Ishikawa, Deming-Circle, Pareto-Diagramm, TQM

Diese Aufzählung ist nur querschnitthaft und soll die vielfältigen Bezüge zwischen ganz unterschiedlichen Beratungs- bzw. Managementmethoden verdeutlichen. Wenn die Methoden flexibel gehandhabt und die in ihnen angelegten Möglichkeiten aufgabenorientiert angepasst werden, kann durch Kombination und Variation ein beachtliches Potenzial an effektiven Problemlösungsstrategien erschlossen werden.

Welche Methode zu welchem Thema?

Um dies zu erläutern sollen verschiedene Methoden und Instrumente in den Kontext eines Organisationsentwicklungsprozesses eingebettet werden. Was wann einsetzbar ist, muss im spezifischen Fall entschieden werden. Die Voraussetzung dafür sind Erfahrung und Flexiblität im Umgang mit den unterschiedlichen Methoden.Die Ausarbeitung der Methoden und eine praxisnahe Beschreibung hat Eingang in das Wissensmanagement des LLL-Projektes gefunden. Die Ergebnisse stehen auf der Intranet-Plattform des Projektes allen Beteiligten aus den Entwicklungsteams zur Verfügung. Für die Zukunft ist geplant, dass auch interessierte Mitarbeiterinnen und Mitarbeiter aus anderen Weiterbildungs-Einrichtungen die dort eingestellten Informationsbausteine nutzen können.

### 4.1.1 Einstiegsphase

Aufgabe: Strukturen und Bedingungen klären, Wahrnehmungen und Deutungen transparent machen, gewichten und bewerten, Ideen entwickeln.
Das *Leitfaden-Interview* ist eine qualitative Befragungsmethode mit vorformulierten Fragen, die jedoch den Befragten genügend Raum lassen, Erfahrungen und persönliche Sichtweisen einzubringen. Es bietet die Möglichkeit, raschen Zugang zum Handlungsfeld zu bekommen.
Die *Stärke-Schwäche-Analyse* ermöglicht es, ein Bild von der Organisation zu zeichnen: Was ist schon gut – wo besteht Verbesserungsbedarf, wo muss sich etwas ändern? Der konkrete Bezugsrahmen wird erschlossen. Dazu gehört es, eine Metaperspektive einzunehmen, subjektive Deutungen aufzudecken, Vorannahmen zu überdenken sowie Begriffdefinitionen transparent zu machen.
Mit der *Radarmethode* können dann Schwerpunkte von Stärken und Schwächen deutlich und unterschiedliche Wahrnehmungen der Teammitglieder sichtbar gemacht werden.

### 4.1.2 Ist-Analyse

Aufgabe: Situation/Problem beschreiben, erkennen und bewerten, Ziele ableiten und entwickeln, Aufgaben strukturieren.

*Entwicklungsteam-Tagebuch*
Dieses vom LLL-Team entwickelte Instrument dient auch als Strukturierungselement für die Sitzungen. Hier werden Protokolle gesammelt, aber auch Sitzungen vor- und nachbereitet und wichtige Dokumente (Darstellung von Zwischenergebnissen, Arbeitshilfen, Formulare und Checklisten) gesammelt. Jedes Teammitglied führt sein eigenes Entwicklungsteam-Tagebuch, so dass auch nach Projektende jederzeit auf die Ergebnisse zurückgegriffen werden und der Veränderungsprozess nachvollzogen werden kann. (Näheres siehe 4.2. Szenario 3)

*Brainstorming und Brainwriting* erlaubt es einem Team, effizient und kreativ Ideen zu produzieren. Offenheit wird gefördert und festgefahrenes Denken gelockert.

Mit dem *Ishikawa- oder Fischgrätdiagramm* wird der Blick des Teams statt auf Symptome auf mögliche Ursachen eines Problems oder Zustandes gelenkt. Dies wird in mehreren Detailebenen beschrieben. Die Methode ermöglicht ein konzentriertes Arbeiten an Inhalten und vermeidet, dass sich die Diskussion an der Geschichte des Problems und den unterschiedlichen persönlichen Wahrnehmungen entzündet.

Durch eine *Kräftefeldanalyse* werden die fördernden und hemmenden Aspekte einer Situation einander gegenübergestellt. Durch Vergleiche werden die Beteiligten ermutigt, Prioritäten zu benennen, über die Wurzeln eines Problems zu reflektieren und die gewünschte Veränderung anzusteuern.

Die *Strukturlegetechnik* ist eine gute Methode, eine autonome Entscheidung zu ermöglichen. Es werden alle für das zu bearbeitende Themenfeld relevanten Begriffe gemeinsam definiert und dadurch ein übereinstimmender Bezugsrahmen geschaffen. Danach geht es darum, komplexe Situationen und Zusammenhänge zu strukturieren und dabei die Vielschichtigkeit der Bezüge nicht aus dem Auge zu verlieren. Die Technik macht es möglich, Bedingungs- und Sinnzusammenhänge im Konsensverfahren verbal zu erarbeiten.

Die *Zielvereinbarung* ist Kernstück des Beratungskontraktes. Bei dieser Methode werden schriftlich festgehalten: Konkrete Ergebnisse, die am Ende des Projektes erreicht werden sollen, Beurteilungskriterien, an denen gemessen werden kann, dass das Ziel erreicht ist, Aktivitäten, die nötig sind, um das Ziel zu erreichen, zeitliche Vorgaben. Die Methode zwingt dazu, messbare und realistische, von allen gemeinsam getragene und abgestimmte Ziele zu formulieren und gibt die Möglichkeit, jederzeit den Zwischenstand zu ermitteln und zu bewerten.

### 4.1.3 Durchführungsphase:

Aufgabe: Lösungswege finden, ergebnisorientiert arbeiten, Zwischenergebnisse dokumentieren und bewerten, Beziehungen zwischen Bezugsfeldern herstellen.
*Beziehungsdiagramm:* Mit seiner Hilfe können durch Darstellen von Wechselwirkungen systematisch Ursache-Wirkungszusammenhänge zwischen verschiedenen Faktoren erfasst, analysiert und bewertet werden. Es bringt zum Vorschein, bei welchen Faktoren es sich um Hauptursachen, sogenannte Treiber handelt und welche Faktoren wichtige Planungsschwerpunkte sind.

*Flussdiagramm:* Dies ist eine anschauliche Methode, um den Ablauf von Arbeitsschritten in einem Prozess darzustellen, Verantwortlichkeiten und Schnittstellen zu klären, sowie zugehörige Dokumente direkt ihrem Einsatzgebiet zuzuordnen. Es ist ideale Ausgangsbasis, um Verbesserungspotenziale zu erkennen und einen kontinuierlichen Verbesserungsprozess einzuleiten. Es zeigt im Detail Input, Tätigkeiten, Entscheidungspunkte und Ergebnis eines Prozesses. Die Komplexität innerbetrieblicher Abläufe wird deutlich und das Verständnis für Zusammenhänge geweckt.

*Metaphernbildung.* Durch Metaphernbildung werden Gegenstände in andere Sinnzusammenhänge eingebunden und damit ungewöhnliche Perspektiven erschlossen. Der entstehende Bedeutungsüberschuss lässt neues Wissen entstehen, da Beispiele aus ganz anderen Bereichen ein erweitertes Spektrum für die Suche nach Möglichkeiten ergeben. Der Nutzen dieser Methode liegt darin, dass durch Transformation der Ergebnisse ins Themenfeld der Organisationsentwicklung kreative Lösungen provoziert werden. Eine ausdifferenziertere und strukturierte Variante ist das Verfahren der *Synektik* nach Gordon.

*Telling Stories:* Geschichten eignen sich bestens dazu, eine ganzheitliche Perspektive einzunehmen. Jedes Teammitglied muss sich in eine vorgegebene Rolle bzw. Situation begeben und von dort aus eine schlüssige Erzählung konstruieren. Ein bestimmter Kontext wird vorgegeben. Dafür gibt es verschiedene Möglichkeiten: Ein Problem kann aus der Zukunft betrachtet werden, die Vergangenheit kann in Form eines Märchens oder einer Tragödie erzählt werden, die Entwicklung kann aus der Position eines Schwarzsehers, eines Kindes, eines Gewinners interpretiert oder als Erlebnis eines Wesens von einem anderen Planeten geschildert werden. Es gibt unendlich viele Varianten, allen gemeinsam ist jedoch, dass durch die Verfremdung Situationen anders erlebbar werden. Durch die Loslösung vom gewohnten Kontext und den darin agierenden konkreten MitarbeiterInnen werden verborgene oder uneingestandene Deutungen sichtbar. Mögliche Interpretationen eines Themas werden auf diesem Weg quasi erfunden.

*Perspektivenwechsel.* Mit ähnlichen Methoden wie Telling Stories arbeitet diese Technik. Angeboten werden verschiedene Möglichkeiten, die Situation anders zu betrachten:

- Aus einer anderen Position sehen (Kollegen, Chef, Kunden, Auftraggeber)
- Anders definieren, umdeuten: z.B. aus „Fehler“ wird „Anlass zum Lernen“
- Kontext ändern: Frage „in Welchem Zusammenhang könnte diese problematische Handlung auch sinnvoll sein?“
- Blockaden umgehen „was müsste passieren, um trotzdem positiv damit zu agieren“?

### 4.1.4 Abschlussphase

Aufgabe: Zielereichung überprüfen, Resümee ziehen, Ergebnisse bewerten und sichern.

*Gruppendiskussion:* Hierbei handelt es sich um ein qualitatives Interview, das auch als schriftliche Befragung vorbereitet werden kann. Auf der Grundlage für alle gleicher Fragen wird in einer Diskussionsrunde Resümee gezogen. Neben den bereits formulierten Fragestellungen haben alle Gelegenheit, ihre besonderen Standpunkte und Erkenntnisse einzubringen. Über unterschiedliche Bewertungen kann direkter Austausch stattfinden.

*Reviews:* In strukturierten Sitzungen haben alle Beteiligten des Organisationsentwicklungsprozesses Gelegenheit zu überprüfen, inwieweit Einigkeit und Zufriedenheit bezüglich der Zielerreichung besteht, wie mit den Ergebnissen nachhaltig weiter gearbeitet werden soll und wie der Transfer der Ergebnisse sichergestellt werden kann. Eine Reviewsitzung dient zwar ausdrücklich der Rückschau, Ziel ist jedoch auch, Zukunftsperspektiven zu erarbeiten.

*Nominale Gruppentechnik:* Mit dieser Technik ist es möglich, sich rasch über die Wichtigkeit von Maßnahmen klar zu werden und zu einigen. Ohne Druck von anderen kann jedes Teammitglied die Themen nach Rang ordnen. Aus den individuellen Ansichten lassen sich dann auf rechnerischem Weg die Prioritäten des Teams erarbeiten. Die Technik erzeugt Motivation zum Weitermachen, da alle gleichermaßen am Prozess mitwirken. Fehlende Einigkeit im Team wird sichtbar, wichtige Meinungsverschiedenheiten können diskutiert werden.

## 4.2 Fallbeispiele

In den folgenden Fallbeispielen wird die Informations- und Akquisephase ausgeklammert. Die Beschreibung startet mit der ersten Sitzung nach dem Entschluss einer Weiterbildungs-Einrichtung, sich am Projekt zu beteiligen. Es werden unterschiedliche Teilprojekte mit sehr unterschiedlicher Zusammensetzung und Zielsetzung beschrieben. Die Fallbeispiele greifen jeweils einen zentralen Aspekt davon auf, wie in den Entwicklungsteams in den vergangenen drei Jahren gearbeitet wurde.

### 4.2.1 Fallbeispiel 1: Ein Zielfindungsprozess

*Orientierungsgespräch*
Das erste Gespräch in der Weiterbildungs-Einrichtung dient der Orientierung.
Die Ergebnisse dieser Sitzung sind Grundlage der folgenden Zielplanung:

- Die Einrichtung hat ein zweijähriges Qualitätsmanagementprojekt hinter sich
- Es gibt ein Leitbild, nach dem der weitere OE-Prozess ausgerichtet sein soll
- Es wurde eine Befragung ehrenamtlicher Mitarbeiterinnen und Mitarbeiter durchgeführt. Mehr Ehrenamtliche sollen gefunden werden, die die Bildungsarbeit vor Ort voranbringen
- Es gibt verschiedene Checklisten zur Erleichterung der Arbeitsabläufe
- Vom Träger gibt es Vorgaben bezüglich Mindeststandards, die erfüllt werden müssen
- Es gibt ein Intranet. Der EDV-Bereich soll gestärkt werden.

Im Gespräch werden Erwartungen an ein Organisationsentwicklungs-Projekt formuliert. Die daraus abgeleiteten Fragestellungen werden zu Ansatzpunkten für den nächsten Schritt:
Wie sieht eine effektive Evaluation aus? Welchen Nutzen haben Fragebögen? Warum gibt es kein en oder nur geringen Rücklauf? Was hat die Fragebogenaktion gebracht? Überfordern wir die Ehrenamtlichen?

Es wird die Möglichkeit ins Auge gefasst, bei der Evaluation einer Aktion zur Einbindung von Ehrenamtlichen im Projekt LLL zusammen zu arbeiten. Ziel ist, Kontinuität und Transparenz herzustellen; Nachwuchs soll eingearbeitet und Nachfolgeregelungen gefunden werden, es sollen spezielle Angebote zur Fort- und Weiterbildung Ehrenamtlicher gemacht werden.

*Auswertung und Angebot*
Nach der Auswertung des Gesprächs ergeht ein erstes Angebot an die Geschäftsführung. Darin werden bereits erste Vorschläge zum Vorgehen bezüglich der Evaluation gemacht. Die Weiterbildungs-Einrichtung stellt der Beraterin Materialien zur Vorbereitung einer Ist-Analyse zur Verfügung.

*Neue Rahmenbedingungen → Zieländerung*
Unmittelbar danach haben sich aufgrund von Umstrukturierungsmaßnahmen des Trägers der Weiterbildungseinrichtung alle Prämissen des Vorhabens verändert. Es werden Bereiche ausgeklammert und Stellen gestrichen. Dadurch wird eine Dezentraliserung notwendig. Deswegen ist es auch nicht mehr sinnvoll, das Angebot zur Teilnahme am Projekt und die dort aufgeführten Themen und Ziele aufrecht zu erhalten. Ziel des nächsten Gesprächs ist es, eine neue Basis für Zusammenarbeit zu schaffen.

Eine radikale Neuverortung ist nötig. Durch die strukturelle Veränderung ist die Fragestellung eine wesentlich existenziellere geworden. Die Leitfragen der nächsten Sitzung sind:

- Was muss sich ändern?
- Wie kann Kontinuität sicher gestellt werden?
- Was geschieht mit den bisherigen Planungen?
- Wo besteht unmittelbar Handlungsbedarf?

Aus den aktuellen Fragestellungen lassen sich folgende Aufgaben für das Projekt erschließen:
- Profilklärung ("wer waren wir? Wer wollen wir werden?")
- Strukturklärung ("Wie soll die neue Organisation aussehen? Wer macht was?")
- Prozessmanagement ("Wie regeln wir die Abläufe?")

Ziel der Zusammenarbeit ist nun die Anpassung der Strukturen, eine dem Leitbild entsprechende Strategie sowie die Gestaltung der Abläufe der Organisation. Da die Einrichtung einen Qualitätsmanagementprozess nach dem EFQM-Modell hinter sich hat, sollen die Aktivitäten gemäß der Kriterien dieses Modells geplant werden.
Bei der Zusammensetzung des Entwicklungsteams wird darauf geachtet, dass alle relevanten Bereiche vertreten sind. Für die Einstiegsphase wird jedoch entschieden, noch keine Ehrenamtlichen zu beteiligen, da der aktuelle Umstrukturierungsprozess große Unsicherheit verursacht.

*Zielvereinbarung*
Nach diesem Gespräch wird seitens der Beraterin die Vorbereitung für eine neue Zielvereinbarung verschickt. Der Ist-Zustand muss dargestellt, neue Vorgaben geklärt und Vorschläge entwickelt werden. Informationen zu Strukturen, den Aufgaben der unterschiedlichen Bereiche und zu Funktionen werden gesammelt.
Die Rahmenbedingungen für die Arbeit des Entwicklungsteams werden geklärt. Entwicklungsteams sollen nur wenige Präsenzsitzungen erfordern und Aufgaben wo möglich über das bestehende Intranet abgewickelt werden.

*Erste Entwicklungsteamsitzung*
In der ersten Sitzung des Entwicklungsteams wird zunächst der Rahmen für die Projektarbeit geklärt. Das Entwicklungsteam-Tagebuch als Instrument der Dokumentation und des Wissensmanagements wird eingeführt. (Näheres hierzu siehe Szenario 3) Das Team gibt sich Teamregeln, benennt einen Ansprechpartner, bestimmt Ort, Häufigkeit und Turnus der Sitzungen. Die vorgeschlagene Zieldefinition wird ergänzt, das erste Entwicklungsziel besprochen und abgestimmt. Zu den bereits erarbeiteten Themen wird eine Prioritätenliste erstellt. (siehe hierzu: Methoden und Instrumente Kapitel 4.1.) Das Schwerpunktthema der Projektarbeit wird benannt, Teilaufgaben und erwartete Ergebnisse formuliert.
Eine Planungsübersicht mit kurzfristigen und langfristigen Aufgaben wird erstellt. Außerdem wird erörtert, wie und welche Informationen über das Organisationsentwicklungsvorhaben in den verschiednen Ebenen (Außenstellenleitungen, Vorstand, Hauptamtliche, Ehrenamtliche) kommuniziert werden müssen. Dazu wird in der folgenden Sitzung eine Vereinbarung getroffen.
Rückblick zum Projektende: Das Team hat seine Aufgabe gemeistert - aus der Krisensituation ist Neues entstanden. Durch eine beharrliche und konsequente Haltung konnten positive Entwicklungen eingeleitet werden. Um in der kritischen Phase, die durch die Umstrukturierungsmaßnahmen eingetreten war überhaupt noch motiviert zu arbeiten, war es nötig, sich ein Bild zu machen von dem, was sein könnte und was wichtiger sein könnte als die momentane, nicht gerade erfreuliche Realität. Es war zwar auch notwendig, das Abbild der gegebenen Verhältnisse vor Augen zu haben, aber der positive Blick in die Zukunft hat dem Team Kraft gegeben.
„Planen ist lernen", dies ist ein treffender abschließender Satz für den spannenden Prozess der beschriebenen Zielfindung und den Ergebnissen, die dabei bis Dezember 2003 herausgekommen sind.

### 4.2.2 Fallbeispiel 2: Erste Schritte zu einem Prozessmanagementsystem

Im Rahmen dieses LLL-Projektes werden Elemente eines Prozessmanagements erarbeitet. Vorgabe dabei sind vorliegende Ergebnisse eines vorangegangenen Organisationsentwicklungsprozesses bezüglich der Aufbauorganisation der Einrichtung.

*Aufgabenstellung*
Die Ablauforganisation der Weiterbildungseinrichtung soll dargestellt, diskutiert und verbessert werden.

*Prozesslandschaft*
In den ersten Sitzungen wird zunächst die Prozesslandschaft dargestellt, d.h. alle für die Kernaufgaben der Weiterbildungseinrichtung wichtigen Abläufe werden ermittelt und in einer strukturierten, visualisierbaren Form dargestellt.

*Kernprozesse*
Nachdem die vorliegende Prozesslandschaft allgemeinen Konsens gefunden hat, werden Kernprozesse definiert und der Programmplanungsprozess zur exemplarischen Bearbeitung ausgewählt. Im beschriebenen Fall ist dies gar nicht so leicht zu erreichen, da die Gesamtbelegschaft der Weiterbildungseinrichtung zwar identisch mit dem Entwicklungsteam ist, aber die Weiterbildungseinrichtung als solche erst zu Beginn der Zusammenarbeit mit dem LLL-Projekt durch einen Top-Down-Beschluss des Trägers entstanden war. Das Team nutzt in der Folge die Arbeit am Planungsprozess dafür, sich gegenseitig über bisher unterschiedliche Vorgehensweisen und Bedeutungen zu informieren. Der Austausch über diese Unterschiede ist in der Regel nicht nur Arbeit am Thema Prozesse, sondern trägt zum gegenseitigen Verständnis und in der Konsequenz zu Synergieeffekten und Teambildung bei.
Die Entscheidung für den Kernprozess Planung fällt, weil der Start dieses Prozesses unmittelbar bevorsteht und die Team-

mitglieder somit direkt in ihrem Alltag Lösungen erarbeiten und überprüfen können. In den folgenden Sitzungen werden in Teilschritten Elemente des Prozessmanagements bearbeitet. Arbeitsabläufe und Strukturen dargestellt, Schnittstellen identifiziert, Verantwortlichkeiten festgestellt und Kommunikationskanäle benannt. Ein Flussdiagramm mit zugehöriger Verantwortlichkeitsmatrix und Benennung aller prozessrelevanten Dokumente wird erstellt.

Da die Arbeit am Prozess unmittelbar ins Alltagsgeschäft integriert ist, kann eine Reihe von Nebeneffekten erzielt werden. Bei der Strukturierung und Benennung der Prozessdokumente wird der vorgegebene Aktenplan berücksichtigt. Das Verwaltungsprogramm, das von einer Abteilung bisher benutzt worden ist, wird für alle zugänglich gemacht und die Mitarbeiterinnen geschult, die damit arbeiten. Das Team führt ein neues Informationssystem ein, da im Laufe der Entwicklungsteamarbeit festgestellt wird, dass Informationen verloren gehen oder nicht an alle relevanten Stellen gelangen. Die Sitzungskultur ändert sich, was als ein erster Schritt Richtung Teambildung gewertet wird. Der eingeführte Jour Fixe wird nach dem Vorbild der Entwicklungsteamsitzungen strukturiert und Ergebnisse unmittelbar in den Organisationsentwicklungsprozess einge-bracht. Die Nebeneffekte der Arbeit an den Prozessen wirken sich auf das Gesamtteam aus: Kommunikation, Kooperation und Schnittstellenmanagement haben sich verbessert. Dies ist als Indikator dafür zu sehen, dass durch zielorientiertes selbstgesteuertes Lernen und das Denken in Prozesszusammenhängen verbesserte Rahmenbedingungen für Organisationsentwicklung entstehen.

Aber auch die Arbeit am Kernthema Planung führt zu neuen Ergebnissen. Es findet erstmals eine sog. „Ideenbörse“ statt, die zum Ziel hat, ReferentInnen in den Planungsprozess einzubeziehen. Die Durchführung der ersten Börse erweist sich als Erfolg. Es gibt eine Reihe neuer Vorhaben und die Veranstaltung wird künftig in den Prozessablauf integriert. Die Vernetzung mit den Referentinnen soll ausgebaut werden.

Rückblick zum Projektende:
Nach Top down Beschlüssen, grundlegenden Strukturveränderungen, Stellenstreichungen und einem festgefahrenen Veränderungsprozess entwickelte sich im Laufe der Arbeit am Thema Prozessmanagement ein kreatives Team. Der Jour fixe wird von allen als gelungene Sache gesehen. Der Umgang miteinander ist von gegenseitigem Verständnis und Interesse geprägt. Das war nicht von vornherein so. Im Entwicklungsteam wurden durch die vielen Diskussionen um Abläufe und Gewohnheiten anfangs als unüberwindlich gesehene Unterschiede relativiert. In den Abschlusssitzungen ist deutlich geworden, dass die Projektarbeit dazu beigetragen hat, das Selbstverständnis der Weiterbildungseinrichtung zu verdeutlichen, das Profil zu schärfen und Ansätze für eine funktionierende kooperative Arbeit zu entwickeln. Das Team hat sich auf den Weg gemacht, ein gemeinsames tragfähiges Konzept inklusive Visionen für die Zukunft zu entwerfen.

### 4.2.3 Fallbeispiel 3: Professionalisierung von Ehrenamtlichen - Strukturierung der Organisationsentwicklungsprozesse - Das Entwicklungsteamtagebuch

Die Prioritätenliste Platz eins und zwei dieses Teams benennt die Themen Zielgruppenorientierung und Organisationsstrukturen. In einem ausschließlich aus Ehrenamtlichen bestehenden Team erstellen die Mitglieder einen Ist-Soll-Vergleich. Mit Hilfe ausgewählter Evaluationsinstrumente werden Bedarfe von Zielgruppen ermittelt und reflektiert. Auf dieser Grundlage werden zielgruppenspezifisch neue Veranstaltungsformen entwickelt, das Weiterbildungsprogramm neu konzipiert, die Angebote evaluiert, Checklisten zur Veranstaltungsplanung erstellt, Funktionsteams gebildet, neue Mitglieder geworben, Sponsorengelder eingeworben. Eine beachtliche Reihe von Ergebnissen. Nicht alle sind benannt, was aber aus der reinen Aufzählung ersichtlich wird ist die Tatsache, dass hier – neben dem Organi-

sationsentwicklungsprozess - ein Professionaliserungsprozess stattgefunden hat.
Ehrenamtliche sind in Weiterbildungsorganisationen aufgrund ihrer besonderen Situation anders eingebunden als Hauptamtliche. Im Unterschied zu hauptamtlichen pädagogischen Fachkräften üben sie ihre Tätigkeit zusätzlich zu Beruf und Familie aus, weil sie darin eine sinnvolle Aufgabe sehen oder als Bildungsbeauftragte ihres Ortes gewählt wurden. Die Arbeit beruht auf einem völlig anderen Selbstverständnis; Motivationslage, Zeitfenster und Zielsetzung sind grundlegend anders.
Wie kann ein Organisationsentwicklungsprojekt in vom Ehrenamt geprägten Arbeitszusammenhängen gelingen?
Die besondere Situation von Ehrenamtlichen muss bei Veränderungsprozessen berücksichtigt werden. Konzept und Projektmanagement des Projektes LLL versuchen dies von vornherein zu integrieren. Sitzungszeiten und –zyklen, Werkzeuge und Vorgehensweisen werden den Gegebenheiten angepasst. Die Balance zwischen den spezifischen Bedürfnissen und Voraussetzungen dieser Zielgruppe – allesamt meist keine ausgebildeten PädagogInnen - und der Einführung neuer Inhalte und Methoden ist ein wichtiger Gesichtspunkt.
Am Anfang fühlt sich das Team verunsichert durch die Vielzahl ungewohnter Anforderungen und die Konfrontation mit der Komplexität der Aufgabe. Nach den ersten Sitzungen und der Gewöhnung an die neue Arbeitsweise werden jedoch schnell erste Erfolge sichtbar. Das Team ist motiviert, sich auf das Abenteuer einzulassen.
Eine wichtige Funktion hat das Entwicklungsteam-Tagebuch, das zu führen Teil der Projektarbeit ist. Es strukturiert die Arbeit, dokumentiert Ergebnisse und bietet den Entwicklungsteammitgliedern die Möglichkeit zur Selbstüberprüfung. Hier werden alle relevanten Dokumente, Materialien und Ergebnisse gesammelt.
Im allgemeinen Teil enthält es die Daten aller Beteiligten, Zielvereinbarung, Teamregeln, Terminplanung und eine Tabelle,

aus der die Kommunikationskanäle bzw. –anlässe ersichtlich sind.
Der erste Hauptteil gibt einen Überblick über die Entwicklungsteamsitzungen: Thema, Tagesordnung, erwartetes Ergebnis, Feedback werden hier festgehalten. Jedes Teammitglied notiert hier auch am Ende der Sitzung, inwieweit das Tagesziel erreicht wurde und welche Aufgaben es übernommen hat. Wie Ergebnisse kommuniziert werden, wird ebenfalls auf diesem Blatt vermerkt. Weiterhin werden die in der jeweiligen Sitzung eingesetzten Methoden und Werkzeuge benannt. So bietet diese Seite einen guten Überblick über Inhalte und Ergebnisse einer Sitzung. Beraterin und Entwicklungsteam haben somit eine kompakte Prozessdokumentation.
Ein zweites Blatt dient der Reflektion der letzten Sitzung. Jeweils zu Beginn einer Sitzung wird damit der Einstieg gestaltet. Das Team informiert über Ergebnisse der Weiterarbeit, individuelle Veränderungen, Neuerungen in der Einrichtung, Probleme bei der Umsetzung und persönliche Zielsetzungen. Auch dieses Blatt ist ein hilfreiches Instrument zur Dokumentation und Evaluation des Prozesses. Auf einem gesonderten Blatt können zusätzlich persönliche Anmerkungen zur Sitzung notiert werden, die bei den Einzelnen bleiben und als Gedächtnisstütze dienen, die wichtige individuelle Entwicklungen nachzeichnet.
In einer weiteren Rubrik werden die Protokolle der Sitzung abgeheftet, die jeweils einen Anhang haben, auf dem die bis zur nächsten Sitzung zu erledigenden Aufgaben aufgelistet sind.
Am Anfang jeder Sitzung wird die Erledigung dieser Aufgaben besprochen.
Am Ende des Tagebuchs wird eine Liste aller in den Sitzungen eingesetzten Methoden, Werkzeuge und Checklisten fortgeschrieben, so dass die in den einzelnen Phasen erarbeiten Lösungsmöglichkeiten bei Bedarf nachgeschlagen und in andere Arbeitsbereiche übertragen werden können.

Rückblick zum Projektende: Im Laufe des Projektes LLL wurde das Entwicklungsteamtagebuch verändert. Die Beteiligten haben nach einer Bewertung des Instruments Vorschläge für seine Verbesserung gemacht. Als Strukturierungshilfe hat es sich bewährt. Wer es konsequent geführt hat, hat nun, am Ende des Projektes, eine zusammenhängende Dokumentation sowohl des Prozesses als auch der Ergebnisse. „Was du Schwarz auf Weiß besitzt, kannst du getrost nach Hause Tragen". Nichtsdestotrotz denkt das LLL-Team darüber nach, ob eine digitale Form des Tagebuches für zukünftige Vorhaben nicht einfacher und zeitgemäßer sein könnte. Erwähnt werden muss aber abschließend, dass die Erfolge des Teams, von dem hier die Rede ist, in erster Linie aufgrund des immensen Engagements der Beteiligten zustande kamen, die ihre Kompetenzen eingebracht und ein beachtliches Innovationspotenzial entfaltet haben. Gerade dieses Team hat mehr als sein Ziel erreicht und bundesweit Aufmerksamkeit erregt. Die Qualität der Arbeit, das Tempo der Veränderungen und der Mut, sich auf Neues einzulassen waren beeindruckend.

### 4.2.4 Fallbeispiel 4: Kollegiale Beratung als Basis kontinuierlicher Veränderungsprozesse

*Gemeinsames Organisationsentwicklungsvorhaben von drei Weiterbildungseinrichtungen*

Im Unterschied zu allen anderen Entwicklungsteams sind in dem hier beschriebenen drei verschiedene Weiterbildungseinrichtungen vertreten. Dies hatte sich aus einer Orientierungssitzung ergeben, an deren Ende ein gemeinsames Thema gefunden war und alle Beteiligten beschlossen, im Entwicklungsteam mitzuarbeiten. Ziel der Sitzung war eigentlich, aus dem Kreise eine Weiterbildungseinrichtung für die Teilnahme am Projekt zu gewinnen. Dass am Ende alle mitmachen wollten, war nicht geplant, aber der Anfang einer fruchtbaren Zusammenarbeit.

Aufgabendefinitionen und Schwerpunktsetzung sind in diesem Team schwieriger. Keine der drei Weiterbildungseinrichtungen gleicht der anderen. Die Bedingungen vor Ort sind sowohl strukturell als auch in Bezug auf die Arbeitsabläufe höchst unterschiedlich. Die Zielsetzungen der Beteiligten weichen zum Teil stark voneinander ab. Aber gerade dies erweist sich im Verlauf der Zusammenarbeit als gewinnbringend. Durch die Arbeit an einem gemeinsamen Thema werden durch die Diskussion von Unterschieden viele neue Ideen entwickelt. Die Zielgruppenanalyse wird zunächst für jede einzelne Einrichtung erstellt. Eine gemeinsame Fassung entsteht in einer intensiven Auseinandersetzung mit den Bedingungen für Zielgruppenorientierung. Strategien, wie die Zielgruppenarbeit in unterschiedlichen Regionen organisiert werden kann, werden diskutiert. Ehrenamtlich und nebenamtlich Mitarbeitende werden in Form eines speziell entwickelten Workshops mit einbezogen. Dies ist ein Ergebnis der Zielgruppenanalyse. Die Entwicklungsteammitglieder haben herausgearbeitet, dass die Ehrenamtlichen eine wichtige Schnittstelle zu Interessenten und Teilnehmenden sind und dass durch ihr Know How wichtige Informationen erschlossen werden können. Darüber hinaus ist die Qualität der Weiterbildungsarbeit gerade von dieser Schnittstelle abhängig.
Die Ergebnisse in den beteiligten Einrichtungen sind teilweise sehr unterschiedlich, da die einzelnen Teammitglieder verschiedene Zielrichtungen verfolgen. Einem Kollegen geht es darum, neue Zielgruppen zu erschließen und dafür spezielle Marketinginstrumente zu entwickeln. Eine Kollegin setzt sich zum Ziel, als erstes die Programmhefte nutzerInnengerecht umzugestalten. In der anderen Einrichtung liegt der Focus auf der Einbeziehung örtlicher Mitarbeiterinnen und Mitarbeiter und der politischen Entscheidungsebene.
Aber die Einzelaspekte lassen sich in allgemein verwertbaren Ergebnissen bündeln. Mit den Ergebnissen des Workshops mit Ehrenamtlichen aus allen drei Einrichtungen wird eine Datenbank zur Unterstützung zielgruppenorientierter Programmplanung entwickelt. Die relevanten Elemente werden in Gemein-

schaftsarbeit erarbeitet und treffen deswegen schnell bei allen Beteiligten, auch den Ehrenamtlichen, auf Konsens. Der Effekt ist ein doppelter: Die Leitung kennt die Bedürfnisse vor Ort besser und kann umgekehrt mit informierten und motivierten MitarbeiterInnen rechnen. In Zukunft sollen Angebote für Ehrenamtliche nach dem Muster des gemeinsam entwickelten Workshops fester Bestandteil des Fort- und Weiterbildungs-Programmes werden. Fazit der drei Teammitglieder ist, dass zielgruppen- und regionenbezogenes Arbeiten eine Voraussetzung für zukunftsorientierte Programmplanung und die Vermarktung der Angebote, somit also ein entscheidender Erfolgsfaktor ist, dass aber auch die überregionale Kooperation sowie kollegialer Austausch und Beratung wichtige Impulse für die Weiterentwicklung einer Organisation geben kann.
Rückblick zum Projektende:

Durch kollegiale Beratung und gegenseitiges transparent Machen von Strukturen und Arbeitsroutinen sind in diesem Team Synergieeffekte entstanden, Effekte, die sich auf allen Ebenen der Weiterbildung auswirken und in den Weiterbildungseinrichtungen selbst einen Motivationsschub ausgelöst haben. Das Team hat mit direktem Blick auf greifbare Ergebnisse und in solidarischer Zusammenarbeit regional viel bewegt und den überregionalen Transfer in die anderen Ebenen in die Wege geleitet. Der Kreis der Beteiligten soll erweitert werden, wenn die Entwicklungsteammitglieder ab 2004 den Organisationsentwicklungsprozess selbstgesteuert weiterführen.

### 4.2.5 Fallbeispiel 5: Vernetzung und Kooperation: Die Kompetenzateliers

In der Projektlaufzeit gab es zwei sogenannte Kompetenzateliers. Der Name steht für die zwei grundlegenden Ansatzpunkte dieser Veranstaltungen: Menschen mit verschiedenen Kompetenzen erschließen gemeinsam und kreativ neue Lösungswege.

Beim ersten Kompetenzateliers haben alle am Projekt beteiligten Entwicklungsteams ihre Zwischenergebnisse präsentiert. Nach einer Kreativphase in gemischten Arbeitsgruppen fand ein intensiver Austausch zwischen den Teams statt. Kontakte vielerlei Art konnten geknüpft bzw. aktiviert werden. Teams mit gleicher Themenstellung haben Inhalte und Ergebnisse verglichen und einander zugänglich gemacht. Träger, Verbände und einzelne Weiterbildungseinrichtungen hatten durch die vorgestellten Ergebnisse vielfältige Diskussionsanlässe. Das Kompetenzatelier hat Transparenz über die Entwicklungsprozesse in den Weiterbildungs-Einrichtungen hergestellt und wurde von allen Beteiligten als Form der einrichtungsübergreifenden Kooperation geschätzt.

Das zweite Kompetenzatelier ein halbes Jahr vor Projektende hatte eine andere Intention. Im Mittelpunkt standen diesmal kollegialer Austausch, Kooperation und Vernetzung. Es galt, den Transfer von Ergebnissen anzubahnen und die Nachhaltigkeit der Projektergebnisse sicher zu stellen. Wie schon beim ersten Atelier wurden Reflektionsräume angeboten und Experimentierfelder eröffnet. Im Gegensatz zum ersten Mal waren die Arbeitsgruppen nicht mit Personen aus unterschiedlichen Weiterbildungs-Einrichtungen besetzt, sondern mit den Mitarbeiterinnen aus einem Trägerverband. So hatten die verschiedenen Ebenen (Träger, Verband, Geschäftsführung, Hauptamtliche pädagogische MitarbeiterInnen, Verwaltungskräfte, Ehrenamtliche) ein Forum für die Planung der Ergebnissicherung aus den Entwicklungsteams und konnten darüber hinaus Ideen für gemeinsame Vorhaben entwickeln. In der Zusammenarbeit kamen auch die verschiedenen Positionen bezüglich der Bedeutung von Veränderungsprozessen für die Gesamtorganisation zum Ausdruck.
Auch am Ende dieser Veranstaltung wurde in der Feedbackrunde klar, wie wichtig nicht nur Gelegenheiten zum intensiven Austausch, sondern darüber hinaus zum experimentellen Zusammenarbeiten sind.

*Rückblick zum Projektende:*

Wenn sich Bedingungen und Strukturen von Weiterbildungs-Einrichtungen nachhaltig verbessern sollen, liegen hier noch reiche Schätze verborgen. Für das LLL-Team war es immer wieder eine motivierende Bestätigung zu sehen, wie viel Kreativität und Veränderungswillen in den verschiedenen Bereichen vorhanden sind. Die Entwicklung von Supportstrukturen für Weiterbildung muss auf der Grundlage dieser Erfahrungen weiter betrieben werden. Potenziale sind vorhanden und durch gemeinsame Gelegenheiten wie die Kompetenzateliers können Synergieeffekte und Innovationen entstehen.

# 5 Reflektionen zur Verwertbarkeit und Nachhaltigkeit von Projektergebnissen

Rückblickend sollen nun noch Qualitätsmanagement und Gender Mainstreaming als zwei ständige Wegbegleiter des LLL-Projekts dargestellt werden. Abschließend werden dann Erfahrungen aus dem Projekt noch einmal Revue passieren.

## 5.1 Implementierung von Elementen des Qualitätsmanagements im Zuge der Organisationsentwicklung von Weiterbildungs-Einrichtungen

Das Projektteam hatte den Anspruch, zusammen mit den PartnerInnen und Partnern auf bestmöglichen Wegen und Straßen sowie mit reichem Erfahrungsschatz ans Ziel zu kommen. Herauskommen sollte auch noch eine gute Reisebeschreibung und der Ausblick auf weitere Reisemöglichkeiten. Dazubrauchte es neben der üblichen Ausrüstung manchmal wegbegleitende Leitsysteme – so etwas wie Fernrohre oder Panoramabrillen.
Die Ergebnisse des LLL-Projektes sind – sofern sie jeweils den speziellen Gegebenheiten vor Ort angepasst werden - transferierbar auf andere Weiterbildungseinrichtungen mit ähnlichen

Aufgabenstellungen. Im Zusammenhang mit neuen Entwicklungsvorhaben müsste das Rad nicht mehr neu erfunden werden, sondern die gemachten Erfahrungen können Eingang in weitere Organisationsentwicklungsprojekte finden.
Der Baustein Zielgruppenorientierung, der im Rahmen des Projektes LLL erarbeitet wurde, beinhaltet Elemente, die in ein Total Quality Management (TQM) münden könnten. Methoden und Verfahren, Verhaltensweisen und Einstellungen, die zu einem solchen System gehören, stehen nicht im Widerspruch zu den Ergebnissen, sie sind kompatibel damit.
Ein Blick auf die Bedeutung des Begriffes TQM und der Vergleich mit den in diesem Beitrag geschilderten Ergebnissen des Projekts LLL soll die Zusammenhänge verdeutlichen:

*Total* bedeutet: Das gesamte Unternehmen mit allen Geschäftsbereichen und allen MitarbeiterInnen wird ohne Ausnahme in die Qualitätsverbesserung einbezogen.

*Qualität* ist die Erfüllung von spezifischen zu definierenden Anforderungen.

*Management* bedeutet: QM ist ein aktiv zu betreibender Prozess. Alle Führungs-, Planungs- und Steuerungstätigkeiten ausübenden Personen wirken an der ständigen Qualitätsverbesserung mit und sind deren Motor.

Die wesentlichen Bausteine des TQM sind:
- Führen mit Zielen
- Kundenorientierung der gesamten Organisation
- Interne und externe Kunden-Lieferantenbeziehungen
- Null-Fehlerprogramme
- Arbeiten in Prozessen
- Kontinuierliche Verbesserungen
- Einbeziehung aller MitarbeiterInnen
- Kontinuierliche Schulung und Weiterbildung

- Regelmäßige Reviews

Ergebnisse aus den LLL-Teilprojekten könnten als Elemente für ein TQM eingesetzt werden. Sie können als Grundstock für die Entwicklung von Qualitätsstandards genutzt werden und erlauben eine Reihe von Erweiterungsmöglichkeiten.
Verwertbare Bausteine aus den Organisationsentwicklungs-Prozessen der LLL-Projekte sind zum Beispiel:

- Dokumentation des Ist-Zustandes
- Profile der Weiterbildungs-Einrichtung
- Zielvereinbarungen
- Grundlagen der Zielgruppenorientierung
- Prozessmanagement
- MitarbeiterInnenorientierung
- Evaluationsinstrumente, Messkriterien, Indikatoren für Erfolg
- Kontinuierliche Verbesserungsprozesse
- Kriterienorientierte Leistungsstandards

Bei der Implementierung eines TQM könnte von den Partnern, die am Projekt LLL teilgenommen haben, außerdem auf schon bestehende, gegebenenfalls leicht zu modifizierende Arbeitsweisen zurückgegriffen werden, wodurch sich der Aufwand bei der Einführung und bei der Durchführung deutlich verringern würde.
Wegbegleitend zur Arbeit wurden also immanent von den Entwicklungsteams Bausteine für eine Qualitätsentwicklung der Weiterbildungs-Einrichtungen entwickelt. Am Beispiel des Themas Zielgruppenorientierung soll deutlich gemacht werden, wie durch das Projekt verschiedene Elemente für ein Qualitätsmanagement-System angelegt wurden. (Abb. 1)
Das Entwicklungsteam der Kreisvolkshochschulen bearbeitet das Thema Zielgruppenorientierung:
Bei der Definition des Begriffes „Zielgruppe“ sind verschiedene Perspektiven möglich.

Zunächst wird das Thema ausschließlich aus Sicht der Teilnehmenden, Interessenten, *Weiterbildungsinteressierten* betrachtet. Gesichtspunkte sind die Qualität der Weiterbildungsveranstaltungen, die Gestaltung der Rahmenbedingungen, (soziale Kontakte, Atmosphäre, Materialien, Lernmittel, besondere Leistungen, Fachkompetenz, Möglichkeit ein Zertifikat zu erwerben), die Serviceleistungen, Kosten-Nutzen usw.
Bei der Weiterarbeit des Entwicklungsteams, das aus Geschäftsführerinnen bzw. Leiterinnen von Kreisvolkshochschulen mit etlichen ehrenamtlich geführten Außenstellen besteht, stellt sich aber schnell heraus, dass eine wichtige Zielgruppe die *Örtlichen Leitungen* der Weiterbildungseinrichtungen sind. An der Schnittstelle zwischen *Weiterbildungsinteressierten*, dem *gesellschaftlichen Umfeld* und der regionalen Leitung der *Kreisvolkshochschulen* spielen ehrenamtliche und nebenamtliche MitarbeiterInnen eine zentrale Rolle. Ergebnis des ersten Entscheidungsprozesses im Entwicklungsteam ist der Beschluss, diese MitarbeiterInnen als interne Zielgruppe zu definieren und mit der Projektarbeit an dieser Stelle anzusetzen. Der Fokus wird dadurch verschoben. Akut geht es nicht mehr darum, die Bedürfnisse der „Kunden" in den Mittelpunkt zu stellen. Formuliertes Ziel ist, die Ortsebene stärker zu unterstützen, eine Identifikation mit der Gesamtorganisation herbeizuführen, die MitarbeiterInnen vor Ort in die Verantwortung mit einzubeziehen und ihr Know How zu nutzen.
Parallel zu diesem Prozess werden einem nächsten Schritt weitere Perspektiven in die Reflektion des Gesamtzusammenhanges eingebracht.
Aus Sicht der zentralen Leitung einer Weiterbildungs-Einrichtung bedeutet Zielgruppenorientierung, dass Angebote, Programmpräsentation und Marketing verbessert und den MitarbeiterInnen Angebote zur Weiterqualifikation gemacht werden.
Eine Reflektion des Umfeldes für Weiterbildung lenkt den Blick auf bildungspolitische Vorgaben, Trends und Qualitätsstandards.

Beim Thema Zielgruppenorientierung kommt also schon in der Analysephase ein komplexes Gefüge zum Tragen, und je nach Schwerpunktsetzung ergeben sich unterschiedliche Aufgabenstellungen. Betrachtet man die örtlichen Leitungen als Schnittstelle für Zielgruppenorientierung, so ergibt sich folgendes Bild (Abb.1):

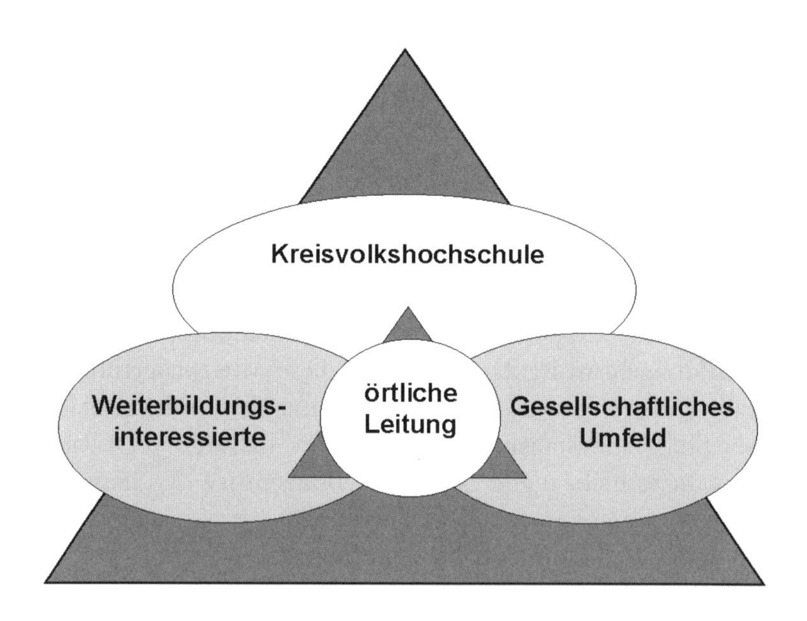


Abbildung 1:

Sowohl Aufgabenstellung als auch Inhalte, die bearbeitet werden, sind also davon abhängig, welche Schnittstelle im Mittelpunkt der Bemühungen steht. Bei der Einführung eines Qualitätsmanagements ginge es bildlich gesprochen darum, eine möglichst große Fläche an Überlappungen herzustellen (wachsendes Dreieck).

Auf dem Hintergrund von Organisationsentwicklungs-Prozessen lässt sich das ganze Themenspektrum eines umfassenden Qualitätsmanagementsystems entwickeln. Dieser Weg hat sich als äußerst erfolgversprechend erwiesen. Die Entwicklungs-

team-Mitglieder haben gemeinsam Ziele vereinbart und ein auf die Organisation zugeschnittenes Entwicklungsprojekt durchlaufen. Das hat eine motivierende Atmosphäre erzeugt. Bei zukünftigen Arbeitsaufgaben können alle auf positive Erfahrungen mit Veränderungsprozessen zurückgreifen. Auch ist in der Arbeit mit den Teams deutlich geworden, wie viel von dem, was von einem Qualitätsmanagementsystem gefordert wird, in den Einrichtungen schon vorhanden ist.
Die Einführung eines Qualitätsmanagements wird in den meisten Fällen per gesetzlicher Regelungen oder Vorgaben durch die Leitung verordnet. Viele Weiterbildungseinrichtungen sehen sich im Zusammenhang mit den Hartz-Konzepten gezwungen, eine Zertifizierung anzustreben. Mit diesem Zwangskorsett gerät das Thema Qualität leider in einen negativen Kontext. Einer der Vorteile unserer Vorgehensweise im Projekt war, dass die Prozesse selbstbestimmt und selbstorganisiert waren. Insofern sind Lebenslanges Lernen und Qualitätsmanagement ein ideales Paar geworden. Es war keine Zwangsgemeinschaft. Das Projekt bot Entfaltungsmöglichkeiten für alle Beteiligten. Durch die aufgaben- und institutionszentrierte Vorgehensweise haben sich im Lauf der Zusammenarbeit Strukturen gefestigt, die ein positives Klima für Veränderung ermöglichen.

## 5.2 Gendermainstreaming

Synergieffekte lassen sich nicht nur mit Organisationsentwicklung und TQM erzielen. Auch zum Thema Gender Mainstreaming (GM) haben sich im Verlauf des LLL-Projektes immer wieder Bezüge ergeben. Parallelen zum TQM-Ansatz liegen auf der Hand. Auch GM hat den Anspruch, alle Ebenen einer Organisation zu erfassen und seine Wirkungsweise in einem alles umfassenden Kontext zu entfalten.
Folgende Aufgabenbereiche können im Rahmen eines Organisationsentwicklungs-Prozesses von einer Weiterbildungs-Einrichtungen bezüglich GM mit einbezogen werden:
Bezogen auf das Personal

- eine Personalpolitik, die geschlechtsspezifische Kompetenzen bei allen Planungen bewusst einsetzt.
- Geschlechterparität bei Teambildung
- Absicherung einer kontinuierlichen geschlechterbezogenen Arbeit durch gezielte Stellenbesetzung
- Gendergerechte Arbeitsplatzbeschreibungen/ Stellenbeschreibungen

Bezogen auf die Organisation:

- neue Arbeitszeitmodelle
- Überwindung traditioneller Arbeitsteilung
- Verankerung einer geschlechtergerechten Gesamtkonzeption im Leitbild
- Durchführung von Bedarfsanalysen mit Focus auf Gender

Zu Beginn des LLL-Projektes hatte die Beraterin GM als Begleitthema definiert. Aufgabe im Prozessverlauf war es, von Fall zu Fall Konstruktionsmechanismen des "doing gender " zu benennen. Vieles vom oben Benannten wurde in der laufenden Projektarbeit diskutiert, könnte jedoch unter einer expliziten GM-Thematik noch wesentlich differenzierter analysiert und bearbeitet werden.

Aufbauend auf die LLL-Ergebnisse lassen sich spezifische Fragestellungen formulieren:

- Welche geschlechterpolitischen Grundpositionen sollen im *Leitbild* der Organisation Ausdruck finden?
- Was sind geschlechtergerechte *Standards* und wie können sie in die Organisationsentwicklung einer Weiterbildungs-Einrichtung integriert werden?
- Welche *Rahmenbedingungen* müssen verändert werden, um „Gender“ in der Gesamtorgansiaton zu verankern?
- Wie kann neben *Fach- und Methodenkompetenz* die Gender-Perspektive in die gesamte Planungsarbeit mit einbezogen werden?

- Wie können *MitarbeiterInnen* motiviert werden, sich mit Genderthemen auseinanderzusetzen?

Eingebettet in ein integratives Organisationsentwicklungs-Konzept könnte Gender Mainstreaming der Ausgangspunkt auf dem Weg zu einem umfassenden Managementsystem sein. Davon soll abschießend die Rede sein.

## 6 Ausblick

Aus dem Projekt LLL hat sich ein integratives Konzept für Organisationsentwicklung entwickelt, das Anschlussmöglichkeiten an andere Systeme bietet. Dies auszuprobieren, wird eine reizvolle neue Zukunftsperspektive sein.
Zusammenfassend lassen sich aus den Hypothesen der Einführungsphase folgende Projekterfahrungen formulieren.

- Wichtigste Basis bei Veränderungsprozessen ist gegenseitiges Vertrauen. Nur dadurch kann dauerhaftes Engagement aller Beteiligten aufrecht erhalten werden. Vertrauen ist gleichermaßen Voraussetzung wie Ziel eines gemeinsam gestalteten Entwicklungsprozesses.
- Zu einem erfolgreichen Organisationsentwicklungs-Projekt gehören gemeinsam getragene Zielvorstellungen, eine offene Planung und eine situations- und kontextspezifische Strategie.
- Top-down und Bottom-up Initiativen müssen aufeinander abgestimmt werden und Teilprojekte in Entwicklungsprozessen müssen sich komplementär ergänzen.
- Die Organisationsleitung muss Vorbild und Motor für Veränderungen sein und Ressourcen zur Verfügung stellen.
- Funktionierende Kommunikationswege und Transparenz der Abläufe sind Voraussetzung für tragfähige, auf Kon-

sens beruhende Erneuerung. Der Zugang zu Wissen muss für alle gleichermaßen möglich sein.

- Klar aufgeteilte Verantwortlichkeiten ermöglichen eigenverantwortliches Handeln. Wenn Veränderung ein kontinuierlicher Prozess und Teil der Organisationskultur werden soll, müssen Freiräume für Initiativen vorhanden sein, innerhalb derer es auch Experimentierfelder für kreative oder unkonventionelle Lösungsversuche gibt.
- In einem kreativ denkenden, lernenden Team sind Veränderungsprozesse nachhaltig institutionalisiert und Bestandteil der Organisationskultur.
- Externe Beratung und Begleitung fördert den Entwicklungsprozess und hat eine wichtige unterstützende Funktion
- Organisationsentwicklung ist nicht zum Nulltarif zu bekommen. Sie erfordert neben dem persönlichen Engagement der Beteiligten eine honorierte professionelle Beratung, die durch finanzielle Unterstützung aus öffentlich geförderten Drittmitteln oder auch über Eigenleistungen durch die Einrichtungen und Träger gewährleistet werden muss.

„Optimale Rahmenbedingungen erzeugen bzw. unterstützen die Bereitschaft zum Lernen". Diese Grundhypothese hatte das Beratungsteam zu Beginn des Projektes formuliert (vgl. hierzu: Amberger 2003). Zusammen mit den Entwicklungsteams wollten wir experimentell Wege beschreiten, sie zu verifizieren. Sind wir dabei auch unseren Ansprüchen gerecht geworden?
Wir wollten

- ergebnisorientiert arbeiten,
- hemmende Faktoren für Entwicklungsprozesse benennen und reduzieren,
- die Motivation für Veränderung und Weiterentwicklung unserer Partner unterstützen,

- Professionalisierungsprozesse durch externe Beratung optimieren,
- Nachhaltigkeit der Ergebnisse sicherstellen und kontinuierliche Verbesserungsprozesse einleiten

Die Ergebnisse der Reviews in den Entwicklungsteams und die beiden Kompetenzateliers lassen darauf schließen, dass das Projekt seine Ansprüche an eine gelungene Organisationsentwicklung einlösen konnte, (vgl. Schwarz i.d.B.).
Einige allgemeine Überlegungen seien noch erlaubt: Organisationsentwicklungsberatung bringt idealer Weise den Gesamtkontext der jeweiligen Weiterbildungs-Einrichtung zur Darstellung. Sie richtet den Blick auf die einmalig geprägte Organisation in ihren differenzierten Strukturen und Handlungsfeldern. Dabei ist nicht die Gegensätzlichkeit zu anderen - am Einzelfall aufgerollt - das Hauptthema, sondern das in die Gesamtlandschaft der Weiterbildung eingebettete Besondere, das Profil der Einrichtung. Organisationsentwicklung spielt sich in ständig erneuter Auseinandersetzung mit dem gesamtgesellschaftlichen Umfeld ab, muss sich auf weiterbildungspolitische Rahmenbedingungen und Trends beziehen und ist damit nicht nur permanente Selbstgestaltung, sondern auch Reaktion auf Bedingungen von außen. Bei aller Gebundenheit an die Außenwelt bestimmt aber letztlich nicht diese den Gang der Organisationsentwicklung. Das System entwickelt sich aus sich heraus; innere Entwicklungen entscheiden über den Grad und die Qualität der Veränderung. Es können politisch noch so viele Richtlinien, Modellprojekte oder Innovationsschübe initiiert werden – wenn die Weiterbildungsorganisationen selbst sich dies nicht aneignen, d. h. zu ihrer eigenen Sache machen, wird das jeweilige System nach erfolgter Intervention von außen schnell wieder zur Tagesordnung übergehen.
Wer nichts falsch macht, kann auch nicht besser werden. Es ist nicht unerheblich, aus welchem Blickwinkel Veränderung geschieht. Wer wie das Kaninchen auf die Schlange starrt, wenn sich Weiterbildung nicht in den gewohnten Bahnen entwickelt,

für den wird Organisationsentwicklung sich als Problem darstellen, als Klippe, die möglichst umschifft werden muss; er wird Chancen nicht wahrnehmen und nicht den Mut finden, sich auf Veränderungsprozesse offensiv einzulassen.
Es hat sich im Lauf der vergangenen drei Jahre aber auch gezeigt, wie wichtig ein aufgeschlossenes, Innovationen nicht nur programmatisch, sondern auch konkret und finanziell unterstützendes politisches Klima ist. Um die Bedingungen für die Zukunft der Weiterbildung positiv zu gestalten, bedarf es weiterhin politischer Handlungsträger, die - trotz leerer Kassen - Bildung und Weiterbildung als Kapital für die Zukunft sehen und dafür ausreichende Mittel einsetzen. Visionen und Mut zum Experimentieren haben wir in den Weiterbildungseinrichtungen gefunden. Wenn alle Akteure kooperieren, sollte auch zukünftig der Rahmen für Entwicklung und Vernetzung erweiterbar sein, damit alle immer wieder aufs Neue dazulernen können.

## 6.1 Ein Projekt geht zu Ende. Was zählt?

Das LLL-Team hat gemeinsam mit den Entwicklungsteams eine Reihe von Ergebnissen erarbeitet, hat erlebt, wie unterschiedlich Weiterbildungsorganisationen auf Problemstellungen eingehen und war oft erstaunt über die Schnelligkeit, mit der Lösungswege gefunden wurden. Die Erfahrungen, die wir in drei Jahren Projektarbeit gesammelt haben, werden wir hoffentlich in weiteren Kontexten zur Verfügung stellen können. Weiterbildungseinrichtungen brauchen die Sicherheit, dass zusätzliche Anstrengungen, wie sie im Rahmen der Projektarbeit nötig waren, nicht verpuffen. Deshalb gilt es Strukturen für Nachhaltigkeit zu etablieren.
Im Titel des beschriebenen Projektes steht an exponierter Stelle das Wort Innovation. Wir hoffen, das darin zum Ausdruck gebrachte Vorhaben auch realisiert zu haben. Die Effektivität der erarbeiteten Lösungsstrategien wird sich in den nächsten Jahren in der Praxis zeigen müssen. Der aktuelle Erfolg und die Zu-

friedenheit aller Beteiligten bei Projektende haben jedenfalls das LLL-Team zum Weitermachen motiviert. Spaß und Freude waren über den gesamten Projektzeitraum ständige Begleiter. Wir haben auf ganz unterschiedlichen Wegen Neues erschlossen, auf der Strecke gibt es aber auch noch viel zu entdecken.

Wege und Straßen waren das Leitmotiv dieses Textes. Literarische Bezüge wie die auf den vorangegangenen Seiten hergestellten sind anregende Gelegenheiten, in ein Thema auf ungewohnte Weise einzusteigen. Auch in der Projektarbeit hat dieser spielerische, experimentelle Umgang mit Bedeutungen eine Rolle gespielt. Die Entwicklungsteam-Arbeit des LLL-Projektes hatte viele kreative Elemente; bewusst eingesetzte aber auch solche, die aus Improvisationen zum Thema im Prozess entstanden sind. Der Projektplan wurde nie Eins zu Eins umgesetzt und dies war die Stärke der Teams: flexibel und selbstorganisiert mit den Gegebenheiten umzugehen, auch einmal ungewöhnliche Wege zu gehen und dabei das Ziel nicht aus den Augen zu verlieren.

Ein Satz Milan Kunderas über seine Vorstellung vom Roman sei als Gedankenanstoß ans Ende gestellt mit der Bitte an Leserinnen und Leser, dies auf Organisationsentwicklung zu übertragen. Wie aus verschiedenen Elementen und Einzelthemen eine gelungene Komposition zustande kommen kann, hat der vorstehende Text aufzuzeigen versucht. Zukünftige Entfaltungsmöglichkeiten sind nicht ausgeschlossen und weitere reizvolle Forschungsgegenstände vorstellbar:

*„Ein Roman soll kein Radrennen sein, sondern ein Festmahl mit vielen Gängen"* ...

## Literatur

Amberger, W. (2003) : Die Wechselwirkung zwischen selbstgesteuertem Lernen und externer Beratung bei Organisations- und Personalentwicklungsvorhaben in Weiterbildungseinrichtungen. In: Selbstgesteuertes lebenslanges Lernen. Herausforderungen an die Weiterbildungsorganisation. Hrsg.: D. Behrmann, B. Schwarz. Bielefeld: Bertelsmann-Verlag

Backerra, H., C. Malorny, W. Schwarz (2002): Kreativitätstechniken. Kreative Prozesse anstoßen. Innovationen fördern. München, Wien: Carl Hanser Verlag

Behrmann, D. (2003) : Personal- und Organisationsentwicklung als Professionalisierungsstrategie in der Erwachsenenbildung. In: Selbstgesteuertes lebenslanges Lernen. Herausforderungen an die Weiterbildungsorganisation. Hrsg.: D. Behrmann, B. Schwarz. Bielefeld: Bertelsmann-Verlag

Borwick, I. (1990) : Systemische Beratung von Organisationen. In:; G. Fatzer, (Hrsg.) Supervision und Beratung (S. 363-387). Köln: Edition Humanistische Psychologie

Brassard, R. und D. Ritter (1998): Memory Jogger. Ein Taschenführer mit Werkzeugen für kontinuierliche Verbesserung und erfolgreiche Planung. Berlin, Wien, Zürich: Beuth Verlag

De Bono, E. (1991): Chancen. Das Trainingsmodell für erfolgreiche Ideensuche. Düsseldorf, Wien New York: Econ Verlag

Fittkua, B., H.MM-M. Müller-Wolf und F. Schulz von Thun (1994): Kommunizieren lernen (und umlernen) Trainingskonzeptionen und Erfahrungen. Aachen-Hahn: Hahner Verlagsgesellschaft

Hoeth, U. und W. Schwarz (2002): Qualitätstechniken für die Dienstleistung. Die D7. München, Wien: Carl Hanser Verlag

Schäffter, O. (2000) : Organisationsberatung als Lernberatung von Organisationen. In: Report 46. Literatur- und Forschungsbericht Weiterbildung (S. 50-60). Bielefeld: Bertelsmann-Verlag.

Ziegler, S. (1999): Was leisten systemische Konzepte für die Weiterentwicklung von Gruppenarbeit? In: E. König/G. Volmer (Hrsg.): Praxis der systemischen Organisationsberatung Weinheim: Deutscher Studien Verlag

*Die literarischen Anregungen und Zitate stammen aus*

Kunderas, M. (1990): Die Unsterblichkeit. München, Wien. Carl Hanser - Verlag

Dirk Bißbort

# Einsatz- und Nutzung von Informations- und Kommunikationstechnologien in Organisationsentwicklungsprojekten von Weiterbildungsorganisationen

## 1. IuK-Technologien in der Weiterbildung

Die Bedarfe und Angebote in den unterschiedlichsten Bereichen der neuen Medienlandschaft nehmen zu und werden vielfältiger und komplexer. Für immer mehr Menschen werden Kompetenzen im Umgang mit neuen Medien beruflich wie privat entscheidend für die Teilhabe am gesellschaftlichen Leben. So spielen diese Kompetenzen in der Arbeitswelt eine wichtige Rolle bei der Vergabe von Positionen im global ausgerichteten Wettbewerb auf den Absatz- und Arbeitsmärkten. Denn die Märkte unterliegen immer rascheren strukturellen Veränderungen durch neue technologische Entwicklungen und Globalisierung. Dies beeinflusst die Gesellschaft und stellt Wirtschaft, Kultur, Bildung und Forschung vor neue Anforderungen. Der Erfolg von Organisationen und Individuen wird vom Umgang mit Informationen beeinflusst (vgl. Schick 2004). Wer also im derzeitigen Wandel mithalten will oder darüber hinaus eine aktive Rolle einnehmen möchte, muss seine allgemeinen bzw. spezifischen Kenntnisse, Fähigkeiten und Fertigkeiten fortlaufend aktualisieren und in einen Prozess lebenslangen Lernens treten (vgl. BLK 2001).
Neue Medien stellen ein Schlüsselinstrument für Erwerb, Nutzung und Verwendung von Informationen und Wissen dar. Zum einen, weil sie generell den schnellen Zugang zu Daten und Informationen zu jeder Zeit an jedem Ort mit Internetzugang ermöglichen. Zum anderen, weil sie weiter die Möglichkeit bieten, Inhalte und neues Wissen zu generieren und zu kommunizieren (vgl. Baumgartner/Häfele/Häfele 2003). Als erfolg-

reich kann Mediennutzung dann bezeichnet werden, wenn im konkreten Arbeitsalltag die Bewältigung von Aufgaben ermöglicht bzw. erleichtert wird. Dazu werden Kompetenzen zur Nutzung neuer Medien sowie Kompetenzen zum Informations- und Wissensmanagement erforderlich. Denn es geht beim Bewältigen von Lern- und Arbeitsaufgaben mit neuen Medien darum, relevante Daten, Informationen und Wissensaspekte zielgerecht zu selektieren, aufzubereiten, weiterzuverarbeiten, zu kommunizieren, um die Ergebnisse am Ende nutzen zu können (vgl. Bißbort 2003). Medienkompetenz kann als eine erweiterte Kulturtechnik angesehen werden, welche die grundlegenden Kulturtechniken Lesen und Schreiben voraussetzt. Aber auch Fähigkeiten zur Abstraktion und zu kognitiven Transferleistungen spielen für die Bewältigung von Aufgaben mit neuen Medientechnologien eine Rolle. Für Weiterbildung entsteht dadurch die gesellschaftliche Aufgabe und Herausforderung, Medienkompetenz zu fördern. Bestehende Angebote reichen von Weiterbildungsmaßnahmen wie der European Computer Driving License (ECDL), dem Computerführerschein mit Zertifikat, bis hin zu Datenbanklehrgängen und Programmiersprachen, zum Beispiel zur Entwicklung eigener Internet- oder Datenbankanwendungen.
Im Weiterbildungsbereich ist man sich über die Bedeutung neuer Medien für die Gesellschaft und für die eigene Marktpositionierung in diesem Bedingungsfeld längst bewusst geworden (vgl. Dieckmann 2000). In der beruflichen wie in der allgemeinen Weiterbildung haben neue Medien bereits ihren Platz eingenommen. Wie selbstverständlich werden heute die aktuellen Programmangebote vieler Weiterbildungsanbieter auf Webseiten gestellt und dort von potentiellen Teilnehmern von Weiterbildungsveranstaltungen zur Information, Buchung oder Online-Teilnahme aufgesucht. Diese Informationsangebote im Internet haben gegenüber Printmedien den wesentlichen Vorteil, dass sie schnell und kostengünstig sowohl abrufbar als auch aktualisierbar sind und aktuelle Informationen flexibler zum Kunden transportiert werden können. Weiterbildungsorganisa-

tionen nutzen aber auch die Informations- und Kommunikationsmöglichkeiten neuer Medientechnologie als Lösungen für die Verwaltung verteilter dezentraler Standorte der Weiterbildungsorganisation. Damit können Daten und Informationen zwischen Mitarbeitern ausgetauscht und kürzere Bearbeitungswege erreicht werden. Im Internetauftritt gibt es in diesen Fällen neben dem offiziell zugänglichen Webseitenbereich noch einen geschützten Intranetbereich für Leitung, Mitarbeitende und Dozenten der Weiterbildungsorganisation. Für diese einzelnen Nutzergruppen kann die Ansicht der Inhalte gezielt freigeschaltet werden, so dass nach dem Anmeldevorgang nur die für den jeweiligen Aufgabenbereich relevanten Informationen sichtbar werden. Die Zusammenarbeit von Teams kann durch Groupware-Funktionalitäten wie Dokumentenmanagement, Kommunikationswerkzeuge, Kalenderfunktion und Suchfunktion unterstützt werden (vgl. Baumgärtner/Häfele/Häfele 2003).
Die Möglichkeiten derartiger Informations- und Kommunikationssysteme (IuK) werden von Weiterbildungsorganisationen auch zur Unterstützung der eigenen Personal- und Organisationsentwicklung (PE/OE) eingesetzt. Dies wird nachfolgend anhand der Erfahrungen aus einem dreijährigen Projekt verdeutlicht, das in Weiterbildungseinrichtungen anerkannter Landesorganisationen für Weiterbildung in Rheinland-Pfalz in Kooperation mit der Universität Koblenz-Landau, Campus Landau, von 2001 bis 2003 durchgeführt wurde. Aufgegriffen wurde die Entwicklung und Tendenz zu strukturellen Veränderungen im Zuge des gesamtgesellschaftlichen Wandels, die auch Weiterbildung dazu veranlasst, sich im Kontext des lebenslangen Lernens zu verändern und ihre Organisation weiter zu entwickeln. Hierzu haben im Projekt LLL "Innovative Methoden zur Förderung des lebenslangen Lernens im Kooperationsverbund Hochschule und Weiterbildung" haupt- und ehrenamtliche Mitarbeiter aktuelle Fragestellungen der Personal- und Organisationsentwicklung einschließlich ihrer medialen Unterstützung bearbeitet und dabei Beratungs- und IuK-Support-

leistungen in Anspruch genommen. Beim Entwickeln von Neuerungen und Ergebnissen wurde an bestehende Strukturen angeknüpft. Im Bereich der Unterstützung der Informations- und Kommunikationsvorgänge wurden während der Projektarbeit IuK-Anwendungen eingesetzt bzw. entwickelt. Dies waren insbesondere eine Internet-Kooperationsplattform und eine Datenbankanwendung, die sog. „Weiterbildungslandkarte", die als Instrument zur Programmplanung entwickelt wurde.

- CMS
  Bei der Internet-Plattform handelte es sich um ein Content-Management-System (CMS), in dem für die Arbeitsgruppen, die Entwicklungsteams (ETs), eigene Intranetbereiche eingerichtet wurden, die in ihrer Funktion und Gestaltung in die Organisationsentwicklungsprozesse unterstützend integriert wurden. Die Entwicklungsteams konnten Arbeitsmaterialien über die Kommunikations- und Dateiverwaltungsfunktionen des CMS zusammentragen, abrufen, bearbeiten, austauschen und die Ergebnisse u.a. in Form von Wissensbausteinen abrufen. Im Wesentlichen war es die Arbeitsgruppe Kreisvolkshochschulen, die das CMS intensiver genutzt hat. Im Vergleich dazu hat es für die anderen Entwicklungsteams eine geringere Rolle gespielt (vgl. Schwarz in diesem Band).
- Weiterbildungslandkarte
  In dem Entwicklungsteam der Kreisvolkshoch-schulen kam es auch zu der Entwicklung einer „Weiterbildungslandkarte". Diese ging über die ursprüngliche Nutzung des CMS zur informationstechnologischen Unterstützung des Projektmanagements im Entwicklungsteam hinaus. Bei der Weiterbildungslandkarte handelt sich um eine Datenbankanwendung, mit der Informationen zu Zielgruppen in der Region erfasst, dargestellt, ausgewertet und für die Programmplanung verwendet werden können.

Insgesamt lassen sich mit Blick auf die IuK-Nutzung folgende Fragen und Aspekte herausstellen, die bei der Implementierung der Technologien in den PE/OE-Anwendungskontext eine bedeutsame Rolle gespielt haben:

- Wie kommt überhaupt eine Perspektivenverschränkung zwischen Personal- und Organisationsentwicklung und Informations- und Kommunikationstechnologien zustande?
- Wie können Technologien als Unterstützungsmittel in die Arbeitsprozesse eingeführt und integriert werden?
- Welche Faktoren haben aus Projektsicht die Motivation zur Nutzung der IuK-Technologien gefördert?
- Welche didaktischen Gesichtspunkte haben bei der Entwicklung der Medienkompetenz eine Rolle gespielt?

## 2. Perspektivverschränkung und Integration von IuK-Technologien in die Organisationsentwicklungsprozesse der Projektarbeit

### 2.1 Integration von IuK-Technologien

Die Einrichtung der technologischen Infrastruktur und deren Integration in die Projektarbeit sowie die Befähigung der Entwicklungsteam-Mitglieder zur Nutzung wurde im Ansatz innerhalb der vom BLK-Modell-versuchsprogramm vorgegebenen Ausrichtungen positioniert - innovative Angebote und Methoden des lebenslangen Lernens erproben, individuelle Voraussetzungen fördern sowie Rahmenbedingungen des lebenslangen Lernens verbessern (vgl. BLK 2001). Während der Projektarbeit wurde nach einem anfänglichen Versuch, das CMS aus einer eher technikzentrierten Perspektive einzuführen, dessen eigentliches Einsatzpotential entdeckt: Das CMS konnte für die am Beratungsprozess Beteiligten als ET-Intranet zum technologisch unterstützten Lösen PE/OE relevanter Aufgabenstellungen nutzbar gemacht werden. Die inhaltliche und strukturelle Gestaltung sowie die Verwendung des ET-Intranet wurden dem Kriterium Aufgabenangemessenheit entsprechend eng an die laufende Entwicklungsteamarbeit im OE-Beratungsprozess angelehnt (vgl. Behrmann in diesem Band). Dies erleicherte den ET-Mitgliedern die Selbststeuerung zwischen den Präsenztreffen und den Wiedereinstieg in die Entwicklungsteamarbeit vor Ort. Anknüpfungspunkte hierbei waren Dokumente mit der aktuellen Aufgabenstellung, die etwa auf der Startseite und im Protokoll positioniert wurden, sowie Dokumente, die in digitalen Ordnern bereitgehalten und von den ET-Mitgliedern zusammen digital bearbeitet wurden. Entlang der Projektphasen konnten die Entwicklungsteam-Mitglieder im ET-Intra-net die für sie relevanten Informationen wie Zielvereinbarung, Kontaktlisten, Protokolle, Arbeitsaufträge, -materialien und Entwürfe in den Online-Phasen austauschen, bearbeiten und in Foren diskutieren. Um das neue Medium als Instrument verwenden zu können, konnten sich die ET-Mitglieder in aufgabenorientierten Kompaktschulungen mit den wesentlichen Kenntnissen und Fähigkeiten zum Umgang mit dem ET-Intranet vertraut machen. Während der Online-Phasen konnten sie zudem per E-mail oder Telefon Telesupport in Anspruch nehmen. Insgesamt stellte das ET-Intranet für die an verschiedenen Standorten arbeitenden ET-Mitglieder und deren soziales Netzwerk einen gemeinsamen Bezugspunkt dar, eine Infrastruktur, die als gemeinsamer Arbeitsbereich mit Materialien aus der laufenden ET-Arbeit vorgefunden wurde.

## 2.2 Integration durch integrierte Sichtweisen

Die Planung der Integration von IuK-Nutzung in den PE/OE-Beratungsprozess setzt voraus, dass im Beratungsteam jeweils bekannt und erprobt ist, wie sich die OE/PE-Konzepte, -Instrumente und -Methoden mit den IuK-Instrumenten in der Praxis wechselseitig bedingen und welche Bereiche aufeinander abgestimmt werden müssen. Um diese Einflussfaktoren und

Kriterien bestim-men zu können, muss auf Seiten der PE/OE- und IuK-Beratung jeweils die Möglichkeit zum Perspektivenwechsel gegeben sein. Zumindest die für diese fachübergreifende Betrachtung erforderlichen fachlichen, didaktischen, methodischen und sozialen Kompetenzen müssen vorhanden sein oder bedarfsweise aufgebaut werden.
Bei der Konzeption des IuK-Einsatzes müssen Pro und Contra-Argumente unter den Aspekten Mitteleinsatz (Effizienz) und Zielerreichung (Effektivität), Funktionalität, Anschlussfähigkeit an die Bedingungen vor Ort und an den Stand des Entwicklungsvorhabens bewertet werden. Daraus werden Folgerungen für konkrete Anwendungsmöglichkeiten abgeleitet. In einem nächsten Schritt müssen die gewonnenen Erkenntnisse in einem Entwurf umgesetzt, getestet und überarbeitet werden. Wichtig ist bei der Entwicklung von IuK-Anwendungen für einen bestimmten Einsatzrahmen, dass alle am späteren Interaktionsprozess Beteiligten, insbesondere die Personen im Beratungsteam, miteinbezogen werden. Dabei ist die Rolle der Personen in Beratungsfunktion bei der Einführung und Nutzung von IuK zur Unterstützung der ET-Arbeit nicht zu unterschätzen. Die Akzeptanz und Motivation der ET-Mitglieder gegenüber der IuK-Nutzung lässt sich am ehesten fördern, wenn alle aus dem Beratungsteam von deren Nutzen überzeugt sind.

## 2.3 Integrationszeitpunkt

Im optimalen Fall wird das Einsatz- und Nutzungskonzept von IuK zu Beginn in den PE/OE-Beratungs-prozess integriert. Die ET-Mitglieder sind dann in einer Eingewöhnungs- bzw. Orientierungsphase, in der sie die Teamregeln aufstellen, das Entwicklungsteamtagebuch, die Arbeitsweise und Arbeitshilfen im Entwicklungsteam kennen lernen usw. (vgl. Amberger in diesem Band). Hier bietet es sich an, dies z.T. gleich mit entsprechenden Unterstützungsmöglichkeiten durch IuK zu verbinden. Wie sich im Projekt gezeigt hat, ist es Entwicklungsteams aber auch nach fortgeschrittener Projektarbeit möglich, ein Intranet einzuführen und einzusetzen, um die Kooperation der räumlich verteilten ET-Mitglieder zu stützen. Dies weist nochmals darauf hin, dass es bei der Einführung und Nutzung von IuK-Anwendungen im Wesentlichen auf die Bereitschaft und die sich im OE-Prozess entwickelnden Bedarfe ankommt, die als Chance für eine sinnvolle Integration neuer Medien genutzt wird. Es gibt nicht den günstigen Zeitpunkt zur Implementierung von IuK-Systemen und IuK-Anwendungen, vielmehr kommt es darauf an, zu Beginn und im laufenden OE-Prozess Fragen zur sinnvollen Integration von Technologien anzuregen und die Entwicklung von Sensibilität gegenüber den Nutzungsmöglichkeiten zu unterstützen.

## 3 Integrationskriterien und Maßnahmen zur Gestaltung von IuK-(Nutzung)

Die Kriterien zur Integration von IuK-Technologien in die Organisationsentwicklungsprozesse der Projektarbeit waren (1) der gezielte Einsatz von Medien und die zweckbestimmte Nutzung, (2) ein termingebundener Umgang sowie (3) eine arbeitsangemessene Informationsstruktur.

(1) Im Beratungsteam des Projekts wurde für die IuK-Nutzung im PE/OE-Prozess die gemeinsame Zielausrichtung festgelegt, die IuK-Strukturen nach dem Ansatz des aufgabenorientierten Medieneinsatzes zu gestalten. Zunächst muss dafür die Eignung eines Mediums für den jeweiligen Einsatz richtig einschätzt werden. Denn nicht alle Aspekte von Informationen und Wissen können über jedes Medium gleichermaßen vermittelt bzw. ausgetauscht werden. Die Gründe hierfür sind darin zu sehen, dass die im Arbeitsprozess potentiell zur Verfügung stehenden Medien wie Telefon, Fax, Email, Chat, Internet und Intranet nicht alle über die gleichen Informationskanäle wie Sprache, Text, Grafiken, Bild, bewegtes Bild, etc. verfügen (Mediencodalität) und nicht alle gleichermaßen die Sinneskanäle des Menschen wie Hören, Sehen, Fühlen ansprechen und über diese

verarbeitet werden (Medienmodalität) (vgl. Klimsa 1997). Um mit diesen Unterschieden in IuK-unterstützten Arbeitsprozessen umgehen zu können, wird eine Zuordnung von Medien für bestimmte Aufgaben und Einsatzsituationen benötigt. Dazu müssen zunächst die einzelnen Medienkomponenten bzw. Kommunikationsmittel anhand ihrer Eigenschaften analysiert werden. Im zweiten Schritt kann aufgrund der bestimmten Eigenschaften eine Eignung für bestimmte Einsätze bzw. die Erledigung von Aufgaben zugeordnet werden, wie in Abbildung 1 deutlich wird (vgl. Bißbort 2003):

**Aufgaben- und wissensaspektbezogene Grundanforderungen an Kommunikationskanäle**

| | Genauigkeit | Schnelligkeit/ Bequemlichkeit | Vertraulichkeit | Komplexität | |
|---|---|---|---|---|---|
| **Informationale und funktionale Wissensaspekte** | • Übertragung des exakten Wortlauts<br>• Dokumentierbarkeit der Information<br>• Einfache Weiterverarbeitung<br>• Überprüfbarkeit der Information | • Kurze Übermittlungszeit<br>• Kurze Erstellungszeit<br>• Schnelle Rückantwort<br>• Einfachheit des Kommunikationsvorganges<br>• Übertragung kurzer Nachrichten | • Übertragung vertraulicher Inhalte<br>• Schutz vor Verfälschung<br>• Identifizierbarkeit des Absenders<br>• Interpersonelle Vertrauensbildung | • Bedürfnis nach eindeutigem Verstehen des Inhalts<br>• Übermittlung schwieriger Sachzusammenhänge<br>• Austragen von Kontroversen<br>• Lösung komplexer Probleme | **mediale Wissensaspekte** |

Bedarf nach sozialer Präsenz

Briefpost – E-Mail – Telefax – Foren – Chat – Telefon – Videokommunikation – Face-to-face Dialog / "Meeting"

Grad der Aufgabenstrukturiertheit

Abb. 1: Das aufgaben- und wissensaspektorientierte Kommunikationsmodell

Wie aus der Darstellung hervorgeht, eignen sich schriftbasierte Medien eher zur genauen (Briefpost) bzw. schnellen Kommunikation (Email, Telefax). Besonders gut können so Wissensaspekte informationaler und funktionaler Art übertragen und ausgetauscht werden. Je komplexer jedoch die Informationen strukturiert sind, je vertraulicher die Inhalte behandelt werden sollen und je höher der Bedarf nach sozialer Präsenz ist, desto

eher eignen sich reiche Medien, d.h. Kommunikationsmittel, mit der Stimme (Telefon) und bewegte Bilder (Videokommunikation) übertragen werden können. Mit diesen Medien können gut Aufgaben mit medialen Wissensaspekten kommuniziert bzw. bewältigt werden. Hierzu eignet sich jedoch am besten der direkte Face-to-face-Dialog und dieser kann auch bislang durch kein Medium ersetzt werden.
Zum Medieneinsatz im Projekt lässt sich feststellen, dass die IuK-Anwendung ET-Intranet nicht als ausschließliches Kommunikationsmittel verwendet wurde, sondern genau wie Telefon und Email zum Einsatz kam, wenn es den Zweck einer Information bzw. Kommunikation am ehesten erfüllte. E-Mail wurde für schnelle Kommunikation verwendet und dann bevorzugt, wenn Dateien nur zwischen zwei Personen ausgetauscht werden mussten.
Vor diesem Hintergrund lässt sich das im Projekt verwendete CMS und dessen Nutzung folgendermaßen darstellen: In IuK-Plattformen lassen sich (a) Foren, (b) Chat und Videokonferenz integrieren sowie (c) das Bereitstellen, Abrufen und Bearbeiten von Dokumenten organisieren.
(a) Foren-Kommunikation ist im Internet derzeit sehr weit verbreitet und ermöglicht die asynchrone, d.h. zeitversetzte Kommunikation von Einzelnen und Gruppen. Die Kommunikationsprozesse bleiben auch zu späteren Zeitpunkten nachvollziehbar für alle, die Zugang zum Forum haben. Damit kann in Gruppensituationen Transparenz über zusammenhängende Kommunikationsstränge hergestellt werden. Finden sowohl Online- als auch Präsenztreffen wie beim Blended Learning statt und sollen zusammenhängende Kommunikationsvorgänge über einen Wechsel von Online- und Präsenztreffen nachvollziehbar bleiben, so können von den Präsenzmeetings Protokolle erstellt und im Forum einem Beitrag mit entsprechendem Hinweis angehängt werden. In Lern- und Arbeitsprozessen eignen sich Foren außerdem besonders für Feedback während oder nach Veranstaltungen. Öffentliche Foren werden zur Diskussion zu verschiedenen Themen genutzt, sehr häufig als

Möglichkeit zum gegenseitigen technischen Support bzw. Produktberatung auf freiwilliger Basis, aber auch als professioneller Ratgeber.
(b) Bei Kommunikation über synchrone Medien insbesondere bei Chat muss die veränderte soziale Präsenz aufgrund der fehlenden nonverbalen Reize wie Gestik und Mimik beachtet werden wie z.B. der fehlende Blickkontakt, der normalerweise u.a. die Gesprächsübernahme (turntaking) erleichtert (vgl. Bißbort 2003; Döring 1997).
Onlinesitzungen in Form von Arbeitschats fanden im Projekt nur vereinzelt statt. Diese waren für die Beteiligten zwar spannend, bedurften aber einer guten Vorbereitung, weil die Moderation in einer medialen Umgebung angesichts der auf Texteingaben beschränkten Kommunikation einer verminderten sozialen Präsenz unterliegt, d.h. die Betonung und die nonverbale Kommunikation fehlt und dies kann auch durch sogenannte „Smilies" wie ☺ oder ☹ nicht gleichwertig ersetzt werden. Das Hauptproblem aber ist, dass die Teilnehmer eines Chat gleichzeitig Text eingeben und dieser immer erst mit ein paar Sekunden Verzögerung auf den Bildschirmen der anderen erscheint, so dass häufig aneinander vorbei geredet wird oder über mehrere Aspekte oder Themen gleichzeitig gesprochen wird. Das Kommunikationsmittel Chat ist also nicht wirklich synchron wie etwa Telefon oder Präsenzdialog. Der Moderator wird auf der Metakognitionsebene wesentlich mehr gefordert, weil neben der sozial veränderten und der technischen Komponente noch die zeitliche Verzögerung dazu kommt. Der Moderator muss dafür sorgen, dass einzelne Chat-Teilnehmer nicht außen vor bleiben, weil sie nicht zum Schreiben kommen oder umgekehrt, weil sie durch lange Monologe zu sehr von der gemeinsamen Gruppenkommunikation wegkommen. Die Komplexität der in Arbeitschats behandelten Themen sollte angesichts der genannten Gründe nicht zu hoch sein (vgl. Bißbort 2003). Wer aber diese Aspekte berücksichtigt und ein Kommunikationtool auswählt, das für moderierten Chat geeignet ist sowie nicht zu komplexe Themen auswählt, sollte mit etwas Übung auch mit

Arbeitschats als Moderator wie Chatteilnehmer gut zurecht kommen.
(c) Die größte Rolle für ein verbessertes Wissensmanagement und für die Kooperation im Projekt spielten die Dateiaustausch- und Verwaltungsfunktionen des CMS wie Datei-Upload und Download, Hinzufügen von Metainformationen, Erstellen von Ordnern, Sortier- und Darstellungsmöglichkeiten. Diese und weitere Funktionen des CMS sind allerdings nicht von Anfang an zum Einsatz gekommenen. Vielmehr wurde bei der Implementierung des Intranets anfangs schrittweise vorgegangen und mit den wesentlichen Funktionen begonnen, um die ET-Mitglieder nicht unnötig mit technischem Ballast zu überfrachten. Der wesentlichste Vorteil der IuK-Anwendung Content-Management-System (CMS) für die Netzwerkarbeit war der Zugang zu den Materialien der Entwicklungsteamarbeit zu jeder Zeit von jedem internetfähigen Computer aus. Um die Zugriffswege vom PC zum Intranet möglichst kurz zu halten, wurden den Anwendern Verknüpfungen (Links oder Hyperlinks) per Email zugesendet, um sie auf deren Desktop, der Arbeitsoberfläche, abzulegen. Die Links führten an der allgemeinen Startseite des CMS vorbei direkt zum Intranet-Bereich des Entwicklungsteams. Nach dem Einloggen mithilfe der Zugangskennungen gelangten die ET-Mitglieder dann zur Startseite ihres ET-Intranet. Dort konnten sie die Phase des Projektverlaufs ablesen, die ET-Mitglieder auf den Fotos wieder erkennen und die aktuelle Aufgabenstellung nachlesen. Die Fotos sollten dazu beitragen, die Anonymität des zuvor von der Software angelegten „gesichtslosen" Intranets zu senken und den Wiedererkennungseffekt mit dem Entwicklungsteam und die Akzeptanz des Mediums zu erhöhen. Wie sich im Projekt zeigte, gewann die Nutzung des Intranet durch die Personalisierung des Intranets an Attraktivität.
(2) Für die weitere und regelmäßige Nutzung war jedoch die Aktualität ausschlaggebend. Im Projekt war Aktualität an die terminbestimmte Entwicklungsteamarbeit gebunden. D.h. zu vereinbarten Terminen mussten die Startseite der Entwick-

lungsteams aktualisiert, die benötigten Arbeitsmaterialien bereitgestellt, abgerufen und bearbeitet sowie in Form von Entwürfen oder Ergebnissen austauscht werden (vgl. Michels/Nickels/Graf in diesem Band).
(3) Die übersichtliche Ordnerstruktur und die Metainformationen der Ordner und Dokumente erleichterten den ET-Mitgliedern das Navigieren im Intranet, das Auffinden und Lenken von Dokumenten mit den benötigten Daten und Informationen. Die Gestaltung der Ordnerstruktur der IuK-Anwendung wurde zudem an die bereits vorhandenen Abläufe des PE/OE-Beratungsprozesses und des Entwicklungsteam-Tagebuchs (vgl. Amberger in diesem Band) angepasst und optimiert. Es wurde etwa darauf geachtet, dass aus der Sicht der ET-Mitglieder keine zusätzlichen Strukturen entstehen. Die Dateien und Ordner wurden mit Metainformationen versehen, so dass der vom Autor vergebene Originalname erhalten bleiben und die Zweckbestimmung der Datei ebenso ersehen werden konnte. Die ET-Mitglieder hatten die Möglichkeit, Verbesserungsvorschläge zur ET-Intranet-Gestal-tung zu machen oder eigenaktiv Änderungen vorzunehmen. Die Ordnerstruktur wurde auf Anregung eines Entwicklungsteams neu sortiert und vereinfacht, so dass die Lenkung der gemeinsam bearbeiteten Dokumente mit den virtuellen Ordnern den spezifischen Bedürfnissen angepasst, klar organisiert war und reibungslos funktionierte. Der Ablauf der ET-Intranet-Nutzung lässt sich folgendermaßen beschreiben: In einem Ordner namens Tagesordnung, Protokolle und Reflektion wurden die gleichnamigen Dokumente vor bzw. nach den ET-Sitzungen von Beratungs- und Entwicklungsteam eingestellt bzw. abgerufen. Diese Dokumente dienten der OE/PE-Beratung als Grundlagen zur Vor- und Nachbereitung der ET-Sitzungen. In einen weiteren Ordner stellte die Beratung die Dokumente mit den Aufgabenstellungen, damit die ET-Mitglieder sie dort abrufen und in den ausschließlich selbstgesteuerten Phasen zwischen den Präsenzsitzungen auf ihrem lokalen PC bearbeiten konnten. Diese stellten ihre Zwischenergebnisse in einen Ordner, die sog. Werk-

statt. Dort riefen die ET-Mitglieder die Zwischenergebnisse ab, um sie einzusehen oder nacheinander daran weiterzuarbeiten bis sie fertig gestellt und als solche entsprechend gekennzeichnet wurden. Das Beratungsteam rief die bearbeiteten Dokumente ab, um sie mit Ergänzungen, Vorschlägen und Hinweisen zu versehen und über die Werkstatt an die ET-Mitglieder zurückzugeben. In weiteren separaten Ordnern wurden die Ergebnisse der Sitzungen, die Methoden, Werkzeuge und Checklisten, die Materialien zum Projektmanagement, die Fotos von Veranstaltungen und die Präsentationen zusammengestellt. Diese bewährte Ordnerstruktur wurde später auf das Intranet eines anderen Entwicklungsteams übertragen und dort an deren Bedarfe angepasst. Besonders bewährte sich die Nutzung der ET-Intranet-Ordner „Aufgaben", „Werkstatt" und „Protokolle", weil dort sowohl die eigenen Arbeitsmaterialien als auch die der anderen ET-Mitglieder und die des Beratungsteams geordnet aufgefunden und abgerufen werden konnten. Dies war besonders dann von Vorteil, wenn eine Mail mit Dateianhang nicht mehr auffindbar war oder wenn ET-Mitglieder eine Datei von einem Standort aus benötigten, an dem sie keinen Zugriff auf das lokale Intranet der Weiterbildungsorganisation hatten. Diese Möglichkeit der zeit- und ortsunabhängigen Verfügbarkeit der ET-Materialien bedeutete für die Entwicklungsteamarbeit im PE/OE-Beratungsprozess eine Verbesserung der Rahmenbedingungen zur Selbststeuerung. Für das PE/OE-Beratungsteam stellte das ET-Intranet mit den dezentral und jederzeit zugänglichen Arbeitsunterlagen eine teilweise Entlastung dar, weil der Aufwand für das Versenden von Dokumenten per E-Mail entfiel. Allerdings gab es auch für ein ET-Mitglied die Einschränkung, dass es am Hauptstandort aufgrund der dortigen Firewalleinstellungen keinen Zugang ins ET-Intranet hatte. In diesem Fall bestand die technische Hürde also nicht, wie leicht vermutet wird, in der technischen Ausstattung, sondern im Bereich der EDV-Sicherheitsbestimmungen einer Organisation.

## 4 Die Motivation zur Nutzung von IuK-Technologien

Die Motivation, das Angebot einer spezifischen IuK-Lösung anzunehmen, hängt davon ab, wie hoch die IuK-Anwender deren tatsächlichen Nutzen im Verhältnis zum Aufwand einschätzen. Ein zu knappes Zeitbudget ist eines der ersten und häufigsten Argumente gegen die Einführung neuer IuK-Technologien. Diesem Einwand kann mit der Argumentation begegnet werden, dass eine Neugestaltung von Arbeitsprozessen mit IuK-Techno-logien durch die Umstellung des Datenaustauschs auf eine IuK-Technologie nach der Implementierung Zeit und Arbeitsaufwand einspart. Im Implementierungsprozess kann der individuelle und organisationale Nutzen von IuK-Systemen dadurch einsichtig werden, dass dieser nachvollziehbar dargestellt, für Weiterbildende erfahrbar und durch positive Erfahrungsberichte von Kolleginnen und Kollegen aus der Weiterbildung bestätigt wird.

Im Projekt war die Nutzung des ET-Intranet fester und regelmäßiger Bestandteil im Arbeitsprozess. Die Tatsache, dass alle Mitglieder des Entwicklungsteams die Arbeitsaufgaben, Entwürfe und Arbeitshilfen im ET-Intranet verwendeten, dürfte zur Motivation des Einzelnen beigetragen haben. Die Mitglieder eines anderen Entwicklungsteams setzten das Intranet der eigenen Weiterbildungsorganisation für die ET-Arbeit ein. Sie konnten dort erkennen, wie oft ein Dokument bereits abgerufen wurde und welche anderen ET-Mitglieder gerade online sind. Die grundlegende Motivation einer Person neue Medien einzusetzen hängt auch von deren Wissen, Fähigkeiten und Fertigkeiten ab sowie von Vorerfahrungen und Bedeutungszuschreibungen gegenüber neuen Medien. Mediennutzer können verschiedenen Typen zugeordnet werden (vgl. Dueck 2001; Behrmann in diesem Band). Im Projekt konnten tendenziell unterschiedliche Haltungen wahrgenommen werden: Manche nahmen eher als Beobachter oder sporadische Nutzer teil und schienen neutral, aber grundlegend interessiert zu sein. Andere hatten eher die Position eines kritischen Beobachters, der die

Mediennutzung aus einer gesamtorganisationalen Sichtweise hinterfragt. Im Gegensatz dazu verhielten sich andere wie experimentierfreudige Pioniere, die die angebotenen Möglichkeiten spielerisch erkunden und darin Werkzeuge für sich und ihre Organisation suchen. Es gab auch erfahrenere Anwender, die die Möglichkeiten der Medien schon kannten und für sich Anregungen eher im Austausch mit den Anderen suchten, um neue Ideen für die Gestaltung der eigenen Medienanwendungen zu gewinnen.
Die hier angesprochene Motivation zur Nutzung neuer Medien in Abhängigkeit von personengebundenen Vorerfahrungen, Kompetenzen und Haltungen scheint aus Projektsicht sehr bedeutsam für eine erfolgreiche Implementierung neuer Technologien zu sein. Unter anderem hat auch die wechselseitige positive oder negative Verstärkung von Verhaltensdispositionen im Umgang mit IuK-Systemen im sozialen Kontext einer Nutzergruppe hat einen Einfluss auf die Motivation Einzelner, sich Internet-Anwendungen zuzuwenden und sie produktiv einzusetzen. Dies darf allerdings nicht darüber hinwegtäuschen, dass die Motivation als Konstrukt multifaktoriell bedingt ist und nicht nur personalen und sozialen, sondern auch organisationalen und technischen Einflüssen ausgesetzt ist.

## 5 Didaktische Aspekte bei der Entwicklung von Medienkompetenz

Die Kernfunktion von Informations- und Kommunikationssystemen besteht darin, Daten und Informationen, verpackt in Textdokumenten oder Datenbanken, gezielt zu übermitteln. Aus einer kontruktivistischen Perspektive betrachtet geht es darum, einen Transport bzw. eine Transformation von Daten, Informationen oder Bedeutung medial zu unterstützen oder zu ermöglichen. Bei durch IuK unterstützter Projektarbeit ist der Vorgang insgesamt wichtig, wie Personen Inhalte, Daten und Informationen mittels IuK gezielt zusammentragen, speichern,

abrufen, kommunizieren, verarbeiten und verwenden. Über einen aufgabenorientierten und problemzentrierten Zugriff wird der Zusammenhang von Personen, Organisation und Technik erschlossen und zugleich Medienkompetenz entwickelt. Die Personen, Aufgaben und Inhalte, Arbeitsabläufe, Medien und Arbeitshilfen der Personal-, Organisations- und Qualitätsentwicklung bilden zusammen die didaktischen Orientierungsgrößen, die zur Förderung von Medienkompetenz aufeinander abgestimmt werden müssen.
Die ET-Mitglieder sind in diesem Kontext IuK-Anwender, die individuell unterschiedliche Motivation, Kenntnisse, Fähigkeiten und Fertigkeiten im Umgang mit Neuen Medien mitbringen. Generell besteht die Erwartung an den Einsatz neuer Medien bzw. IuK-Systemen, dass die bei der Arbeit anfallenden Aufgaben leichter bewältigt werden kann. In diesem Sinne lässt sich ein Leitziel für die IuK-Anwendung formulieren: Je mehr eine IuK-Anwendung eine Person bei ihrer Arbeit unterstützt und je eher sie sich an ihre Arbeitsgewohnheiten anpasst, desto mehr können sich Personen ihren eigentlichen Aufgaben wie dem kooperativen Problemlösen in PE/OE-Prozessen widmen.
Ziel der Aktivitäten bei der IuK-Beratung und IuK-Einführung und ist es, Teil-nehmende in die Lage zu versetzen, dass sie solche Aufgaben in einer IuK-Umgebung am Computer eigenständig und zielgerecht lösen können. Dafür muss relevantes Wissen, Fähigkeiten und Fertigkeiten bei Bedarf hinzu gewonnen werden. Es wird deutlich, dass es dabei um einen aufgabenorientierten statt technikorientierten Ansatz geht (vgl. Behrmann in diesem Band). Sinnvoll ist dabei, Lernschritte aufeinander aufzubauen, in denen konkrete Aufgaben zu bewältigen sind, die den tatsächlichen Anforderungen im Berufsalltag entsprechen. Dies entspricht den Forderungen nach Authentizität und Situiertheit der Lernumgebungen bei Ansätzen situierten Lernens (vgl. Mandl, Gruber, Renkl 1997).
Beim aufgabenorientierten Einsatz von IuK wird weiter von folgendem Zusammenhang ausgegangen: Damit Teilnehmende die Maßnahmen im Beratungsprozess als positiv erleben, müs-

sen zur jeweiligen Anforderung bzw. Problemstellung die passenden Anreize, Informationen, Vorschläge, Arbeitshilfen und Medien geboten werden, so dass die Teilnehmer dazu angeregt werden in Interaktion zu treten, neue Impulse konstruktiv zu verarbeiten und zielgerecht zu Ergebnissen zu kommen. Das Medienangebot soll sich möglichst in dieses Gefüge anpassen und die Projektarbeit insgesamt unterstützen. Den Teilnehmenden sollen diese Anregungen und Maßnahmen unter optimalen Rahmenbedingungen geboten werden. Dazu zählen sowohl personelle Ressourcen als auch räumliche und technische Ausstattung. Dieser Integrationsansatz wurde durch den erfolgreichen Einsatz des Intranets von einem Entwicklungsteam bestätigt, wie nachfolgend näher dargestellt wird.
Die Ausgangslage der Entwicklungsteam-Mitglieder war zunächst die, dass sie vor der Einführung überwiegend nur eine vage Vorstellung von IuK-Anwendungen oder einem Content-Management-System hatten, was sicherlich auch auf den technisch-abstrakten Begriff „IuK" zurückzuführen ist. In der Absicht, die Vorstellungen der Teilnehmer von der IuK-Anwendung zu konkretisieren, setzte die IuK-Beratung deshalb an deren individuellen Begrifflichkeiten, Vorwissen und Anwendungserfahrungen an und richtete sich von dort auf das Ziel des aufgabenorientierten Einsatzes im Projektkontext. Zu Beginn der IuK-Einführung wurden nur die Schritte der IuK-Anwendung erklärt, die für die unmittelbare ET-Arbeit notwendig waren. Auch die Dokumentationsunterlagen wurden nach diesem Prinzip in übersichtlicher Form gestaltet. Weitere Funktionen wurden später bei Bedarf erklärt, nachdem das grundlegende Wissen, die Fähigkeiten und Fertigkeiten im Umgang mit dem Medium bereits gefestigt waren. Der Schwierigkeitsgrad und die Komplexität konnten bei Computerneulingen nach und nach, bei eher Fortgeschrittenen zügiger gesteigert werden, um die TeilnehmerInnen nicht zu über- bzw. unterfordern und um deren Motivation aufrecht zu erhalten. Die Motivation und der Lernfortschritt der TeilnehmerInnen wurden anhand verbaler und nonverbaler Äußerungen bzw. Hinweise

beachtet und bei Bedarf gefördert bzw. unterstützt. Grundlage zur Förderung der Motivation bei der IuK-Beratung waren aktives Zuhören, Erörtern von Problemen im Dialog und erst bei konkretem Bedarf Hilfestellungen etwa beim Navigieren. Im Lernprozess musste der IuK-Berater von Situation zu Situation stets das richtige Maß an Zurückhaltung finden und sich gemäß dem Scaffolding-Prinzip nach und nach ausblenden, damit Teilnehmende möglichst eigenständig einen Lösungsweg erschließen. Diese Eigenaktivität wirkte sich zum einen positiv auf deren Motivation aus und versetzt sie zudem eher in die Lage, später in ähnlichen Problemsituationen ihre Perspektive selbständig zu erweitern und Lösungswege zu finden. War eine aktivere Unterstützung von Seiten des Beraters nötig, so wurde das Problem aus der Sichtweise des Ratsuchenden angegangen, im Dialog die Ursachen geklärt und Lösungswege erschlossen.
Im Projekt wurde in Beratungssituationen vereinzelt wahrgenommen, dass sich Lernende im Umgang mit dem Computer öfter die Frage stellen, was sie nun gerade falsch gemacht haben. Dann muss es darum gehen, den Teilnehmer aufzubauen, sein Selbstbild als Computeranwender zu pflegen, für den momentan ausbleibenden Erfolg den Grund nicht nur bei sich zu suchen, sondern ihn darüber hinaus auch auf die Grenzen und die Verbesserungswürdigkeit der Ergonomie oder der Leistungsfähigkeit der Hard- und Software aufmerksam zu machen.
In einem Entwicklungsteam konnten die IuK-Einführung in eine ET-Beratungssitzung integriert, indem aktuelle Aufgaben gelöst wurden. Bei der Frage, wie man sich die IuK, ein Content-Management-System oder eine Intranet-Umgebung vorstellen kann wurden Metaphern verwendet wie etwa ein „virtueller Aktenschrank“, oder einer dem Windows-Explorer ähnlichen „zentrale Ablage“ eines räumlich verteilten Teams, um die Austauschfunktion des Intranet zu verdeutlichen. Viele Teilnehmer waren die Arbeit mit lokalen Intranets der Weiterbildungseinrichtungen gewohnt, so dass dieser Vergleich herangezogen werden konnte, nur wurde der Unterschied verdeutlicht, dass diese Intranet-Anwendung von jedem internetfähigen

Computer aus zugänglich ist, was für die Vernetzung der räumlich z.T. erheblich verteilten Entwicklungsteammitglieder oder die teilweise am Projekt mitwirkenden Studentinnen und Studenten ein neuer Aspekt war.

Dann sollten die Vorteile des Intranets für die Entwicklungsteamarbeit erfahrbar gemacht werden. Als erstes wurden Internet Browser gestartet und Unterlagen für die IuK-Einführung ausgeteilt. Dies waren einseitige Kurzanleitungen in Printform. Sie enthielten Schritt-für-Schritt-Anweisungen für die wesentlichsten Bedienschritte mit dem Intranet. Im Fließtext waren die passenden Bildschirmausschnitte wie Menüs und Schaltflächen eingearbeitet. Darauf waren die Namen der Ordner- und Dateien der jeweiligen Arbeitsgruppe, dem Entwicklungsteam bzw. den jeweiligen studentischen Seminaren angepasst. Die Teilnehmer der Einführungsveranstaltung arbeiteten die PE/OE-Aufgaben und die dazu erforderlichen Bedienschritte ab und fragten bei Bedarf nach. Die Bedienschritte waren z.B. das Anmelden und Navigieren mithilfe der Ordnerstruktur, das Aufrufen, Bearbeiten, Einstellen von Dateien und das Hinzufügen von Metainformationen.

Im Verlauf der weiteren IuK-Beratung zum CMS und später auch zu Office-Anwendungen wurde anhand der zunehmend anspruchsvolleren Anfragen und immer selbständigeren Lösungen der TeilnehmerInnen der Gesamterfolg der IuK-Beratung deutlich. Nach den positiven Erfahrungen beim Einsatz neuer IuK-Anwendungen ist davon auszugehen, dass Weiterbildende künftig Vorbehalte gegenüber neuen IuK-Anwendungen im PE/OE-Entwicklungsprozess zunehmend verlieren und IuK-Anwendungen zu ihrem Vorteil einsetzen und nutzen werden.

## 6 Schlussbetrachtung

Insgesamt wird deutlich,

- dass IuK-Technologien nicht nur eine Bedeutung als Bildungstechnologien, sondern auch als Arbeitstechnologien zukommt.
- wie der Einsatz von IuK-Technologien in Organisationsentwicklungsprozesse integriert werden kann und welche Vorteile daraus für Kommunikation und Kooperation von Teams entstehen können.
- dass bei Implementierungsvorgängen der Zusammenhang zwischen Personen, Organisation und Technik aufgabenorientiert zu erschließen ist, was ein entsprechendes didaktisches Konzept erforderlich macht, das sowohl kleinschrittige Anleitung in komplexer werdende Selbsterschließungsprozesse überführt und außerdem zum experimentierfreudigen Umgang mit neuen Medien anregt.
- dass im Projekt die Motivation nicht nur über einen aufgabenorientierten Ansatz, sondern auch über die besondere Berücksichtigung der dadurch hervorgerufenen Motivation gefördert werden konnte und sich letztlich über Selbstmotivierung in sozialen Zusammenhängen fortsetzen konnte.

## Literatur

Baacke, D. (1996): Medienkompetenz als Netzwerk. Reichweite und Fokussierung eines Begriffs, der Konjunktur hat. In: Medien praktisch. Zeitschrift für Medienpädagogik. Hrsg. Gemeinschaftswerk der Evangelischen Publizistik. Frankfurt, M., Heft 2.

Baumgartner, P./Häfele, H./Maier-Häfele, K. (Stand 25.03.2004): Evaluation von Content Management Systemen.
http://www.uptime.at/uptime/html/ebusiness/uptime/downloads/die_studie.pdf

Bißbort, D. (2003): Möglichkeiten und Grenzen selbstgesteuerter Kommunikation mittels Intranet. Beispiele für Struktur- und Funktionselemente eines intranetbasierten Wissensmanagements. In: Selbstgesteuertes lebenslanges Lernen. Herausforderungen an die Weiterbildungsorganisation. Hrsg.: D. Behrmann, B. Schwarz. Bielefeld: Bertelsmann.

BLK (Bund-Länder-Kommission für Bildungsplanung und Forschungsförderung) (2001): Lebenslanges Lernen. Programmbeschreibung und Darstellung der Länderprojekte. Materialien zur Bildungsplanung und Forschungsförderung. Heft 88. Bonn: BLK.

Dieckmann, H. (2000): Lernen mit neuen Medien. Statement zum DIE-Forum Weiterbildung 2000 "Zukunftsfelder der Weiterbildung".
http://www.die-frankfurt.de/esprid/dokumente/doc-2001/dieforum_dieckmann_01.htm

Döring, N. (1997): Lernen mit dem Internet. In: Issing, L.J./Klimsa, P. (Hrsg.), Information und Lernen mit Multimedia, S. 305-336. Weinheim: Beltz PVU.

Dueck, G. (2001): Views of knowledge are human views. In: IBM Systems Journal, Vol 40, No 4.

Klimsa, P. (1997): Multimedia aus psychologischer und didaktischer Sicht. In: Issing, L./Klimsa, P. (Hrsg.): Information und Lernen mit Multimedia, 2. Aufl., Weinheim.

Mandl, H./Gruber, H./Renkl, A. (1997): Situiertes Lernen in multimedialen Lernumgebungen. In: Issing, L./Klimsa, P. (Hrsg.): Information und Lernen mit Multimedia, 2. Aufl., Weinheim.

Schick, S. (Stand 25.03.2004): Informations- und Wissensmanagement.

http://server02.is.uni-
sb.de/courses/ident/themen/wiss_man/bedeutunginfo.
php.

# IV. Teilprojekte

Voraussetzungen, Ziele,
Vorgehensweisen, Resultate,
Perspektiven

Dietmar Freiherr von Blittersdorff

# Vom Entwicklungsteam zur Teamentwicklung - Prozessmanagement als Anlass und als Basis für Veränderung

*Das Projekt „Lebenslanges Lernen" in der Außenstelle Süd- und Vorderpfalz der Evangelischen Arbeitsstelle Kirche Bildung und Gesellschaft*

Die Außenstelle Süd- und Vorderpfalz der Evangelischen Arbeitsstelle Kirche Bildung und Gesellschaft hat sich in einem umfangreichen Reorganisationprozess neu konstituiert und wurde dabei in der entscheidenden Phase der Teamentwicklung und des Prozessmanagements durch das Projekt „Lebenslanges Lernen" (Projekt LLL) unterstützt.

## 1. Wer sind wir und warum haben wir am Projekt teilgenommen?

Die Frage danach, wer wir sind, ergibt sich aus der Vorgeschichte unserer Einrichtung, aus den daraus folgenden Gründen für die Teilnahme am Projekt LLL und beantwortet sich in der Struktur der neu konstituierten Außenstelle Süd- und Vorderpfalz der Evangelischen Arbeitsstelle Kirche Bildung und Gesellschaft.

*Zur Vorgeschichte:*
Die Evangelische Kirche der Pfalz (Protestantische Landeskirche) begann Mitte des Jahres 1999 im Landeskirchenrat einen Reorganisationsprozess. Diese Aufgabe wurde zwei Unternehmensberatungsfirmen übertragen. Vier Teilprojekte wurden konzipiert, davon war der Verbund Kirchlicher Dienste im Erwachsenenbereich ein Teilprojekt.

Der Verbund Kirchlicher Dienste im Erwachsenenbereich war ein eher lockerer Verbund von vier selbständig arbeitenden Bildungsdiensten der Landeskirche: Evangelische Frauenarbeit, Evangelische Männerarbeit/ Kirchlicher Dienst in der Arbeitswelt, das Pfarramt Kirche und Dorf und die Evangelische Erwachsenenbildung Pfalz. Der Verbund dieser Dienste kam in erster Linie durch äußeren Druck (Sparzwang) zustande. Die Angst vor Verlusten im eigenen Bereich blockierte die Reformdynamik in Richtung auf eine integrierte Verwaltung und auf eine Kooperation der verschiedenen Arbeitsbereiche.
Hier setzte der Organisationsentwicklungsprozess mit der Unternehmensberatung ein. Ziel war die Entwicklung eines Verbundkonzeptes, inhaltlich im Hinblick auf gemeinsame Arbeitsfelder und organisatorisch auf eine Gesamtstruktur. Als wichtige Rahmenbedingung wurde von der Landeskirche vorgegeben, dass die Organisationsentwicklung des Verbundes bis zum Jahr 2004 eine Einsparsumme von 450.000 Euro zu erbringen habe.

Die Organisationsentwicklung fand ihren Abschluss mit der Verabschiedung der Übergangsregelung für die Zusammenführung der Dienste zu einem einheitlichen gesamtkirchlichen Dienst vom 27. Mai 2000 durch die Kirchenregierung. Auf die Einzelheiten der Neuorganisation kann an dieser Stelle nicht eingegangen werden.

Zu nennen sind allerdings folgende Bestimmungen des §9 der Übergangsregelung, die wichtige Voraussetzungen für die spätere Arbeit im Zusammenhang mit dem Projekt LLL der Universität Landau waren:

(1) Neben der Zentralstelle in Kaiserslautern soll im Laufe der Überganszeit eine Außenstelle in der Vorderpfalz konzipiert und eingerichtet werden. Das Haus der Familie soll in diese Neukonzipierung der Außenstelle miteinbezogen werden. Bei der Entscheidung über die Standortfrage für die Außenstelle ist

die Gemeindenähe für den Gesamtbereich der Vorderpfalz zu berücksichtigen.
(2) Im Zuge der Zusammenführung werden die Regionalstellen der Evangelischen Erwachsenenbildung Pfalz in Otterbach, Landau, Ludwigshafen, Zweibrücken sowie das Büro der Frauenarbeit in Neustadt geschlossen. Die Aufgaben dieser Stellen werden durch einzelne, von der Leitungskonferenz damit beauftragte Referentinnen und Referenten in der Zentralstelle Kaiserslautern oder in der Außenstelle Vorderpfalz wahrgenommen.
(3) Nach einer Überprüfung am Ende der Übergangszeit wird über den weiteren Fortbestand der Regionalstelle Rockenhausen sowie der Außenstelle Vorderpfalz endgültig entschieden.

Der Beschluss der Kirchenregierung neben der Zentralstelle in Kaiserslautern eine Außenstelle in der Vorderpfalz zu konzipieren und einzurichten, machte die Gründung einer Arbeitsgruppe zur Entwicklung eines Konzeptes für die zukünftige Gestaltung der Außenstelle notwendig. Diese wurde am 16. Mai 2000 zu ihrer konstituierenden Sitzung eingeladen. Mitglieder dieser Arbeitsgruppe waren neben der Leitungsebene alle betroffenen Mitarbeiter und Mitarbeiterinnen der neu zu konzipierenden Außenstelle.
Schwerpunkte dieser Arbeitsgruppe waren neben organisatorischen und technischen Fragen der neuen Außenstelle die Erarbeitung eines Konzeptes für die inhaltliche Arbeit. Die konzeptionelle Arbeit wurde abgeschlossen mit der Verabschiedung der „Leitsätze für die Außenstelle Süd- und Vorderpfalz der Evangelischen Arbeitsstelle Kirche Bildung und Gesellschaft vom 15. Mai 2001".

Die Leitsätze der Außenstelle sind die Geschäftsgrundlage der neuen Dienststelle und der Zusammenarbeit der Mitarbeiterinnen und Mitarbeiter. Sie machen Aussagen zu den Stichworten:

- Wer sind wir.
- Unser Auftrag.
- Unsere Grundlage.
- Was wir wollen.
- Wie wir arbeiten.

Ein wesentliches Kernelement hierbei ist unser Auftrag: Wir werden die bisherigen Arbeitsbereiche Erwachsenenbildung und Familienbildung zu einem „integrativen Modell" entwickeln. Die neue Qualität unserer Arbeit wollen wir erreichen, in dem wir das zusammen führen, was die bisherigen Regionalstellen der Evangelischen Erwachsenenbildung sowie die Evangelische. Familienbildung aufgebaut und entwickelt haben. Diesen Bestand wollen wir sichern und weiter entwickeln und über innovative Projekte neue Schwerpunkte und Angebotsformen erproben. Dabei sollen die örtlich gewachsenen Angebotsstrukturen wie auch die in der Region vorhandenen Potentiale genutzt werden.

*Zu den Gründen für die Teilnahme am Projekt LLL:*
Ein wichtiger Baustein für die Zusammenarbeit in der neuen Außenstelle ab April 2002 war der Beschluss der Konzeptgruppe zusammen mit der Leitung der Arbeitsstelle ein Teamentwicklungsprozess für die Mitarbeiterinnen und Mitarbeiter der Außenstelle in Gang zu setzen. Diese Teamentwicklung war in den Augen aller Beteiligten notwendig, da in der neuen Außenstelle Mitarbeiterinnen und Mitarbeiter aus vier verschiedenen Dienststellen zusammen geführt wurden, die bisher eher als „Einzelkämpfer" gearbeitet hatten. Von den Mitarbeiterinnen und Mitarbeitern der zukünftigen Außenstelle wurde ein Teamentwicklungsprozess gewünscht, der von außen begleitet werden sollte. Diesem Wunsch entsprach die Leitung der Arbeitsstelle.

Das Angebot der Universität Landau im Rahmen des Modellprojektes „Lebenslanges Lernen" mit dem Schwerpunkt Organisationsentwicklung in Weiterbildungseinrichtungen wurde seitens der Außenstelle angenommen und es wurde ein Teamentwicklungsprozess geplant. Dieser Teamentwicklungsprozess begann im Februar 2002 und die ersten Sitzungen liefen parallel zu den organisatorischen und technischen Abwicklungen der Schließung der einzelnen Regionalstellen und des Aufbaus der Bürogemeinschaft in Landau.

*Zum Beginn der Außenstelle:*
Mit dem Umzug aller Dienststellen am 10. April 2002 in die Annweilerstr. 20 in Landau begann die praktische Phase der Zusammenarbeit in der neuen Außenstelle. Bis zur Sommerpause wurden die Ausstattung, die Vernetzung und grundlegende Arbeitsabläufe in der Außenstelle geregelt.

Bereits mit dem Einzug in die neue Außenstelle im April 2002 stand fest, dass die ehemalige Leiterin des Hauses der Familie und Referentin für Familienbildung nicht in das Team der Außenstelle wechselt. Das Team der Außenstelle ging anfangs noch davon aus, dass diese Stelle nachbesetzt werden wird und dass die in Klingenmünster und die den Leitsätzen dokumentierte Konzeption mit zwei Referentinnen und zwei Referenten auch Grundlage der weiteren Zusammenarbeit sei. Bereits im Juni 2002 wurde jedoch seitens der Leitung der Arbeitsstelle Kaiserslautern beschlossen, die Stelle nicht für Landau, sondern für die Familienbildung in Kaiserslautern auszuschreiben. Damit verlor das Team der Außenstelle eine volle Pädagogenstelle.

Auch im Verwaltungsbereich gab es eine Stellenkürzung mit dem Ausscheiden einer Regionalsekretärin mit einem zwanzigstündigen Stundendeputat. Im Sommer 2003 wurde das Stundendeputat der verbleibenden Regionalsekretärin als alleinige Mitarbeiterin für den Bereich Erwachsenenbildung lediglich um 10 Stunden aufgestockt. 10 Stunden Verwaltungskapazität wurden demnach eingespart und mussten anders organisiert werden. Seit Sommer 2003 besteht folgender Personalstand:

- 1 Referentin für Familienbildung.
- 1 Verwaltungsmitarbeiterin für den Bereich Familienbildung.
- 1 Verwaltungsmitarbeiterin (halbe Stelle) für Kursan- und -abmeldung sowie Betreuung von TeilnehmerInnen und ReferentInnen im Haus der Familie.
- 1 Referent für Erwachsenenbildung im Bereich Vorderpfalz.
- 1 Referent für Erwachsenenbildung im Bereich Südpfalz.
- 1 Verwaltungsmitarbeiterin für die Erwachsenenbildung in den Regionen Süd- und Vorderpfalz (29,25 Wochenstunden).

Diese aus der Vorgeschichte bzw. den vorausgegangenen Reorganisationsmaßnahmen resultierende Struktur sowie die damit unmittelbar in Zusammenhang stehenden Gründe für die Teilnahme am Projekt LLL führten zu der anschließend dargestellten Vorgehensweise.

## 2. Wie sind wir vorgegangen?

Die Vorgespräche mit der Beraterin von der Universität Landau im Herbst 2001 führten im Jahr 2002 zu einer festen Verabredung eines Organisationsentwicklungsprozesses, der am 13. Februar 2002 startete. Bei einem Vorgespräch einigte sich das Team darauf, bei ganz pragmatischen Problemen der Zusammenarbeit in der neuen Bürogemeinschaft ab April 2002 zu beginnen und zunächst die gemeinsamen Arbeitsprozesse ins Auge zu nehmen. Daraus entstand die Konzeption eines Entwicklungsteams zur Organisation von Prozessen, das parallel dazu Teamentwicklung betreibt.

*Zielvereinbarung:*
Im Rahmen des Projektes Lebenslanges Lernen sollten bis Ende 2002 auf der Grundlage der bisher erarbeiteten Ergebnisse des Organisationsentwicklungsvorhabens erste Schritte eines Prozessmanagements erfolgen. Die Ablauforganisation der Außenstelle Süd- und Vorderpfalz der Evangelischen Arbeitsstelle Kirche Bildung und Gesellschaft sollte dargestellt werden.

Dies beinhaltete folgende Teilschritte:
- Darstellung der Prozesslandschaft,
- Definition der Kernprozesse,
- exemplarische Darstellung eines ausgewählten Kernprozesses.

Zu erwartende Ergebnisse waren:
- Darstellung von Arbeitsabläufen,
- Strukturierung der Arbeit,
- Darstellung von Schnittstellen,
- Festlegen von Verantwortlichkeiten,
- Erarbeiten von Kommunikationskanälen.

*Arbeitsorganisation und Termine:*
Es soll monatlich mindestens eine Sitzung an einem Jour-fixe der Außenstelle stattfinden. Die Sitzung des Entwicklungsteams soll in der Regel zweistündig sein. Daran wird eine weitere Stunde für die interne Koordination und die Kommunikation mit der Leitung/Zentrale gekoppelt.

Im Entwicklungsteam sind alle Referentinnen und Referenten, die in der neuen Arbeitsstelle arbeiten, und die drei Verwaltungskräfte beteiligt.

Das Entwicklungsteam tagte im Jahre 2002 insgesamt zehnmal. Hinzu kam die Mitarbeit und die Präsentation der Arbeitsergebnisse bei dem ersten Kompetenzatelier am 05.12.2002. Im

Jahr 2003 fanden am 15.05. eine erste Review- und am 06.11. eine zweite Review-Sitzung statt. Weiterhin beteiligte sich das Team am 10.07.2003 am zweiten Kompetenzatelier und am 08.12.2003 an der Abschlussveranstaltung des Projekts Lebenslanges Lernen in Mainz.

Eine Besonderheit war auch die Kooperation mit Studierenden der Studienrichtung Erwachsenenbildung in Projektseminaren. Die Studierenden unterstützten einzelne Arbeitsaufgaben des Entwicklungsteams der Evangelischen Arbeitsstelle, indem sie theoretisches Wissen recherchierten und Konzepte zur Bewältigung dieser Aufgaben erstellten. Dieser Prozess war für beide Seiten sehr erkenntnisreich und gewinnbringend.

Insgesamt bedeutete dies für das Vorgehen im Projekt Folgendes: Anhand der konkret vereinbarten Ziele, der zunächst grob strukturierten zielführenden Maßnahmen, der festgelegten zeitlichen und strukturellen Arbeitsorganisation sowie der avisierten Veranstaltungen wurde das Vorgehen strukturiert geplant. Die Planung enthielt außerdem Zeitpuffer sowie die systematische Prozessevaluation, damit situative Ereignisse und unvorhergesehene Entwicklungen Berücksichtigung finden konnten und die reflektierte Steuerung des Prozesses möglich wurde. Aus der Detailarbeit im Organisationsentwicklungsprozess sind die nachstehenden Ergebnisse hervorgegangen.

## 3. Ergebnisse

Zusammenfassend konnten am Ende der Entwicklungsteamarbeit folgende Ergebnisse festgehalten werden:

- Erarbeitung einer Struktur für Teamsitzungen.
- Definition der Kernprozesse.
- Prozessübersicht.
- Exemplarische Erarbeitung des Kernprozesses Planung.

- Prozessorientierte Ablauforganisation.
- Ansätze für Wissensmanagement (Kompatibilität von Aktenplan, digitaler Ablage und Dokumentationssystem).
- Prozessorientierte Evaluation.

Bezüglich der definierten Hauptziele, die im Bereich des Prozessmanagements und der Teamentwicklung lagen, bietet es sich an, weitere Konkretisierungen vorzunehmen, die für die gegenwärtige und künftige Arbeitsgestaltung der Außenstelle Süd- und Vorderpfalz der Arbeitsstelle Kirche Bildung und Gesellschaft wichtig sind. Dabei spielen nicht nur die Resultate, sondern auch der Weg ihres Zustandekommens eine besondere Rolle, weil nicht nur greifbare organisatorische Innovationen, sondern auch die ihnen vorausgegangenen persönlich oder gemeinsam gemachten Erfahrungen und gewonnenen Erkenntnisse von fundamentaler Bedeutung für weitere Entwicklungen sind. Daher werden im Folgenden sowohl Ergebnisse aufgezeigt als auch die Bedingungen und der Prozess ihres Zustandekommens skizziert, um diese Erfahrungen zur Nutzung in künftigen Organisationsentwicklungsvorhaben zu dokumentieren.

## 3.1 Der Kernprozess Planung

Die Darstellung der Prozesslandschaft ergab sehr schnell die zentrale Bedeutung des Prozesses „Planung" angesichts des Auftrags, ein integratives Konzept von Familienbildung und Erwachsenenbildung zu erarbeiten. Da dieses Konzept mehr beinhaltete als die bloße Kooperation zwischen zwei Themenbereichen, z.B. bei ausgewählten Projekten, bestand die Aufgabe darin, einen zentralen Prozess der Familienbildung und Erwachsenenbildung, nämlich den der Programmplanung, zusammenzuführen.

Der Vergleich der beiden Planungsprozesse ergab sowohl Übereinstimmungen als auch Unterschiede. Weiterhin ergab die parallele Darstellung der Arbeitschritte Doppelungen im Verwaltungsbereich. D.h. unterschiedliche Mitarbeiterinnen führten die gleichen Verwaltungsaufgaben durch, zum einen für die Familienbildung und zum anderen für die Erwachsenenbildung. Aber auch bei den Arbeitsschritten der Referentin für Familienbildung und den Referenten der Erwachsenenbildung ergaben sich Überschneidungen, so bei der Bedarfsermittlung, bei den Kontakten zu den Honorarmitarbeitern, bei der Planung und Organisation von Kursen bis hin zum Schreiben des Programms und der drucktechnischen Abwicklung. Im Extremfall konnte es sein dass Kursleiterinnen und Kursleiter von der Familienbildung und der Erwachsenenbildung angesprochen wurden, zu unterschiedlicher Zeit, mit unterschiedlichen Formularen, von einander abweichenden Honorarvereinbarungen - und dies alles unter dem Label „Außenstelle Süd- und Vorderpfalz der Evangelischen Arbeitsstelle".

In mehreren Sitzungen des Entwicklungsteams wurde daher der Kernprozess Programmplanung in all seinen Arbeitsschritten dargestellt und zu einem gemeinsamen Planungsprozess von Familienbildung und Erwachsenenbildung zusammengeführt. Das heißt, das Team der Außenstelle verantwortet einen gemeinsamen Planungsprozess von der ersten Ideensammlung bis zur Programmverschickung. Im Zuge dieser integrativen Programmplanung wurden auch die Verwaltungsabläufe neu geordnet sowie die damit zusammenhängenden Formulare und Honorarvereinbarungen vereinheitlicht.

Als Ergebnis liegt das Flussdiagramm „Kernprozess Planung" mit einer Zeitleiste und der Darstellung der Verantwortlichkeiten für die Verwaltungsmitarbeiterinnen und Referenten vor. Dieses Flussdiagramm stellt einen strukturierten Fahrplan dar, nach dem der Planungsprozess nun selbstverantwortlich durchgeführt werden kann.

Die positiven Erfahrungen mit dem Kernprozess Planung führten zu weiteren Verabredungen hinsichtlich der inneren Organisation der Außenstelle.

*Regelmäßige Teamsitzungen*
- im wöchentlichen Rhythmus von Gesamtteam mit Verwaltungskräften und Pädagogenteam.
- Feste Struktur der Teamsitzungen.
- Rotierende vierteljährliche Leitung der Teamsitzungen mit Verantwortlichkeit für Einladung, Tagesordnung und Moderation.
- Rotierende Protokollführung.
- Kurzbesprechungen im Haus der Familie (Fragen der Kurs- und Hausorganisation).

*Gemeinsames Verwaltungsprogramm*
- der Familienbildung und Erwachsenenbildung für die Abwicklung von Veranstaltungen.

*Informations- und Kommunikationssystem*
- Aufbau einer gemeinsamen Plattform auf dem Server in der Annweilerstr. für ein digitales Aktensystem sowie für das Wissensmanagement in Bezug auf spezifische Themen, Projekte, Präsentationen.

*Gemeinsam organisierte Verwaltungsabläufe*
- Gemeinsamer Aktenplan (kompatibel mit der Zentrale und in Abstimmung mit dem Archiv der Landeskirche).
- Einheitliche Anwesenheitsliste.
- Gemeinsame Umlaufmappe, Postbearbeitung, Postversand, Materialbeschaffung und Gerätewartung.

Die Darstellung des Kernprozesses Programmplanung hatte jedoch nicht nur den Effekt einer planmäßigen und strukturierten Programmentwicklung, sondern eröffnete auch neue Möglichkeiten im Hinblick auf eine Integration von Familienbildung und Erwachsenenbildung. Denn neu entstanden ist in dem Planungsprozess die gemeinsame „Planungskonferenz“ und die Veranstaltung „Ideenbörse“, die es in dieser Form sowohl bei der Familienbildung und Erwachsenenbildung vorher nicht gab.

Der Planungskonferenz voraus geht ein Prozess „Innovatives Suchen“ nach neuen und bedarfsorientierten Veranstaltungen. Die einzelnen Arbeitsschritte dabei sind:

- Feststellung von im letzten Programm gut nachgefragten Kursen und Veranstaltungen bzw. von Kursen mit Warteliste.
- Systematische Auswertung von Programmen anderer Bildungsträger.
- Berücksichtigung der Anregungen von TeilnehmerInnen.
- Aufnahmen neuer Angebote von Referentinnen.

In der Planungskonferenz werden die Ergebnisse dieses Vorlaufs mit den konzeptionellen Vorstellungen und Ideen des Teams zusammengeführt. Konzeptionell heißt in diesem Zusammenhang die fachlichen Anregungen durch Fort- und Weiterbildung, die Mitarbeit in einschlägigen Fachgremien, die Auswertung von Literatur, Fachzeitschriften und Projekten der Familienbildung und Erwachsenbildung. Hinzu kommen die direkten praktischen Erfahrungen mit der Kurs- und Seminararbeit, dem Austausch mit Teilnehmern, Referenten und Kursleitern, den Mitarbeiterinnen und Mitarbeitern in den Funktions- und Themenbereichen der Evangelischen Arbeitsstelle sowie anderer Bildungseinrichtungen.

Die Planungskonferenz ist damit der Ort, an dem innovative Veranstaltungen entstehen, gemeinsame Projekte der Familienbildung und Erwachsenenbildung entwickelt werden, sich die Integration von Familienbildung und Erwachsenenbildung vollzieht.

## 3.2 Teamentwicklung

Die letzten Ausführungen deuten bereits an, dass parallel zur Arbeit des Entwicklungsteams ein Prozess der Teamentwicklung stattgefunden hat. Die intensive Arbeit am Kernprozess Programmplanung führte zu Transparenz und Akzeptanz der jeweiligen Aufgaben, Arbeitsabläufe und Verfahrensweisen. Erst diese Transparenz und Akzeptanz eröffneten die Bereitschaft, Veränderungen zuzulassen. Im Prinzip war die Arbeit im Entwicklungsteam ein Prozess der Vertrauensbildung. Vorurteile wurden über Bord geworfen, Positionen revidiert, Bilder korrigiert und Projektionen unterlassen. Diese Atmosphäre des Vertrauens wurde gestützt durch Verabredungen und Verbindlichkeiten, so z.B. durch Teamregeln, Regeln für die effektive Gestaltung von Sitzungen, dem Entwicklungsteam-Tagebuch etc.

Die vertrauensvolle Arbeit im Team wirkte sich auch auf die zwischenmenschlichen Beziehungen aus. Kollegialer Umgang, offene Kommunikation, gegenseitige Hilfe und Unterstützung und gemeinsame Unternehmungen sind Ausdruck der neuen Identität, denn

- ohne Identität keine Identifikation,
- ohne Identifikation keine Begeisterung,
- ohne Begeisterung keine Motivation,
- ohne Motivation keine Leistung,
- ohne Leistung keine Überlebenschance.

Diese Erkenntnisse aus dem Marketing gelten auch für das Team der Außenstelle und deshalb blicken wir auch der im Jahr 2005 bevorstehenden externen Evaluierung unserer Arbeit optimistisch entgegen.

## 4. Wie geht es weiter?

Die im vorausgegangenen Abschnitt dargestellten Ergebnisse im Sinne des Kernprozesses Programmplanung, der Planungskonferenz der Ideenbörse sowie der vertrauensvollen, offenen und entwicklungsorientierten Zusammenarbeit bilden heute das Instrumentarium sowie das Fundament unserer Arbeit und werden auch in künftigen Entwicklungsvorhaben zur Profilierung unserer Bildungsarbeit eine Grundlage sein.

Es bleibt abschließend zu erwähnen, dass wir ohne das Entwicklungsteam des Projektes Lebenslanges Lernen der Universität Landau jedoch nicht an dieser Stelle wären. Hier gilt es, den Support des Projekts und insbesondere die Leistungen der Organisationsentwicklungsberaterin und der zahlreichenden Studierenden, die uns bei diesem Projekt begeleitet und unterstützt haben, anzuerkennen. Ebenfalls ist die Unterstützung der Leitung der Evangelischen Arbeitsstelle hervorzuheben, die erkannt hat, dass die neue Außenstelle diese Teamentwicklung benötigt und die den Prozess mit Interesse begleitet hat. In diesem Sinne stellt sowohl das Engagement aller Beteiligten als auch deren gemeinsames und sich wechselseitig unterstützendes Zusammenwirken eine entscheidende Rolle in Professionalisierungsprozessen, die das lebenslange Lernen ausmachen.

Markus Böhm/Marco Fusaro/Gaby Klein/Petra Szablikowski

# Neuorganisation, Prozess- und Qualitätsmanagement eines Bildungswerks –

*Das Projekt „Lebenslanges Lernen" im Bildungswerk des Landessportbundes Rheinland-Pfalz e.V.*

Das Bildungswerk des Landessportbundes Rheinland-Pfalz e.V. hat am Projekt „Innovative Methoden des lebenslangen Lernens im Kooperationsverbund Hochschule und Weiterbildung" (kurz: Projekt LLL) teilgenommen. Im Folgenden werden das Bildungswerk, die Gründe der Teilnahme, die Vorgehensweise im Projekt sowie die aus dem Projekt hervorgegangenen Ergebnisse und Perspektiven dargestellt.

## 1. Wer sind wir?

Das Bildungswerk des Landessportbundes (LSB) Rheinland-Pfalz e.V. ist die Weiterbildungseinrichtung im rheinland-pfälzischen Sport. Es wurde 1974 als Landesarbeitsgemeinschaft Bildung und Sport gegründet und war das erste Bildungswerk in Deutschland in Trägerschaft des Sports. 1980 erfolgte die staatliche Anerkennung als Einrichtung der Erwachsenenbildung in Rheinland-Pfalz.

### 1.1 Träger

Träger des Bildungswerkes ist der Landessportbund Rheinland-Pfalz. Mit über 1,5 Millionen Mitgliedern in 6.300 Vereinen ist er die größte Personenvereinigung des Landes Rheinland-Pfalz.

## 1.2 Struktur

Das Bildungswerk des LSB ist ein eigenständiger eingetragener Verein. Sein Handeln wird von ehrenamtlichen Entscheidungen auf breiter Ebene durch den Vorstand und die Mitgliederversammlung bestimmt. Um aber auch die Nähe zu den Vereinen und seinen Mitgliedern zu wahren, hat sich das Bildungswerk darüber hinaus eine eigene Organisationsstruktur geschaffen. Fünf übergeordnete Einrichtungen in den Sportbünden Rheinland, Rheinhessen und Pfalz sowie 32 Außenstellen in den Kreisen organisieren die Bildungsarbeit und stehen den Vereinen beratend zur Seite.

## 1.3 Mitarbeitende

*Hauptamtliche Mitarbeiter/innen*
Die Landesorganisation hat vier Mitarbeitende. Die Geschäftsführerin, eine Sekretärin und eine pädagogische Mitarbeiterin, die ganztags angestellt sind, sowie eine pädagogische Mitarbeiterin, die wöchentlich sieben Stunden arbeitet. Darüber hinaus hat das Bildungswerk des LSB in den Außenstellen fünf ganztags angestellte pädagogische Mitarbeiter/innen sowie vier Teilzeitkräfte.
*Ehrenamtliche Mitarbeiter/innen*
Die weiteren Außenstellenleiter/innen arbeiten ehrenamtlich.

## 1.4 Entwicklungsteam

Bei der Besetzung des Entwicklungsteams haben wir darauf geachtet, dass die Mitglieder aus allen Arbeitsfeldern kommen. So stellen wir sicher, dass pädagogische Mitarbeitende aus den Außenstellen wie auch aus der Geschäftsstelle, dass Verwaltung, Ehrenamt sowie die Geschäftsführung vertreten sind. Das Entwicklungsteam:
Markus Böhm, hauptamtlicher Außenstellenleiter im Kreis Westerwald.

Fred Dietzler, hauptamtlicher Außenstellenleiter im Rhein-Ahr-Kreis. Durch seine kaufmännische Ausbildung vertritt er im Entwicklungsteam die „Verwaltungsseite".
Marco Fusaro, hauptamtlicher Außenstellenleiter in Trier.
Gaby Klein, Geschäftsführerin des Bildungswerkes.
Edwin Scheid, ehrenamtlicher Außenstellenleiter im Kreis Cochem-Zell schied bereits nach zwei Sitzungen aus beruflichen Gründen aus dem Entwicklungsteam aus.
Günter Schwarz, stellvertretender Vorsitzender des Bildungswerkes und ehrenamtlicher Leiter der Außenstelle musste seine Mitarbeit im Sommer 2003 aus dienstlichen Gründen beenden.
Petra Szablikowski, pädagogische Mitarbeiterin in der Geschäftsstelle Mainz.

## 2. Warum haben wir am Projekt teilgenommen?

Das Bildungswerk des LSB beschäftigt sich bereits seit dem 1999 intensiv mit der Qualitätsentwicklung. Dafür wurden von Beginn an Geld und Personal zur Verfügung gestellt.
Zeitlich versetzt zu der Ausbildung unserer pädagogischen Mitarbeiterin Hiltrud Gunnemann zur Qualitätsentwicklerin, wurden alle Mitarbeitenden des Bildungswerkes in diesen Prozess mit eingebunden und intensiv fortgebildet (EFQM- später EQM-Modell).
In regelmäßigen Arbeitstreffen (alle 3-4 Monate) wurden die Mitarbeitenden durch Frau Gunnemann mit den Grundlagen der Qualitätsentwicklung vertraut gemacht. Außerdem wurden von Beginn an Aufgaben zur Bestandsaufnahme verteilt. Dabei ging es vor allem um die Ziele und Hauptaufgaben des Bildungswerkes. Nachdem wir versucht hatten, das Bildungswerk als Ganzes verständlich darzustellen, gingen wir dazu über, Verbesserungsmöglichkeiten für einzelne Arbeitsabläufe zu entwickeln.
Doch parallel zu der Arbeit im Bereich der Qualitätsentwicklung, fanden innerhalb der Sportorganisationen in Rheinland-

Pfalz heftige Verteilungskämpfe statt, von denen auch das Bildungswerk betroffen war. Verschiedene Faktoren, die hier nicht näher erläutert werden sollen, führten dann u.a. zur Rückführung von Aufgaben des Bildungswerkes in die Verantwortung des Landessportbundes und der regionalen Sportbünde. Mit dem Verlust der Arbeitsbereiche Aus- und Fortbildung von Vereinsmanagern, Fachliche Betreuung der Fachhochschule Remagen, Aus- und Fortbildung im Rehabilitations-Bereich, mussten auch 4 Mitarbeiterinnen (3x Vollzeit und 1x Teilzeit) das Bildungswerk verlassen.
Damit waren zukünftig weder die fachlichen noch die personellen Voraussetzungen vorhanden, um an EQM weiter zu arbeiten.
In diesen Zeitraum fiel dann der Beginn des Projektes „Lebenslanges Lernen". Das Bildungswerk beschloss wiederum finanzielle und personelle Ressourcen zur Verfügung zu stellen und sich an diesem Projekt, diesmal unter externer Leitung, zu beteiligen.
Da die Personalreduzierung zu einer höheren Arbeitsbelastung geführt hatte und weniger personelle Ressourcen zur Verfügung standen, wurde nur aus einem Teil des Personalbestandes ein Entwicklungsteam gegründet (siehe Punkt 1 „Wer sind wir?").

Folgende Gründe haben wesentlich dazu beigetragen, dass sich das Bildungswerk an diesem Projekt beteiligt:
Die bereits seit 1999 investierte Zeit und Arbeit in die Qualitätsentwicklung wäre fast ohne verwertbare Ergebnisse verpufft. Durch die Beschäftigung mit der Personal- und Organisationsentwicklung im Projekt „LLL" konnte an den gleichen Zielen weiter gearbeitet werden.
Auf dem Bildungsmarkt herrscht ein immer härterer Wettbewerb, dem sich auch das Bildungswerk stellen will und muss. Nur durch verbesserte Qualität ist eine fortwährende Kundenzufriedenheit und damit eine hohe Auslastung unserer Maßnahmen zu erreichen, die für den Fortbestand des Bildungswerkes von elementarer Bedeutung ist. Außerdem werden

durch die Personal- und Organisationsentwicklung wichtige Vorarbeiten für eine evtl. später anstehende Testierung geleistet.
Das Bildungswerk sieht sich innerhalb der Sportorganisationen in Rheinland-Pfalz in einer Vorreiterrolle und möchte die gewonnenen Erfahrungen konzeptionell aufarbeiten und an seine Mitglieds- und Partnerorganisationen weitergeben.
Der unfreiwillige Personalabbau hat zu einer erheblichen Mehrbelastung der verbleibenden Mitarbeitenden geführt. Nur durch Verbesserung der Qualität im Bereich der Organisationsstruktur und der Arbeitsabläufe können zukünftige Aufgaben bewältigt werden.

Im Projekt „Lebenslanges Lernen“ kam es dementsprechend sowohl auf Maßnahmen zur Reorganisation als auch auf die Förderung von Innovation an.

## 3. Wie sind wir vorgegangen?

Die Mitglieder des E-Teams sollten die vielfältigen Aufgabenbereiche des Bildungswerkes repräsentieren und wurden nach ihren Arbeitsschwerpunkten ausgewählt. Außerdem konnten noch zwei ehrenamtliche Mitarbeiter (EA) für die Mitarbeit gewonnen werden.
Zu Beginn einigte man sich auf gemeinsame Regeln für die Zusammenarbeit und es wurden Ziele festgelegt. Die dabei entstandenen Teilziele gehörten u.a. zu den Bereichen Mitarbeitende, Kommunikation, Prozesse, Öffentlichkeitsarbeit, Kooperationspartner und Finanzen.
Jedes E-Team-Mitglied konnte sich nach eigenen Qualifikationen in die Arbeit einbringen. In den regelmäßig stattfindenden Sitzungen wurden gemeinsam Aufgaben festgelegt, die bis zu einem festen Termin erledigt werden mussten. Der externen Beratung kam dabei eine gleichermaßen begleitende wie erinnernde und mahnende Rolle zu.

Die Analyse des Ist-Zustandes war der Beginn der inhaltlichen Arbeit. Die Prozesse wurden ausführlich analysiert, beschrieben und dann in einer Prozesslandschaft dargestellt. Diese Prozesslandschaft wurde im Verlauf des Projektes immer wieder aktualisiert und erst gegen Ende festgeschrieben.
Seitens der Projektleitung wurden stets neue Methoden vorgestellt, die teilweise schon in der täglichen Arbeit des Bildungswerkes eingesetzt werden.
Ein E-Team-Tagebuch mit Protokollen, Aufgaben, Ergebnissen etc., diente von Beginn an als ständiger Begleiter.
Eine Intranet-Plattform zur Verbesserung der Kommunikation wurde u.a. auch als Mittel zur Zeit- und Kostenersparnis eingerichtet.
Tagebuch und Intranet wurden während des Projektes ständig aktualisiert und verbessert und erleichtern inzwischen die Arbeit in vielen Bereichen.
Am Beispiel der Bedarfsanalyse wurde detailliert das Arbeiten an einem Prozess erprobt und als ein Ergebnis eine Checkliste erstellt.
Zur Kommunikation innerhalb des Bildungswerkes bediente man sich der regelmäßigen Treffen. So wurden die Angestellten, die nicht Mitglied des E-Teams waren, bei den Außenstellenleiter-Tagungen und die Vorstandsmitglieder bei den Vorstandssitzungen informiert.
Ein ehrenamtliches E-Team-Mitglied schied während des Projektes aus, wurde aber nicht mehr ersetzt, da eine Einarbeitung einer anderen Person vom Team als unrealistisch eingeschätzt wurde.
Studenten der Universität Landau wurden in die Arbeit an den Prozessen eingebunden und konnten durch ihre Fragen und den „Blick von außen" zur genaueren Beschreibung beitragen.
Zwischenzeitlich angestellte Überlegungen zur Schaffung eines Steuerungsteams, welches sich mit dem Bereich der Management-Prozesse befassen sollte, wurden aufgrund der hohen Arbeitsbelastung der Mitarbeiter wieder verworfen.

In einem ersten und später in einem zweiten Kompetenzatelier fand ein Austausch der verschiedenen am Projekt beteiligten Bildungsorganisationen und die Vorstellung einzelner Ergebnisse statt. Bereits während und vor allem nach Abschluss der Arbeiten an der Prozessanalyse und -beschreibung, konnten erste Ergebnisse wie z.B. Checklisten erstellt und für die tägliche Arbeit genutzt werden. In einem neu gegründeten Arbeitskreis beschäftigen sich hauptamtliche und ehrenamtliche Mitarbeitende mit der Arbeitsverbesserung auf Kreisebene und übernehmen dabei Arbeitsweisen aus dem E-Team.
Die erreichten Ergebnisse des E-Teams wurden dokumentiert und je nach Zielgruppe im Intranet (z.B. Prozessbeschreibung) oder im Internet (Formulare, Checklisten) zur Verfügung gestellt.
Ingesamt hat die Unterstützung durch das Projekt LLL einen Rahmen geschaffen, der eine problem- und ergebnisorientierte Arbeit an unterschiedlichen Themen und vielfältigen Aspekten der Aufgaben des Bildungswerks Sport unterstützt hat. Ausgangspunkt waren die unmittelbaren Fragestellungen, die seitens des Bildungswerks relevant waren. Die Unterstützung hat darüber hinaus neue Perspektiven eröffnet. Aufgaben- und themenbezogene Impulse sowie methodische Vorschläge seitens der Beratung haben die Auseinandersetzung mit den Problemstellungen des Bildungswerks noch einmal in einem anderen Licht erscheinen lassen und konnten die eigene Erarbeitung von Problemlösungen und das Erreichen selbst gesteckter Ziele fördern.

## 4. Ergebnisse

Erreichte Ziele und Ergebnisse während des Projektzeitraumes erstrecken sich sowohl auf die strukturellen Bedingungen (Organisation) als auch auf die Abläufe (Prozesse) und die daraus hervorgehenden Angebote des Bildungswerks.

*Die Organisation betreffend:*
Verkleinerung des Vorstandes von 18 auf 10 Personen in der Mitgliederversammlung im Frühjahr 2003.
Änderung der Satzung des Bildungswerkes.
Einberufung eines Arbeitskreises zum Thema „Kreisarbeit forcieren".
Unsere Homepage „bildungswerksport.de" geht im März 2003 neu gestaltet online.

*Die Prozesse betreffend:*
Zu Beginn der Entwicklungsteamarbeit wurde eine Stärke-Schwäche-Analyse gemacht, die in Abständen neu betrachtet und aufgearbeitet wurde.
Für das Bildungswerk des LSB wurde die Prozesslandschaft entwickelt, nachdem der Hauptprozess folgendermaßen definiert wurde:

- Fort- und Weiterbildung von Erwachsenen.
- Beratung und Unterstützung von Sportvereinen und Kooperation mit anderen in der Weiterbildung Tätigen.
- Es erfolgte die Definition der Kernprozesse Fort- und Weiterbildung planen, organisieren/ vorbereiten, durchführen/ begleiten, nachbereiten sowie der Prozess Beraten. Nun wurden den Kernprozessen Teilprozesse zugeordnet.
- Exemplarische Erarbeitung des Teilprozesses Bedarfsanalyse.
- Checkliste zum Prozess Bedarfsanalyse.
- Textform von drei Kernprozessen (Planen, Organisieren und Vorbereiten sowie Nachbereiten von Fort- und Weiterbildung) teilweise mit Checklisten.
- Indikatoren für Erfolg für alle bearbeiteten Prozesse wurden bestimmt.
- Vorschlag zur prozessorientierten Evaluation.
- Bearbeitung von Managementprozessen:
- Analyse von Verantwortlichkeiten und Erwartungen.

- Strategieentwicklung.
- Feststellung von Verbesserungspotenzialen.
- Festlegen von Entwicklungszielen.
- Einführung der Prozesskostenrechnung/Zeiterfassung.
- Aufbau von Kommunikationskanälen.
- Aufgabenbündelung in Teilbereichen.
- Einführung neuer Arbeitsformen wie z.B. Aufbau einer Mediathek im Netz, Austausch im Chat.

Insgesamt sind im Projektzeitraum sehr viele Ergebnisse erzielt und Ziele erreicht worden, obwohl längst nicht alle Ideen - vor allem aus Gründen mangelnder zeitlicher und finanzieller Ressourcen - verwirklicht werden konnten. Die Dokumentation des bisher Erreichten sowie der noch offenen Fragen und zu bewältigenden Aufgaben im Entwicklungsteamtagebuch liefert konkrete Anhaltspunkte zur Vergewisserung über bereits Geleistetes und weitere Entwicklungsperspektiven.

In jedem Falle hat das durch externe Beratung begleitete Arbeiten eine strukturierte und ergebnisorientierte Vorgehensweise und die systematische Reflexion von Arbeitsprozessen gefördert, was sich positiv auf die Arbeitsweise einzelner E-Team-Mitglieder sowie die Zusammenarbeit des gesamten Teams – einschließlich der Einrichtungsleitung - ausgewirkt hat.

Der Prozess hat sowohl zur Transparenz der Arbeit als auch zur Qualifizierung hinsichtlich der Tätigkeiten beigetragen. Es wurde nicht nur Neues dazugelernt, was den Grad des professionellen Handelns und die Effektivität in der alltäglichen Arbeit erhöht, sondern es wurde auch der Wille zur Verbesserung und der darauf bezogene offene Austausch miteinander gefördert.

In den Kompetenzateliers wurde darüber hinaus deutlich, wie wichtig die Übertragung in andere Bereiche, zum Beispiel die Kooperation mit dem Träger, ist. Konkrete Anregungen hierzu sind im Rahmen der Kompetenzateliers gegeben und in einem ersten Schritt angestoßen worden. Es gilt nun, daran anzuknüpfen und dies in ähnlicher Weise konstruktiv fortzusetzen und zu verstetigen.

## 5. Wie geht es weiter?

Der Qualitäts- und Organisationsentwicklungsprozess wird fortgesetzt. Mit Ablauf des Projektzeitraumes löst sich das E-Team auf. Die kontinuierliche Weiterarbeit erfolgt dann unter anderem in den Außenstellenleitertagungen, deren zukünftige personelle Zusammensetzung derzeit diskutiert wird. Der Vorstand wird in regelmäßigen Abständen informiert.
Die mit dem Bildungswerk kooperierenden Vereine erhalten den noch zu erstellenden Leitfaden „Weiterbildung im Verein - Einführung des Kurssystems". Zu den zukünftigen Entwicklungsvorhaben gehören die Personalentwicklung (Motivation, Pflege, Qualifizierung und Gewinnung von ehrenamtlichen Mitarbeitenden) und der Bereich der gesamten Öffentlichkeitsarbeit/Kommunikation.
Ein erster Schritt wurde bereits mit der Anpassung des Titelbildes unseres Reiseprogramms an die Broschüren „Aktiv durch das Jahr" unternommen. Die gute Arbeit des Bildungswerkes und damit die „Organisation Bildungswerk" und die Idee „Lernen-Sport-Bildung" benötigt eine stärkere Beachtung, bessere Akzeptanz und eine erhöhte Identifikation innerhalb und außerhalb der Sportorganisationen. Entwicklungsvorhaben: Imagekampagne auf der Basis eines zeitgemäßen Corporate Design.
Als Dienstleister werden wir unseren Mitgliedsorganisationen und Partnern den Zugang zu einem Newslettersystem zur Informationsverteilung ermöglichen. Das Projekt gliedert sich zeitlich in drei Phasen. Phase 1: Probelauf mit ausgewählten Vereinen und Verbänden. Phase 2: Angebot der Teilnahme für alle Vereine und Verbände. Phase 3: Veröffentlichung der Kurs- und Seminarveranstaltungen aller Mitgliedsorganisationen online auf der Homepage von www.BildungswerkSport.de.

Insgesamt zeigt sich, dass die Arbeit im Projekt „Lebenslanges Lernen“ sowohl greifbare Ergebnisse erzielt als auch Impulse gegeben hat, die sich über die Arbeit des Entwicklungsteams hinaus auf die Ebene des Trägers auswirken und die sich auf die Unterstützung von Weiterbildungsaktivitäten mit Blick auf die Zielgruppen beziehen. Wir haben uns viel vorgenommen und werden Schritt für Schritt unserem Ziel näher kommen. Bleibt zu wünschen, dass auch zukünftig die unterstützende externe Begleitung und Beratung von Projekten als Supportstruktur auf politischer Ebene sicher gestellt wird.

Thomas Sartingen

## STÄRKUNG DES EHRENAMTES - EIN BEITRAG ZUR PROFESSIONALISIERUNG DER KATHOLISCHEN ERWACHSENENBILDUNG DIÖZESE SPEYER

*Die Katholische Erwachsenenbildung Mittelhaardt und Süd-pfalz im Projekt „Lebenslanges Lernen"*

Die Mitarbeit von Ehrenamtlichen ist unverzichtbarer Bestandteil Katholischer Erwachsenenbildung (KEB). Aufgrund des Konzepts der Regionalisierung katholischer Erwachsenenbildung existiert eine Vielzahl ehrenamtlicher Bildungsbeauftragter in den Gemeinden, die von Regionalstellen in ihrer Arbeit unterstützt werden. Die hohe Bedeutung, die der Bildungsarbeit vor Ort und ihres Supports zukommt, hat dazu geführt, dass sich die Katholische Erwachsenenbildung Mittelhaardt und Südpfalz sich am Projekt "Lebenslanges Lernen" (Projekt LLL) beteiligt und ganz bewusst einen inhaltlichen Schwerpunkt beim Thema Ehrenamt gesetzt haben.
Worum es dabei ging, wird im vorliegenden Beitrag deutlich gemacht, indem zunächst Grundannahmen, Inhalte und Strukturen der KEB in der Diözese dargestellt werden, um daran anschließend auf die Ansatzpunkte, Vorgehensweise und Resultate der Teilnahme am Projekt LLL einzugehen.

### 1. Wer sind wir? - Die Katholische Erwachsenenbildung in der Diözese Speyer

Bildungsarbeit orientiert sich an gesellschaftlichen Bedingungen und Entwicklungsperspektiven, an den Bildungsinteressen der Teilnehmenden sowie an dem Leitbild und den Strukturen der Weiterbildungsinstitutionen und Träger. Hieraus erwachsenen spezifische Themen und Inhalte sowie Veranstaltungsformen, aber auch Ansätze, um vor dem Hintergrund dieser Voraussetzungen Verbesserungen und Innovationen in der Organisation der Bildungsarbeit mit erwachsenen Menschen vorzunehmen.

*Grundsätzliche Anmerkungen*

Wir leben heute in einer gesellschaftlichen Situation, die gekennzeichnet ist von zunehmender Komplexität und Pluralität der Angebote und Ideologien, bei gleichzeitiger Auflösung traditioneller Milieus. Die Veränderungen der gesellschaftlichen Strukturen, der Sozialsysteme und damit einhergehende Veränderungen der familiären Lebensumstände bringen fast zwangsläufig Fragen nach der eigenen Identität mit sich. Die Geschwindigkeit der Umwälzungsprozesse und die Gleichzeitigkeit vieler Optionen verschärfen die Frage nach der Richtung des eigenen Lebens. Die Suche nach Identität wird zur existentiellen Herausforderung.

Wie Befragungen zeigen, ist es neben der beruflichen Verwertbarkeit gerade die Frage der Identitätsfindung, die Menschen zur Erwachsenenbildung bringt. Eine Teilnehmerbefragung der Katholischen Erwachsenenbildung der Diözese Speyer aus den Jahren 1998/1999 bestätigt diese Ergebnisse. Bei der Frage, was sich die Menschen von den Veranstaltungen erhoffen, werden primär Lebenshilfe, inhaltliche Anregungen und Kontakte als Teilnahmegründe benannt.

*Die Grundorientierung Katholischer Erwachsenenbildung*

Im Mittelpunkt aller Bemühungen der Katholischen Erwachsenenbildung steht der Mensch. So lautet den auch die zentrale Aussage des Leitbildes: „Was Menschen interessiert, verunsichert, bewegt und antreibt, fordert uns heraus. Das Evangelium ist unser Grund." Die Orientierung am Menschen - seinen Fragen und Bedürfnissen - und das christliche Menschenbild sind die Grundlage der Arbeit. Dies zeigt sich auch in den weiteren Formulierungen des Selbstdarstellungsflyers der KEB Diözese Speyer:

- Katholische Erwachsenenbildung unterstützt Menschen in ihrer Sinnorientierung und Glaubensfindung.
- Katholische Erwachsenenbildung gibt Impulse für soziales Handeln in Partnerschaft und Familie, Gruppe und Gemeinde.
- Katholische Erwachsenenbildung stellt sich im kritischen Dialog den neuen Herausforderungen in Politik, Wirtschaft, Technik, Kultur und Kirche.
- Katholische Erwachsenenbildung unterstützt persönliche Lernprozesse durch kreative und kommunikative Arbeit in Gruppen.
- Katholische Erwachsenenbildung macht ihre Angebote ortsnah. Die Arbeit wird von Haupt- und Ehrenamtlichen getragen.

In einem Slogan werden die Überlegungen zusammengefasst: „Bunt @ lebendig. Gott und die Welt."

*Themen und Inhalte*

Wiewohl Katholische Erwachsenenbildung grundsätzlich zunächst offen ist für alle Themenbereiche, so lassen sich doch ganz klare Schwerpunkte, ein klares Profil erkennen. Gerade im Vergleich zu anderen Trägern von Erwachsenenbildung ist die Katholische Erwachsenenbildung in drei Bereichen (Formulierungen sind dem Weiterbildungsgesetz entnommen) besonders stark engagiert:

- Theologie, Religion, Weltanschauung, Philosophie.
- Politik, Gesellschaft, Gender.
- Eltern-, Familienbildung, Erziehungswissenschaft.

Eine Diplomarbeit aus dem Jahr 2000 (W. Hoffmann: Die Katholische Erwachsenenbildung im Spannungsfeld von Angebotsstruktur und Selbstverständnis am Beispiel der Diözese Speyer) arbeitet heraus, dass über den gesamten Untersuchungszeitraum (1976 - 1998) die oben genannten drei

Bereiche kontinuierlich an der Spitze der durchgeführten Veranstaltungen liegen. Die bereits erwähnte Teilnehmerbefragung bestätigt das Ergebnis ebenfalls.

*Strukturen und Arbeitsweisen*

Die Katholische Erwachsenenbildung der Diözese Speyer hat ihren Sitz in Speyer und ist in 6 Regionen unterteilt, in der Klammer sind die Büro-Standorte genannt:

- Katholische Erwachsenenbildung Speyer/Ludwigshafen (Speyer)
- Katholische Erwachsenenbildung Kaiserslautern/ Nordpfalz (Kaiserslautern)
- Katholische Erwachsenenbildung Südwestpfalz (Kaiserslautern)
- Katholische Erwachsenenbildung Mittelhaardt (Landau)
- Katholische Erwachsenenbildung Südpfalz (Landau)
- Katholische Erwachsenenbildung Saarpfalz (St. Ingbert)

Die Diözesanstelle und die Regionalstellen planen gemeinsame diözesanweite Schwerpunkte (z.B. Sprachkurse für Aussiedler oder Migranten, Ausstellung: "Schau der Herrlichkeit") und Veröffentlichungen (z.B. Handreichung zu Edith Stein, zur Ökumene oder dieses Jahr zum heiligen Pirminius) und setzen diese in Form von regionalen und diözesanen Zentralveranstaltungen um. Die Katholische Erwachsenenbildung ist eingebunden und beteiligt sich aktiv in den landes- und bundesweiten Strukturen Katholischer Erwachsenenbildung. Sie ist Teil der öffentlich anerkannten Weiterbildung und repräsentiert so die Kirche in Gesellschaft und Staat.
Die Diözesanarbeitsgemeinschaft der Katholischen Erwachsenenbildung, in der sowohl VertreterInnen der Verbände, der Bildungshäuser und die ehrenamtlichen Bildungsbeauftragten vertreten sind, setzt bei ihren jährlichen Konferenzen - in enger Abstimmung mit der Diözesanstelle der KEB -

inhaltliche Akzente um so Impulse und Anregungen für die Arbeit in den Gemeinden zu geben.
Die Regionalstruktur im rheinland-pfälzischen Teil der Diözese wurde zwar bereits in den siebziger Jahren eingerichtet, aber erst Ende der achtziger Jahre mit eigenen Dienststellen ausgestattet. Die Regionalstelle im Saarpfalz-Dekanat existiert schon über 40 Jahre und wurde damals als eingetragener Verein geschaffen.
Mit der Regionalisierung wird der Kontakt und vor allem die Unterstützung für die ehrenamtlichen Bildungsbeauftragten in den Gemeinden sichergestellt. Die Regionalstellen der KEB unterstützen die Bildungsbeauftragten im organisatorischen, pädagogisch/inhaltlichen und finanziellen Bereich - d.h. Erstellung von Plakaten und Handzetteln, Vermittlung von Referenten, Beratung bei Konzepten und Veranstaltungsplanungen, sowie Gewährung von Zuschüssen.
Vom Prinzip her gibt es in jeder Pfarrgemeinde eine oder einen ehrenamtlichen Bildungsbeauftragten, die/der Bildungsarbeit vor Ort koordiniert oder auch selber plant und durchführt. Die Arbeit der Bildungsbeauftragten ist in den Pfarrgemeinderäten rückgebunden (z.B. Bildungsausschuss). In etwa 60 % der Pfarreien greift diese Konzept, wenn auch in unterschiedlicher Intensität - was die Zahl und Art der Veranstaltungen betrifft.
Auf regionaler Ebene finden regelmäßig Treffen der Bildungsbeauftragten zum Erfahrungsaustausch und zur Fortbildung statt. Die Bildungsbeauftragten sind primär an Kooperation, Erfahrungsaustausch und Fortbildungsangeboten interessiert.

Aufgrund des Zusammenwirkens von Grundsätzen und Grundorientierungen, Themen und Inhalten, Strukturen und Arbeitsweisen Katholischer Erwachsenenbildung ergeben sich besondere Bedingungen, aber auch vielfältigste Ansatzpunkte, Chancen zur Professionalisierung mit Blick auf die Förderung lebenslangen Lernens aufzugreifen und produktiv zu nutzen.

## 2. Warum haben wir teilgenommen und wie sind wir vorgegangen? – Die Kooperation mit dem Projekt „Lebenslanges Lernen“

Im Jahr 2000 hat sich die KEB Mittelhaardt und Südpfalz intensiv mit der Frage nach der Neuorientierung der Fortbildung der ehrenamtlichen Bildungsbeauftragten beschäftigt. Das Kooperationsangebot seitens des Projekts LLL wurde als Chance zur Weiterentwicklung der Fortbildungsveranstaltungen für die Bildungsbeauftragten verstanden. Die Kooperation mit dem Projekt und mit Studierenden der Universität Koblenz–Landau, Campus Landau, bot aus Sicht des Regionalbildungsreferenten der KEB - Thomas Sartingen - die Möglichkeit, externe Kompetenzen einzubinden und den Bildungsbeauftragten andere Formen der Unterstützung zu bieten. Die Kooperation vollzog sich schließlich in drei Schritten:

*1. Schritt: Arbeitsgruppe Planung von Erwachsenenbildung in den Gemeinden*

Eine kleine Arbeitsgruppe aus Bildungsbeauftragten der KEB, Studierenden der Universität, der Beraterin (Projekt LLL) und dem zuständigen Regionalbildungsreferenten (KEB) befasste sich bei mehreren Sitzungen intensiv mit den verschiedenen Phasen des Planungsprozesses von Bildungsveranstaltungen und möglichen Instrumenten zur Auswertung von Veranstaltungen in den Gemeinden.

Im ersten Schritt berichten die Bildungsbeauftragten über ihr ehrenamtliches Engagement in der Erwachsenenbildung: Planung und Ablauf der Veranstaltungen, Themen, Teilnehmendenzahlen, Öffentlichkeitsarbeit und vieles mehr. Auf dem Hintergrund der Berichte und wissenschaftlicher Erkenntnisse wurde ein Verlaufsmodell für diesen Bereich vorgelegt.

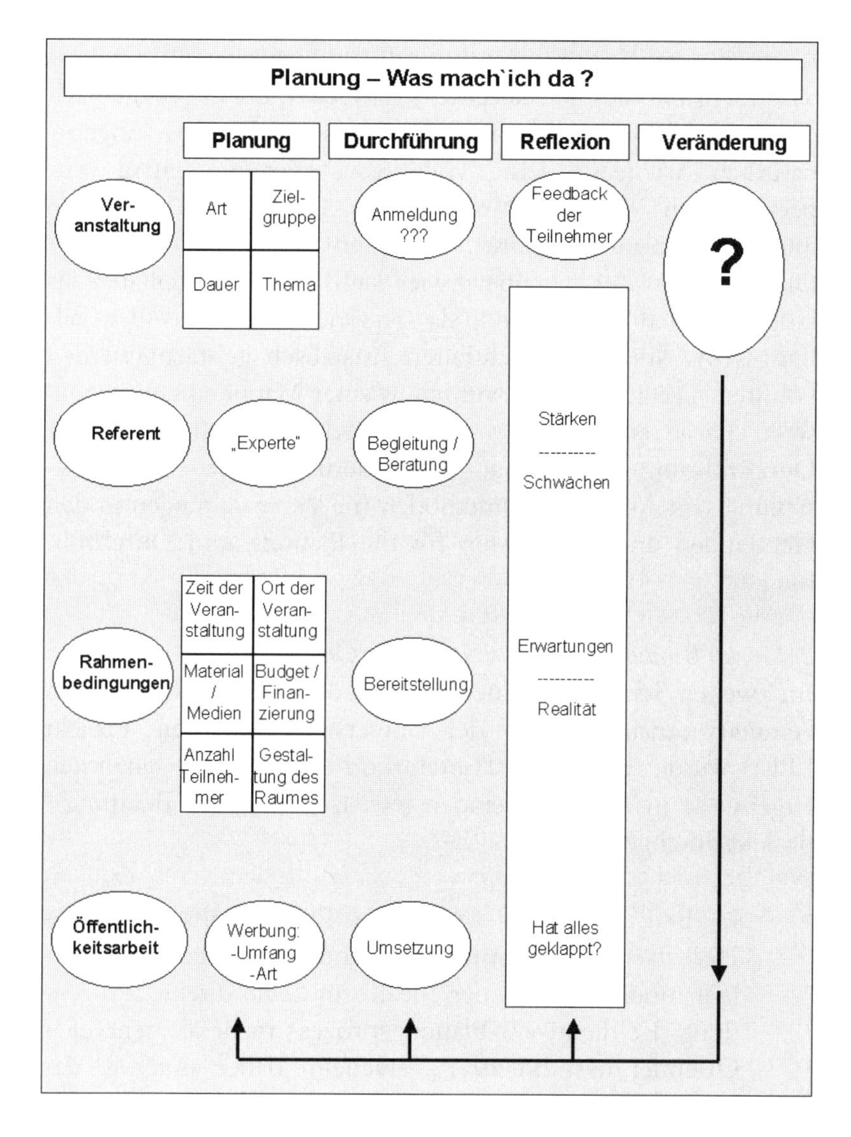


Abbildung 1: Ansatzpunkte der Weiterbildungsarbeit von Bildungsbeauftragten

Das Modell stößt grundsätzlich auf Zustimmung, im Detail zeigen sich aber noch einige Veränderungsnotwendigkeiten. So ist der Begriff Veranstaltung für den Bereich der KEB weit treffender als der Begriff Seminar. Anmeldungen sind nur bei

längerfristigen Veranstaltungen wichtig, bei einzelnen Vorträgen wird nicht mit diesem Instrument gearbeitet. Bei der Frage nach der Zahl der Teilnehmenden gibt es geteilte Einschätzungen - natürlich hat jeder gerne volle Säle, aber bei einem sehr persönlichen Thema ist eine kleine Gruppe, die in einen intensiven Austausch eintritt, mindestens genauso gut.
Die Arbeit in der Gruppe erwies sich für alle Beteiligten als ausgesprochen bereichernd, da Theorie und Praxis der Bildungsarbeit in einen fruchtbaren Austausch gebracht werden konnten. Die Ergebnisse wurden in einer Mappe zusammengestellt. Diese enthält neben dem „Verlaufsmodell: Planung - Durchführung - Reflexion – Veränderung", eine Zusammenstellung von Auswertungsmethoden für Veranstaltungen in den Gemeinden und Checklisten für die Planung und Durchführung.

*2. Schritt: Beratung und Unterstützung vor Ort*
Im zweiten Schritt und einer zweiten, das Projekt begleitenden Seminarveranstaltung mit der Universität (bzw. dem Projekt LLL) wurde auf dem Hintergrund der zuvor genannten Ergebnisse in zwei Gemeinden jeweils ein kleines Beratungsprojekt durchgeführt:

- In Bad Dürkheim wurde die Planungsphase für das Herbstseminar 2002 begleitet und unterstützt. Das Verlaufsmodell fand in der Idealform keine direkte Anwendung. Es diente im Planungsprozess mehr als genereller Orientierungsrahmen. Es erscheint daher sinnvoll, das Modell noch weiter zu differenzieren und das Spannungsfeld zwischen wissenschaftlichem Anspruchniveau und zeitlichen bzw. organisatorischen Möglichkeiten vor Ort noch genauer zu untersuchen. Im Bericht heißt es dazu: „Das durchstrukturierte Planungsdenken der Theorie ist mit der Planungsarbeit der ehrenamtlichen Arbeitsgruppe nicht zu vereinbaren." Wenn die Formulierung auch auf den ersten Blick sehr hart wirkt, so macht sie doch deutlich, dass Checklisten und Modelle so praxisorientiert sein müssen, dass sie von den Ehrenamtlichen tatsächlich als Hilfe gesehen werden.

- In Neustadt haben die Studierenden eine Veranstaltung evaluiert, sowohl mit der Methode Stimmungsbarometer, wie auch mit einem Auswertungsgespräch.
  Die Ergebnisse der Auswertung bestätigen einerseits die „Referierendenauswahl“ machen aber auch deutlich, dass künftig das „Themengebiet“ etwas weniger umfangreich oder der Vortrag etwas kürzer geplant werden sollte, damit ausreichend Zeit für die Diskussion bleibt. Die Tatsache, dass die Evaluation durch die Teilnehmenden öffentlich war, lässt die Frage nach dem Effekt der sozialen Erwünschtheit aufkommen. Bei weiteren Evaluationen von Veranstaltungen sollten auch anonyme Formen verwendet werden.

Die Ergebnisse zeigen, dass die ehrenamtlichen Bildungsbeauftragten für Anregungen, Beratung und Kooperationen offen sind und dass ein generelles Interesse an wissenschaftlicher Unterstützung besteht. Positiv ist zu vermerken, dass die Bildungsbeauftragten in der Regel hoch motiviert und persönlich engagiert zu Werke gehen.

*3. Schritt: Workshop: Planen - Veranstalten -Auswerten*
Die Arbeit der kleinen Projektgruppe und die Erkenntnisse aus den Beratungsprozessen der beiden Gemeinden sollten für die Arbeit der Ehrenamtlichen der KEB fruchtbar gemacht werden. Dies geschah in Form eines Fortbildungs-Workshops für Bildungsbeauftragte, der seitens des Projekts LLL vorbereitet und gestaltete wurde. Allein die gute Resonanz zeigt, dass solche Kooperation wie mit dem Projekt LLL für die KEB belebend und von Vorteil sind.
Bereits in der Phase der Erwartungsklärung wurde deutlich, dass die Bildungsbeauftragten einerseits ein hohes Interesse am

Erfahrungsaustausch haben und andererseits sehr an neuen Veranstaltungsthemen, Zielgruppen und Veranstaltungsformen interessiert sind.
In der zweiten Phase wurde das „Verlaufsmodell: Planung - Durchführung - Reflexion – Veränderung“ vorgestellt. Die Teilnehmenden beschäftigen sich in Kleingruppen intensiv mit dem Thema Planung von Bildungsveranstaltungen. Bei der Präsentation der Ergebnisse der Arbeitsgruppen werden u.a. folgende Faktoren für das Gelingen von Bildungsveranstaltungen benannt:

- Planung im Team;
- bekannte und kompetente Referierende ziehen Menschen an;
- Themen aus dem Orts-/Lebensbereich gehen gut;
- Themen müssen den Menschen etwas für ihr Leben bringen;
- neue Veranstaltungsorte bringen neues Publikum;
- Kooperationen vermeiden Dopplungen und eröffnen Zugänge zu neuen Zielgruppen.

Als verbesserungswürdig werden die Zielgruppenorientierung und die Kooperation über Pfarreigrenzen hinaus bezeichnet.
Die Unterstützung des Projektes LLL wird in der Auswertung seitens der Workshop-TeilnehmerInnen grundsätzlich positiv gesehen. Es wird Interesse an einer weiteren Zusammenarbeit geäußert, etwa zu Themen wie „Kooperationen“ - sowohl über Pfarreigrenzen hinweg als auch mit anderen Gruppen und Bildungsträgern - oder die Erschließung neuer „Zielgruppen“.

## 3. Welche Ergebnisse wurden erzielt und wie geht es weiter? - Fazit

Die im vorhergehenden Abschnitt bereits erwähnten und im Rahmen des Projekts LLL von allen Beteiligten gemeinsam erzielten Anstöße

- zur wissenschaftlich orientierten Reflexion der Weiterbildungsorganisation,
- zur systematischen Planung und Durchführung von Veranstaltungen,
- zur Nutzung von heuristischen Regeln bzw. Schemata sowie Instrumenten und
- zur Evaluation der Weiterbildungsarbeit

haben gezeigt, dass die professionsbezogene Förderung von ehrenamtlichen Weiterbildungsbeauftragten gelingen kann, wenn

- Fortbildungsmaßnahmen an die Motive und die Motivation der Ehrenamtlichen angebunden sind,
- neue Perspektiven den Gedanken der Verwertbarkeit für das ehrenamtliche Engagement im Blick haben und
- der Nutzen von Kooperation verdeutlicht und in entsprechenden Arrangements gefördert wird.

Auf diese Weise lassen sich Rahmenbedingungen des lebenslangen Lernens im Allgemeinen durch das lebenslange Lernen von Bildungsverantwortlichen im Besonderen realistisch gestalten und erfolgversprechend unterstützen.
Dies führt nicht zuletzt zu der Erkenntnis, dass selbstgesteuerte Aktivitäten von ehrenamtlichen Bildungsbeauftragten über die Wertschätzung ihrer Arbeit, über eine ihren Fähigkeiten und Möglichkeiten angemessene Förderung und eine dazu erforderliche professionelle Begleitung durch regionale Bildungsreferenten und Projekte zu ermöglichen sind.

Aus Sicht der KEB hat sich die Kooperation mit dem Projekt LLL auf jeden Fall gelohnt. Sowohl die Arbeit in der Projektgruppe als auch die beiden Beratungsprozesse haben für die Beteiligten zum einen eine Reflexion ihrer Arbeit, zum anderen

eine Weiterentwicklung ermöglicht.
Mit dem ersten Workshop ist es bereits gelungen die Erfahrungen und Ergebnisse für eine große Anzahl der ehrenamtlichen Bildungsbeauftragten nutzbar zu machen. Die Pfarrgemeinderatswahlen vom November 2003 werden einige Veränderung in der Struktur der ehrenamtlichen Mitarbeiter mit sich bringen.
Die Einführungsveranstaltungen für die neuen Bildungsbeauftragten werden im Rückgriff auf wesentliche Teile des Workshops und des „Verlaufsmodells: Planung - Durchführung - Reflexion – Veränderung“ gestaltet.
Das Projekt LLL hat mit seinem Engagement für die ehrenamtlichen Bildungsbeauftragten die Bemühungen der KEB zur Professionalisierung der Arbeit unterstützt und nicht allein perspektivisch, sondern auch durch praktischen Support erweitert.
Nicht zuletzt deutet sich neben der Eigeninitiative sowie der Entwicklungsbereitschaft der Bildungsbeauftragten, der Bildungsreferenten und -einrichtungen sowie ihrer Träger auch die Notwendigkeit der öffentlichen Förderung und finanziellen Unterstützung von Reformen und Innovationen durch Modellversuchsprogramme und wissenschaftlich begleitete Projekte an.

Edith Baumgart / Ursel Becker / Klara Borsch / Jutta Merrem

# Professionalisierung im Ehrenamt und zielgruppenorientierte Weiterbildung –

*Das Projekt „Lebenslanges Lernen" im Landfrauenverband Bernkastel-Wittlich*

Lebenslanges Lernen ist mit der Perspektive verbunden, Chancen für das Lernen einzelner Menschen zu erkennen und wahrzunehmen und Chancen für die Entwicklung von Institutionen, in denen diese Menschen zusammenkommen, um am Leben in der Gemeinschaft konstruktiv teilzuhaben, zu fördern. Diese grundsätzliche Perspektive wurde und wird im Kreisverband der Landfrauen Bernkastel-Wittlich verfolgt und konnte durch die Arbeit im Projekt „Lebenslanges Lernen" gestützt und verstärkt werden. Wie dies durch den Prozess der Organisationsentwicklung verwirklicht wurde, soll in den folgenden Abschnitten dargestellt werden.

## 1. Wer sind wir ?

Mit Beginn des Projektes LLL hat sich aus dem Vorstand des Kreisverbandes Bernkastel-Wittlich heraus das Entwicklungsteam gebildet, bestehend aus der 1. Vorsitzenden Edith Baumgart, der 2. Vorsitzenden Klara Borsch, der stellv. Vorsitzenden Ursel Becker und der Geschäftsführerin Jutta Merrem. Der Kreisverband der Landfrauen Bernkastel-Wittlich ist eine Mitgliedsorganisation der Ländlichen Erwachsenenbildung Rheinland-Pfalz.
Die Stärke unseres Verbandes liegt in seiner Vielfalt: Auf Kreisebene sind neben Bäuerinnen und Winzerinnen auch Frauen aus anderen Berufen aktiv. Unsere Struktur (83 Ortsvertretungen, Kreisvorstand mit 18 Vorstandsmitgliedern) ermöglicht eine effektive Interessenvertretung und an den Bedürfnissen

vor Ort orientierte Bildungs- und Öffentlichkeitsarbeit, so dass jedes einzelne Mitglied immer eine Ansprechpartnerin und wirkungsvolle Gestaltungsmöglichkeiten findet. Der Kreisverband hat zur Zeit 2700 Mitglieder. Jährlich finden durchschnittlich 140 Veranstaltungen mit etwa 3000 TeilnehmerInnen statt. Die Weiterbildungsstunden belaufen sich auf ca. 800 Std.
Unsere Anliegen gehen alle an: Ob frauenpolitische Forderungen, Familienpolitik, Umweltschutz oder Landwirtschaft. Wir wollen die Vereinbarkeit von Familie und Beruf – ohne Mehrfachbelastung für die Frau. Weiterbildung für Frauen liegt uns deshalb ganz besonders am Herzen. Ob praktische Kurse, Lehrgänge und Seminare für Politik, EDV, Kreativität oder Gesundheit, wir berücksichtigen die verschiedenen Interessen unserer Mitglieder.
Um all dies auch zu realisieren, sind wir auf vielen Ebenen politisch aktiv, um die Interessen der Frauen im ländlichen Raum zu vertreten. Das reicht vom Ehrenamt im Verein bis zur Arbeit in parlamentarischen Gremien. Mit den folgenden Organisationen arbeiten wir erfolgreich zusammen: Deutscher Landfrauenverband, Landesverband der Landfrauen in Rheinland-Nassau, Ländliche Erwachsenenbildung und Landkreis-aktiv.
Genauso wichtig wie die politische Präsenz sind auch die gemeinsamen Unternehmungen und gemeinsames Engagement. Studienfahrten, Landfrauentage und Feste gehören dazu.

## 2. Warum haben wir am Projekt teilgenommen?

Die Mitgliederzahl ist ein Beleg für die wirtschaftliche, kulturelle und soziale Kraft unseres Verbandes. Von wenigen Ausnahmen abgesehen, die ganz bewusst keinen Wert auf Wachstum legen, auf einem elitären Standpunkt beharren oder die drohende Auflösung des Vereins hinnehmen, liegt ein wesentliches Ziel unseres Verbandes in der Steigerung der Mitgliederzahl. Es gibt viele Möglichkeiten, junge und neue Mitglieder zu begeistern und zu gewinnen und vor allem vorhandenes Potential zu

halten. Oftmals bedarf es erst eines finanziellen, leistungsbezogenen oder organisatorischen Tals, bis Verbände nach Chancen fahnden, das Versäumte nachzuholen. Solange wollten wir nicht warten und haben uns deshalb zur Teilnahme an dem Projekt entschlossen. Mit dem LLL-Projekt wollten wir die Frage beantworten: Was können und was müssen wir besser machen, um unsere Zukunft als Verein zu sichern, langfristig die Chance auf Erfolg zu wahren und attraktiv zu bleiben?
Die Schwierigkeiten in unserem Verband bestanden in erster Linie darin, dass unser Mitgliederbestand zunehmend veraltet. Zudem ist der Name „Landfrauen" unserem Vorhaben hinderlich. Dieser wird in der Öffentlichkeit häufig missverstanden und ist mit Vorurteilen behaftet. „Landfrauen, das sind Frauen aus landwirtschaftlichen Betrieben, da gehören wir nicht dazu." „Landfrauen, da wird vorwiegend gekocht"... usw.
Gründe für die Projektteilnahme lagen daher in der Verbesserung organisatorischer Voraussetzungen der Vereinsarbeit, der zielgruppenorientierten Planung und öffentlichkeitswirksamen Präsentation von Angeboten sowie der Vermittlung eines angemessenen Images, welches Interesse weckt und Weiterbildungsinitiative fördert.

## 3. Wie sind wir vorgegangen?

Zu Anfang des Projekts bis Mitte 2002 haben wir eine Ist-Analyse unserer Organisation durchgeführt. Die Selbstdarstellung des Kreisverbandes in Bezug auf Medien, Programme und Veröffentlichungen haben wir einer kritischen Prüfung unterzogen. Sie wurde verglichen mit dem vorgegebenen Leitbild der Landfrauen, unseren eigenen Visionen und unseren Zielsetzungen für die kommenden Jahre. Auf dieser Grundlage haben wir die weiteren Aufgabenstellungen des Entwicklungsteams aufgebaut. Mit Hilfe von ausgewählten Evaluationsinstrumenten (Fragebögen, Checklisten, persönlichen Befragungen) wurde der Bedarf unserer Mitglieder ermittelt und reflektiert. Dadurch

haben wir wertvolle Anregungen direkt von Interessentinnen erhalten. Diese Anregungen haben Eingang in das neue Konzept für unsere Weiterbildungsprogramme gefunden.
Diese Aktivitäten und die Motivation, etwas zu verändern, waren in einen förderlichen Entwicklungsrahmen eingepasst:

- Wir haben unsere Entwicklungsvorhaben immer am Tagesgeschäft orientiert, das heißt zum Beispiel, dass wir in der Zeit, in der Programmplanung gemacht werden musste, dort auch mit der Entwicklungsteamarbeit angesetzt haben. So sind neue Angebote entstanden, die wir inzwischen umgesetzt haben.
- Der gesamte Entwicklungsprozess verlief dank der versierten Unterstützung durch die Beratung seitens des Projekts LLL sehr reibungslos. Die Anregungen zur Strukturierung haben uns geholfen, die eigenen Aktivitäten geordneter zu gestalten. Da das gesamte Entwicklungsteam seine Aufgaben ehrenamtlich bewältigt und auch beruflich eingebunden ist, war der Zeitfaktor jedoch oft behindernd. Der Flexibilität der Beraterin ist es zu verdanken, dass wir unsere Treffen trotzdem im Abstand von 6-8 Wochen abhalten konnten.
- Durch die gute Sitzungsvorbereitung der Beraterin und die dabei erfolgte Berücksichtigung unserer Interessen wurden die Ziele am Sitzungsende erreicht.
- Vor allem das regelmäßig geführte Entwicklungsteam-Tagebuch hat uns bei Vor- und Nachbereitungen sehr weitergeholfen, da uns der Überblick und die Kontrolle über unseren eigenen Entwicklungsprozess möglich war.

## 4. Ergebnisse und Erfahrungen des Projekts

Zu Beginn des Projektes hatte sich im ET-Team, trotz einer hohen Motivation, eine gewisse Unsicherheit eingestellt. Die Theorie und eingeführte Methoden, zum Beispiel das Ishikawa-Diagramm, waren uns eher fremd und die Arbeitsweise ungewohnt. Jedoch wurde uns bald klar, dass durch die reflektierende Auseinandersetzung und die angewandten Methoden die Umsetzung in der Praxis nicht nur vereinfacht, sondern auch zielgerichteter wird. Wir kamen unserem Ziel mit jeder Sitzung näher. Die externe Moderation hat immer wieder neue Impulse gesetzt. Wir haben in der Entwicklungsteamarbeit viel über die systematische Gestaltung von Weiterbildung dazulernen, d.h. sowohl erkennen als auch praktisch umsetzen können.

### 4.1 Erkenntnisse und Effekte der Entwicklungsteamarbeit

Das wichtigste Ergebnis ist die Neugestaltung unseres Weiterbildungsprogramms. Wir haben gelernt, dieses bedarfsorientiert, nicht wie bisher angebotsorientiert, zu gestalten. Durch die Reflektion der Bedürfnisse unserer Mitglieder und durch Anregungen aus der Ist-Analyse haben wir die eher auf eine reine Sammlung von Angeboten gerichtete Programmstruktur geändert und eine chronologisch geordnete Übersicht eingeführt. Insgesamt wird das Angebot übersichtlicher präsentiert und es werden spezielle Zielgruppen angesprochen. Mit jedem Programm haben wir ein Stück mehr Kundenorientierung realisiert. Dies können wir an der überaus positiven Resonanz unserer Teilnehmerinnen festmachen. Unsere Aktivitäten fanden darüber hinaus ein gutes Echo in der Presse und dies wiederum hat dazu geführt, dass neue Sponsoren auf uns aufmerksam wurden.

Ein wichtiges Ergebnis waren außerdem zwei neue Veranstaltungsformen, von denen besonders das Landfrauenforum ein voller Erfolg war. Bei dieser Gelegenheit wurden neue Kurse präsentiert, die Teilnehmenden durch Workshops aktiv mit einbezogen und Erfahrungsaustausch angeregt. Die Möglichkeit zur spontanen Kommunikation trug zur Förderung der Gemeinschaft bei. Wir haben bei dieser Veranstaltung 12 neue Mitglieder geworben. Durch die gute Pressearbeit haben wir

Aufmerksamkeit erregt, die bis heute, über ein halbes Jahr später, noch anhält. Wir haben die neuen Veranstaltungen evaluiert und planen die folgenden Programme auf dieser Grundlage. Wir haben gelernt, neue Perspektiven einzunehmen: Nicht was wir, sondern was unsere Mitglieder wollen, ist wichtig. Die Rückmeldungen zu unseren Programmen und Veranstaltungen sowie das Interesse an unserem Kreisverband zeigen, dass dies ein erfolgversprechender Blickwinkel ist. Unser Bekanntheitsgrad ist gestiegen und die Anerkennung durch die Verbände gewachsen. Firmen, Banken und Vereine haben uns als Partnerin für Weiterbildung erkannt, was u.a. durch die große Spende einer Bank auch materiell Ausdruck gefunden hat. Unser Projekt haben wir auch auf Bundesebene vorgestellt und dadurch bundesweit Aufmerksamkeit erregt.

Als Team sind wir zusammengewachsen, sind selbstbewusster geworden und treten nach außen sicherer auf. Wir arbeiten strukturierter und durch den Blick über den Tellerrand auch vorausschauender.

Die Arbeit im Entwicklungsteam hat somit nicht nur unsere eigene Arbeit verbessert, sondern vor allem auch den Stellenwert unserer Organisation in der Umwelt gefördert. Dies richtet sich genauso auf die kommunale, kreis- und landesbezogene Beachtung und Wertschätzung unserer Arbeit als auch auf das Interesse, das wir bei den Mitgliedern und Weiterbildungsinteressenten durch eine bessere Zielgruppenorientierung spüren, und nicht zuletzt werden wir auch seitens möglicher Förderer in zunehmendem Maße als kompetente Partner wahrgenommen. Insgesamt ist die Verankerung im Umfeld gewachsen und ermöglicht eine fruchtbarere Arbeit auf verschiedenen Ebenen.

## 4.2 Produkte der Entwicklungsteamarbeit

In den zwei Jahren der Zusammenarbeit sind neben den vielen kleinen Ergebnissen, die schwer zu benennen sind, eine ganze Reihe von greifbaren „Produkten" entstanden:

- Das neu gestaltete Programm einschließlich der dazugehörigen Ankündigungstexte, an die weiterhin aufzulegende Programmhefte anschließen können.
- Eine Checkliste als Grundlage für die Planung unserer Weiterbildungsangebote, die auch in Zukunft eine strukturierte Herangehensweise an Planungen gewährleistet.
- Eine Checkliste für die organisatorische Vorbereitung der einzelnen Veranstaltungen, die die Berücksichtigung von Standards in der Gestaltung von Angeboten sicherstellt.
- Eine Checkliste zum Einsatz neuer Marketinginstrumente, die aus der Erfahrung mit der Gestaltung neuer Marketinginstrumente und ihrer Erprobung entstanden ist.
- Zwei Fragebögen zur Bedarfserhebung, die wir in jeweils abgewandelter Form auch weiterhin gezielt einsetzen können.
- Ein Evaluationsfragebogen für Veranstaltungen, den wir in ausgewählten Kursen einsetzen und dessen Ergebnisse jeweils in die zukünftigen Planungen und Marketingstrategien einfließen.
- Die Benennung von konkreten Indikatoren für Erfolg, die wir gegen Ende des Projektes festgelegt haben, und die uns hilft, den Erfolg von neu konzipierten Veranstaltungen zu überprüfen und neue Entwicklungsziele zu stecken.

## 5. Wie geht es weiter ?

Um eine bessere Arbeitsstruktur in unseren Kreisvorstand zu bringen, möchten wir diesen im Hinblick auf die nächste Vorstandswahl 2005 umorganisieren. In der Vergangenheit wurde sehr viel Wert darauf gelegt, dass die einzelnen Regionen unseres Kreises vertreten waren: Eifel, Mosel und Hunsrück. Dies soll in Zukunft zwar auch eine Rolle spielen, doch sollen die neuen Vorstandsfrauen auch nach vorhandenen bzw. in der Arbeit des Kreises benötigten Kompetenzen ausgewählt werden. Wir erhoffen uns dadurch eine Arbeitserleichterung für den jetzigen geschäftsführenden Vorstand, da die Vorstandsmitglieder ihr Wissen durch gezielteres Zusammenwirken besser ins Team einbringen können.

Zudem wollen wir verstärkt die Teambildung in den Ortsverbänden vorantreiben. Bisher war in den Ortschaften nur jeweils eine Ortsvertreterin für die Arbeit zuständig. Durch einen kleinen Ortsvorstand soll diese Ortsvertreterin entlastet werden. Außerdem soll in Zukunft regelmäßig durch ein Rundschreiben über die aktuellen Arbeiten und Projekte des Kreisvorstandes informiert werden. Durch eine konsequente Weiterbildung unserer ehrenamtlich tätigen Mitarbeiterinnen möchten wir Kompetenzen fördern, Fachkenntnisse ausbauen, verfügbares Wissen transparent machen und Kontinuität sicherstellen.

Um unsere Öffentlichkeitsarbeit voranzutreiben - vor allem im Hinblick auf unseren Namen „Landfrauenverband" - möchten wir in einem neuen Flyer auf unsere Arbeit aufmerksam machen. Dies soll in Zusammenarbeit mit unserem Landesvorstand geschehen, denn dieser neue Flyer soll nach Fertigstellung auch anderen Kreisverbänden zur Verfügung stehen. Unser Entwicklungsteam möchte für die Inhalte und das Layout sorgen, der Landesverband wird gebeten, die Druckkosten zu übernehmen. Ebenfalls möchten wir einen Antrag auf Einrichtung eines Intranets stellen, um so eine effektivere Kommunikation der Kreisverbände mit dem Landesverband zu ermöglichen.

Die bisherigen Ergebnisse des für uns so erfolgreichen LLL-Projekts zur Organisationsentwicklung möchten wir natürlich auch anderen Kreisverbänden und Interessierten zur Verfügung stellen. Hierzu soll unter anderem auch dieser Erfahrungsbericht aus dem Projekt dienen. Auch in Form von Presseartikeln werden wir unsere Erfahrungen zielgruppenspezifisch weiterleiten. Wir erhoffen uns hier die Unterstützung des Landesverbandes, die unerlässlich ist, wenn unsere Ergebnisse wirksam in andere Bereiche und auf andere Ebenen getragen werden sollen.

Wir möchten, dass unsere Planungen zukunftsfähig sind und dass die Ergebnisse nachhaltig wirken. Außerdem möchten wir weiter neue Mitglieder gewinnen. Wir haben aber auch erkannt, dass wir dafür eine eigene Geschäftsstelle brauchen, die über alle Geschäftsbereiche informiert ist und jederzeit kompetent und aktuell Auskunft geben kann.

Ein Organisationsentwicklungsteam in der gleichen Zusammensetzung wie das Entwicklungsteam des LLL-Projekts soll in dieser Form neben der herkömmlichen Struktur bestehen bleiben, weil in den Vorstandssitzungen die Alltagsarbeit Vorrang hat.

Durch die zwei Jahre Zusammenarbeit im Entwicklungsteam haben wir Visionen entwickelt, aus denen viele Ideen erwachsen sind. Wir haben Mut zur Veränderung bekommen und werden die angefangene Entwicklung weiter vorantreiben.

Barbara Graf / Günter Michels / Monika Nickels

# Zielgruppenarbeit in der Region

*Die Arbeit der Kreisvolkshochschulen Cochem-Zell, Ludwigshafen, Mainz-Bingen im Projekt "Lebenslanges Lernen"*

Gesellschaftlichen Entwicklungen einerseits zu folgen, sie aber andererseits über Bildungsarbeit mit zu beeinflussen, stellt für Weiterbildungseinrichtungen im Zuge des lebenslangen Lernens eine große Herausforderung dar.
Vor diesem Hintergrund trafen sich im April 2002 vier Kreisvolkshochschulen (Cochem-Zell, Kusel, Ludwigshafen, Mainz-Bingen) um zu überlegen, was eine Beteiligung am Projekt LLL für die jeweiligen Einrichtungen leisten kann. Da der Leiter der KVHS Kusel in den Ruhestand ging und die neue Leiterin vor einer Entwicklung ihrer Organisation diese zunächst kennenlernen und sich einarbeiten musste, ist allerdings zu erwähnen, dass diese Einrichtung zum Ende des Jahres 2002 aus der Kooperation ausschied.
Aus einer Vielzahl von Entwicklungsbedarfen ergab sich der Schwerpunkt "Zielgruppenarbeit in der Fläche", weil sich das Programm der Kreisvolkshochschulen besonders dadurch auszeichnet, dass für die Bürgerinnen und Bürger der Kreise ein flächendeckendes, den regionalen Besonderheiten angepasstes Angebot vorgehalten wird. Dies unterscheidet die Arbeit der Kreisvolkshochschulen von der städtischer Einrichtungen. Die regionalen Besonderheiten, die unterschiedlichen Strukturen der Gemeinden im Kreis und damit auch unterschiedliche Bedarfe erschweren die Programmplanung. Jede örtliche Volkshochschule hat unterschiedliche Rahmenbedingungen, keine gleicht der anderen. Diese unterschiedlichen Ausgangsvoraussetzungen mussten im Projekt berücksichtigt werden.
Als gemeinsames Ziel bis Ende 2003 wurde daher im Projekt vereinbart, durch strategische zielgruppen- und flächenorientierte Programmplanung und Vermarktung mit einem anspre-

chenden Programm mehr Menschen zu erreichen und damit mehr Teilnehmende zu gewinnen. Teilziele, wie bspw. das Verändern der Programmstruktur, die Verbesserung der Pressearbeit oder Ausweitung der Kooperationen, orientierten sich an den jeweiligen Bedingungen und am speziellen Entwicklungsbedarf der Weiterbildungseinrichtungen. Es wurde insbesondere darauf geachtet, im Entwicklungsprozess den unterschiedlichen Strukturen gerecht zu werden. Zu den beteiligten Kreisvolkshochschulen gehörten - mit Ausnahme der KVHS Cochem-Zell - Außenstellen, d.h. örtliche Volkshochschulen (VHS) in den Städten und Gemeinden der Landkreise. Da diese örtlichen VHS von ehrenamtlichen Kräften geleitet werden, ergab sich als Konsequenz, die enge Zusammenarbeit zwischen der Geschäftsstelle der KVHS an einem zentralen Standort und den örtlichen Einrichtungen, aber auch die Zusammenarbeit der örtlichen VHS untereinander zu stärken. Die Wahrnehmung untereinander, dass viele an einer gemeinsamen öffentlichen Aufgabe arbeiten, um ihren Bürgerinnen und Bürgern Weiterbildung in den verschiedensten Bereichen zu ermöglichen, erzeugte bei den Beteiligten wahre Motivationsschübe.
Das daraus im Projekt hervorgegangene gemeinsame Wirken lässt sich demzufolge als Spinnennetz symbolhaft darstellen. Dieses Symbol wählten die Entwicklungsteammitglieder, um beim 2. Kompetenzatelier des Projekts LLL ihre Arbeit im Entwicklungsteam, aber auch in den Einrichtungen darzustellen. Ein Spinnennetz ist ein Netz, das hält, das reißen kann, das fängt. Unterschiedliche Knoten, verschieden stark, stellen die Verbindungen her. Es ist unvollständig und immer wieder neue Fäden kommen dazu, die Anknüpfungspunkte suchen. Bestimmte Voraussetzungen müssen aber gegeben sein. Für die Mitglieder des Entwicklungsteams waren und sind dies: "Mut zur Veränderung" – "Sich von dem verabschieden, wie es immer war" – "Visionen eine Chance geben". Diese Voraussetzungen prägten unsere Arbeit im Entwicklungsteam. Offenheit im Erfahrungsaustausch, das Entdecken eines kollegialen Verbundes, das Kennenlernen strukturierten Arbeitens, neuer Me-

thoden und Techniken sowie die konstruktive Nutzung einer Informations- und Kommunikationsplattform waren dadurch möglich.
Neben der Darstellung der teilnehmenden Kreisvolkshochschulen und den Gründen für die Beteiligung am Projekt LLL sollen die Vorgehensweise, die entstandenen Ergebnisse und Perspektiven im Folgenden ausführlicher geschildert werden. Dabei wird sowohl auf gemeinsame als auch auf spezifische Voraussetzungen, Bedingungen und Ergebnisse der einzelnen Kreisvolkshochschulen eingegangen.

## 1. Wer sind wir?

Die *Kreisvolkshochschule Cochem-Zell* ist eine kommunale Einrichtung des Landkreises Cochem-Zell. Der Flächenlandkreis teilt sich geographisch in drei Regionen "Eifel-Mosel-Hunsrück" mit rund 70 km Durchmesser. Der Landkreis gliedert sich in 5 Verbandsgemeinden mit 91 Ortsgemeinden plus Stadt Cochem und insgesamt ca. 66.000 Einwohnern. Eigene Räumlichkeiten stehen in Cochem und in Zell zur Verfügung. Ansonsten werden die Gemeindehäuser und Schulen im gesamten Landkreis für Kursangebote genutzt. Die Kreisvolkshochschule Cochem-Zell plant und organisiert ihr Programm ohne Unterstützung durch Außenstellen auf Ortsgemeinde- oder Verbandsgemeindeebene. Vom Büro in Cochem aus werden Weiterbildungsangebote im gesamten Landkreis geplant und durchgeführt. An Personal sind neben dem Leiter noch zwei Stellen im Verwaltungsbereich für die Weiterbildungsarbeit im Landkreis Cochem-Zell vorhanden. Statistik für 2001: 362 Kurse, 8.726 Unterrichtsstunden mit 4.239 Teilnehmerinnen und Teilnehmern. Die KVHS Cochem-Zell ist stark ländlich geprägt. Der Leiter hat, da es keine Außenstellen gibt, die Position des "Einzelkämpfers". Wie auch aus der obigen Beschreibung ersichtlich wird, ergibt sich dadurch eine ganz spezifische Problemstellung.

Die *Kreisvolkshochschule (KVHS) Ludwigshafen* ist eine Einrichtung in kommunaler Trägerschaft des Landkreises Ludwigshafen mit einer Nord-Süd-Entfernung von ca. 50 km von der Stadt Worms entlang der Städte Frankenthal, Ludwigshafen und Speyer bis zum Kreis Südliche Weinstraße. Nachbarkreis ist der Kreis Bad Dürkheim. In 14 örtlichen Volkshochschulen, in der Stadt Schifferstadt sowie in jeder Verbandsgemeinde und den verbandesfreien Gemeinden werden jährlich 1.800 Veranstaltungen mit 31.000 Unterrichtsstunden und 26.000 Teilnehmenden durchgeführt. In der Geschäftsstelle der Kreisvolkshochschule, einer Abteilung der Kreisverwaltung, sind außer der Leiterin zwei pädagogische Mitarbeiter, der Geschäftsführer sowie vier Verwaltungsangestellte hauptamtlich beschäftigt. Ihre Aufgaben sind Programmplanung und -organisation in Absprache mit den örtlichen Volkshochschulen sowie die Geschäftsführung. In den örtlichen Volkshochschulen nehmen jeweils eine Verwaltungsangestellte, Mitarbeiterin oder Mitarbeiter der Gemeinden sowie eine ehrenamtliche örtliche Leitung die Anmeldungen entgegen, beraten Interessierte und Teilnehmende, organisieren die Raumplanung und gewährleisten den Kontakt zu den Dozentinnen und Dozenten. Im Bildungszentrum in Schifferstadt mit zwei hauptamtlichen pädagogischen Mitarbeitern werden insbesondere Kursangebote der beruflichen Bildung durchgeführt.

Die *Kreisvolkshochschule Mainz-Bingen* ist eine nach rheinland-pfälzischem Weiterbildungsgesetz anerkannte Weiterbildungseinrichtung. Ihre Aufgabe ist es, gemeinsam mit den 27 örtlichen Volkshochschulen ein breites, interessantes, an den Bedarfen der Bürgerinnen und Bürger orientiertes Programm anzubieten, das der im Weiterbildungsgesetz formulierten öffentlichen Aufgabe gerecht wird. Circa 20.000 Unterrichtsstunden und 18.000 Teilnehmerinnen und Teilnehmer weist die Jahresstatistik aus. Die Kreisvolkshochschule Mainz-Bingen ist als e.V. organisiert. Der amtierende Landrat ist laut Satzung Vorsitzender der Einrichtung. Weitere Gremien sind der Vorstand und die Mitgliederversammlung. Die Zentrale befindet sich im Kreishaus in Ingelheim. Hier werden die Weichen für Entwicklungs- und Veränderungsprozesse im programmatischen und institutionellen Bereich gestellt, die Verwaltung für alle 27 örtlichen Volkshochschulen von drei Verwaltungskräften (zwei Vollzeitstellen) zentral gesteuert. Programmangebote von überregionalem Interesse wie die Vorbereitung auf den Hauptschulabschluss, Vorbereitungsseminare für Wiedereinsteigerinnen in den Beruf, Tagesmütterkurse, zielgruppenspezifische Weiterbildungsangebote, Integrationsmaßnahmen für ausländische Mitbürgerinnen und Mitbürger usw. werden als zentrale Aufgabe wahrgenommen.

## 2. Warum haben wir an diesem Projekt teilgenommen?

Die Beteiligung der *Kreisvolkshochschule Cochem-Zell* erfolgte vor dem Hintergrund, in einem ländlich geprägten Umfeld neue Zielgruppen anzusprechen und damit das Image in der Öffentlichkeit zu stärken und die Attraktivität zu fördern. Mit dem Angebot für neue Zielgruppen sollten Bausteine für die Zukunftsentwicklung gesetzt werden. Diese Vision, die richtigen Rahmenbedingungen aufzugreifen, war durch den Erfahrungsaustausch mit den beteiligten Kreisvolkshochschulen und dem externen Blickwinkel durch das Projekt "Lebenslanges Lernen" der Universität Landau bzw. des Projekts LLL zu erreichen.

Gründe für die Teilnahme am Projekt LLL ergaben sich für die *Kreisvolkshochschule Ludwigshafen* daraus, dass sich in den letzten Jahren der Weiterbildungsarbeit die Erwartungen der Teilnehmenden und damit die Themen, die Inhalte und Angebotsformen, die Rolle der Kursleitenden sowie der Bedarf an Beratung veränderten. Die Zahl der Kooperationspartner wuchs, insbesondere im Gesundheitsbereich, und neue Netzwerke entstanden. So beschäftigte sich die KVHS Ludwigshafen immer wieder mit ihren Strukturen, mit Arbeitsabläufen, insbesondere in der Zusammenarbeit zwischen Geschäftsstelle und örtlichen Volkshochschulen, mit Marketing, Evaluation sowie der Frage nach Zielgruppen und deren Bedarfen, dies allerdings nicht strukturiert und meist situationsbezogen. Die Beteiligung am Projekt war eine gute Gelegenheit zur Weiterentwicklung der Organisation mit professioneller wissenschaftlicher Leitung, Beratung und Unterstützung. Die Zusammenarbeit mit weiteren Volkshochschulen bot die Möglichkeit, vergleichbare Einrichtungen besser kennen zu lernen und Erfahrungen auszutauschen. Von der Zielvereinbarung durch strategische Programmplanung, durch Zielgruppenanalyse ein auf Zielgruppen in der Fläche zugeschnittenes Angebot machen und dieses professionell vermarkten zu können sowie ein regionenspezifisches Profil der Kreisvolkshochschule zu erarbeiten, erwarteten wir, den Stellenwert unserer Einrichtung bei den Bürgerinnen und Bürgern im Landkreis und den angrenzenden Städten zu verbessern. Gleichzeitig wünschten wir, dass sich die örtlichen Volkshochschulen stärker mit ihrem eigenen Profil im Gesamtprogramm wiederfinden, sich damit identifizieren und sich in die Kreisvolkshochschule eingebunden fühlen.

Die Situation der *Kreisvolkshochschule Mainz-Bingen* war vor dem Projekt LLL durch ein Spannungsfeld zwischen dem Willen zur Veränderung vor dem Hintergrund des Anspruchs des lebenslangen Lernens einerseits und der Wirklichkeit der Arbeitsbedingungen von Kreisvolkshochschulen andererseits gekennzeichnet. Es gab strukturelle Veränderungen, die von Leitung und Vorstand auf den Weg gebracht wurden, aber nur widerstrebend und zögerlich in den örtlichen Einrichtungen umgesetzt wurden. Die Ansprüche des lebenslangen Lernens zu verwirklichen, diese aber auf die strukturelle Wirklichkeit der Kreisvolkshochschulen abstimmen zu müssen, ergab Verbesserungsmaßnahmen, die eingeleitet wurden, aber nicht in jedem Falle vollständig zufriedenstellend umgesetzt werden konnten.

*Anspruch*: Die neuen Akzente in der Weiterbildung unter dem Stichwort lebenslanges Lernen sind mehr als eine Modeerscheinung. Sie dokumentieren den Wandel des Blicks auf Lernen und Bildung. Wer den wachsenden Bedarf an Weiterbildung realisierbar machen will, braucht Strukturen, die dies ermöglichen.

*Wirklichkeit*: 27 örtliche Volkshochschulen mit in der Praxis unterschiedlicher Anbindung an die Zentrale, in Jahrzehnten gewachsene Eigenständigkeit der örtlichen Einrichtungen, die im Gegensatz zu der Satzung und den Richtlinien stehen und die die Zusammenarbeit erschwerten, waren Charakteristika, die die Kreisvolkshochschulen bis vor wenigen Jahren präsentierten.

*Verbesserungsmaßnahmen*: Das Profil der Institution Kreisvolkshochschule musste geschärft werden, um die Institution als Ganzes im Bewusstsein der Bürgerinnen und Bürger erlebbar und damit auch entwicklungsfähig und zukunftsfähig zu machen. Maßnahmen hierzu waren:

- Einheitlicher Marktauftritt und gemeinsames Programmheft.
- Präsenz und Anmeldemöglichkeit über Internet.
- Systematische Programmplanung.
- Verwaltungsprogramm auf Internetbasis – gedacht war an ein Programm, das neue Maßstäbe in der Zusammenarbeit mit den örtlichen Volkshochschulen, aber auch mit Referenten und Kunden setzt. Ein Programm, mit dessen Hilfe den Kunden Auskunft über die Kursbelegung gegeben werden kann, das die Einrichtungen in die Lage versetzt, auf kürzestem Weg mit örtlichen Leitungen und Kursleitern in Verbindung zu treten, das Hilfe bei der Kursplanung bietet, den Interessenten Einblick in die Kursbeschreibung und Lernziele gewährt und auch die Möglichkeit der Online-Anmeldung zulässt.

*Aus Resignation folgt Motivation*: Trotz Einsicht in die Notwendigkeit von Veränderungen erlebten viele örtliche VHS-Leitungen den eingeleiteten Prozess als Einschränkung ihrer Eigenständigkeit, als Bevormundung, zum Teil auch als Zumutung. Ein kräftezehrender Prozess auf beiden Seiten, bei den Mitarbeiterinnen in der Zentrale und bei den örtlichen Einrichtungen, war die Folge. Daraus wuchs die Einsicht, dass der eingeleitete Prozess nur erfolgreich weitergeführt werden kann, wenn es gelingt, die örtlichen Leitungen von dieser wichtigen Arbeit zu überzeugen und sie auf diesem Weg mitzunehmen.

Aus dieser spannungsreichen, aber aus Sicht der Kreisvolkshochschule Mainz-Bingen eher herausfordernd als aussichtslos wahrgenommenen Situation resultierte die Motivation, am Projekt LLL teilzunehmen.

## 3. Wie sind wir vorgegangen?

Die Vorgehensweise wurde durch unterschiedlichste Faktoren geprägt, die sowohl einzeln als auch in Wechselwirkung zueinander eine effektive, innovative und zufriedenstellende Arbeit im Projekt ermöglicht haben. Diese Faktoren waren vor allem:

a) Zielvereinbarungen und ergebnisorientiertes Arbeiten.
b) Gemeinsame Kommunikationsregeln und Informationswege.
c) Transparenz nach Innen und nach Außen.
d) Selbständiges Lernen im Prozess der Arbeit - durch Beratung und Begleitung unterstützt.
e) Dokumentation von Aufgaben und Ergebnissen im Entwicklungsteamtagebuch.
f) Unterstützung des Informationsaustauschs mittels einer Kommunikationsplattform.
g) Ermunterung und Ermahnung durch die Beratung sowie Selbständigkeit, Selbstdisziplin und Kritikfähigkeit seitens der Entwicklungsteammitglieder.

In den ersten Entwicklungsteamsitzungen wurden - orientiert an einem vom Projektteam vorgegebenen Handlungsrahmen - Verantwortlichkeiten bestimmt, Kommunikationsregeln erarbeitet, Zeitrahmen und Abläufe festgelegt, Ziele und Aufgaben definiert (a). Da alle Entwicklungsteamteilnehmer zeitlich stark belastet waren (-und sind-), wurde vereinbart, sich in einem vier- bis sechswöchigen Rhythmus zentral in Mainz zu treffen. Die Möglichkeit über die Intranetplattform und per Mail kommunizieren zu können, sollte ein kontinuierliches Arbeiten auch in der Zeit zwischen den Sitzungen gewährleisten (f).
Die Kommunikation in Richtung des Trägers und der Landesorganisation übernahm Barbara Graf, die als stellvertretende Landesvorsitzende die Aufgabe wahrnahm, den Vorstand des Landesverbandes sowie den Pädagogischen Ausschuss über die Ergebnisse der Arbeit im Entwicklungsteam zu informieren (c). Somit konnten schon während des Entwicklungsprozesses über das Entwicklungsteam hinausgehende Ideen und Zwischenergebnisse in einen erweiterten Rahmen der Kooperation auf Ebene des Trägers eingebracht werden.
Die Kommunikationsregeln "Offenheit" und "Vertraulichkeit", die sich das Team zu Beginn gegeben hatte, stellten nie ein Problem dar, ebenso wenig die Regel "konstruktiv Kritik zu üben" (b). Sehr viel schwerer fiel anfangs das ergebnisorientierte Arbeiten, bspw. das Achten auf Redezeit, denn der Erfahrungsaustausch wurde von jedem Entwicklungsteammitglied als spannend und impulsgebend für die eigene Arbeit betrachtet. Wie gut, dass die Beraterin zuweilen regulierend eingriff (g), die Ergebnisorientierung anmahnte und half, dass das Entwicklungsteam - trotz allen Elans - die eigenen Schwerpunkte und Ziele nicht aus den Augen verlor (d).
An dieser Stelle wurde auch der Nutzen des projektseitig eingeführten Entwicklungsteamtagebuchs deutlich (e). Durch die schriftliche Fixierung des erwarteten und des erreichten Ergebnisses bei jeder Sitzung wurde die Zielorientierung und –reflexion gewahrt sowie die Kontrolle über den Prozess gewährleistet. Auch wenn nicht immer das zu Beginn der Sitzung

festgelegte Ziel erreicht wurde, konnten die Teilnehmenden doch jedes Mal interessante Aspekte und Ideen mitnehmen, die die Arbeit im weiteren Verlauf produktiv beeinflusst haben. Außerdem wurde nach jeder Entwicklungsteamsitzung im Tagebuch festgehalten, wer über die Ergebnisse informiert werden musste. Damit konnte der Informationsfluss in die Einrichtungen und in den Verband sichergestellt werden (e, b, c).
Beratung durch das Team des Projekts LLL bot den Mitgliedern des Entwicklungsteams einen Rahmen für selbstgesteuertes und selbstverantwortetes Lernen (d). Sie unterstützten, wenn es galt, Lern- und Veränderungsbedarfe zu erschließen, Ideen und Maßnahmen zur Veränderung aufzugreifen und zu erproben sowie Ergebnisse zu überprüfen und zu sichern (g) und auf ein ergebnis- und zielorientiertes Arbeiten zu achten. Verschiedene Themen wurden mit bestimmten Methoden erarbeitet, bspw. die hemmenden und fördernden Faktoren der Zielgruppenarbeit mit der "Kraftfeldanalyse" oder die Bedingungen für Zielgruppenarbeit mit dem "Ishikawa – Diagramm". Bereits die Ist-Analyse, das Zusammentragen der mitgebrachten Informationen über die Organisation, eingesetzte Methoden und Material sowie das Erarbeiten der Entwicklungsbedarfe machten deutlich, wie unterschiedlich die beteiligten Kreisvolkshochschulen strukturiert sind, wie stark sich dadurch die Prozesse, Arbeitsabläufe und Möglichkeiten der Veränderung und Weiterentwicklung unterscheiden. Mehr und mehr zeigte sich aber auch, dass diese Heterogenität des Entwicklungsteams eine sehr gute und intensive Zusammenarbeit nicht erschwerte, sondern sogar als Bereicherung betrachtet werden kann. Als Entwicklungsteammitglieder bewerten wir die dadurch gemachten Erfahrungen als durchweg positiv. Wir sind auf der Grundlage der Zielvereinbarungen strukturiert an Fragestellungen heran gegangen und haben eine Reihe neuer Methoden und Werkzeuge kennen gelernt. Dies alles trug zu einer persönlichen Qualifizierung bei.
Das Arbeiten im Team erforderte allerdings auch ein erhebliches Maß an Selbstdisziplin, besonders was die Vorbereitung

auf die jeweilige Sitzung betraf (g). Aufgaben wurden terminiert und im Protokoll jeweils festgehalten und wurden dadurch im Alltagsgeschäft nicht vergessen und rechtzeitig erledigt.
Neu für alle Beteiligten war die Arbeit mit der Intranet-Plattform. Trotz verständlicher Vorstellung in der zweiten Entwicklungsteamsitzung, einer schriftlichen Kurzanleitung sowie geduldiger Begleitung und Betreuung durch den projektseitigen Administrator der Plattform gestalteten wir die fünfte Sitzung als Online-Übung. Danach waren wir gewandter und sicherer im Umgang zur Nutzung virtueller und dadurch kurzer Kommunikationswege.

## 4. Ergebnisse

Die organisationalen Strukturen veränderten sich durch die Mitarbeit im LLL-Projekt nicht. Sie sollen und müssen sich auch nicht verändern. Es veränderte sich allerdings die Zusammenarbeit mit Verantwortlichen an verschiedenen Standorten, mit örtlichen VHS und damit zwischen hauptamtlichen und ehrenamtlich Beschäftigten in den Einrichtungen. Das Bewusstsein für strategische zielgruppenorientierte Programmplanung in den Volkshochschulen wuchs, alle an der Programmplanung Beteiligten lernten, für den Planungsprozess Verantwortung zu tragen und erfuhren, dass strukturiertes Arbeiten, dass ihr Engagement zum Erfolg der Organisation beiträgt.

Ganz wichtig war die Erkenntnis, welche besondere Bedeutung die örtlichen Leitungen sowohl für die Bedarfsanalyse, die Programmplanung, als auch für die Durchführung und damit für den Erfolg der Kreisvolkshochschule haben. Die örtliche Leitung ist von unschätzbarem Wert für eine am Bürger orientierte Weiterbildung, weil sie in den Gemeinden verankert ist, weil sie in direktem Kontakt zu den Menschen in ihrer Gemeinde steht, deren Bedarfe am ehesten kennt, Ansprechperson für Teilnehmende, Interessierte, aber auch Dozentinnen und Dozenten

sowie politisch Verantwortliche ist. Das im Entwicklungsteam erarbeitete Aufgaben- und Anforderungsprofil trägt dieser besonderen Rolle Rechnung. So war es uns von Anfang an wichtig, die örtlichen Leitungen und ehrenamtlich arbeitenden Mitarbeiter in den Entwicklungsprozess einzubeziehen. Anlässlich eines Workshops im April 2003 für ehrenamtliche Leitungen in den Kreisvolkshochschulen Ludwigshafen und Mainz-Bingen sowie für am Programm Mitarbeitende in der KVHS Cochem-Zell erarbeiteten die Teilnehmenden die Bedeutung und den Nutzen von Zielgruppenarbeit, stellten die für eine Programmplanung notwendigen Informationen zusammen und hielten fest, was die MitarbeiterInnen der Kreisvolkshochschulen brauchen, um vor Ort zielgruppenorientiert arbeiten zu können. Dieser Workshop wurde vom Entwicklungsteam vorbereitet und seitens des Beraterin LLL-Projekts moderiert. Dank der technischen Unterstützung durch das Projekt LLL war es möglich die Ergebnisse als Mind-Map zum Ende der Sitzung zu präsentieren und damit eine übersichtliche Ergebnissicherung mitzunehmen. Das Mind-Map Ergebnis bildete die Grundlage für die spätere Entwicklung der "Regionalen Weiterbildungslandkarte".
Die Durchführung des Workshops förderte zum einen die als Teilziel formulierte Einbindung der Ehrenamtlichen, zum anderen verbesserte diese die Planungskompetenz der vor Ort Verantwortlichen. Sehr häufig verfügen die örtlichen Leitungen über keine pädagogische Ausbildung, zumindest über keine erwachsenenpädagogische Qualifikation, so dass dies auch als Beitrag zur Professionalisierung Ehrenamtlicher betrachtet werden kann.

Als ein für alle beteiligten Kreisvolkhochschulen nachhaltig wirkendes Ergebnis kann die bereits genannte Entwicklung einer "Regionalen Weiterbildungslandkarte" bezeichnet werden. Diese ermöglicht auf der Grundlage verschiedener regionaler Daten eine an den Bedarfen und örtlichen Gegebenheiten orientierte Programmplanung. Dass der Inhalt der Karte von den

örtlichen Leitungen selbst erarbeitet wurde, erleichterte die Motivation zur Erfassung vieler Daten durch die örtlichen Volkshochschulen und die Nutzung für die Programmplanung. Für eine erste Stufe in 2003 entschieden sich die Workshopteilnehmenden, die Altersstruktur und zwei bis vier ausgewählte Bereiche zu erfassen.
Die Idee zur Entwicklung der "Regionalen Weiterbildungslandkarte" sowie die weiteren Projektergebnisse stellten die Entwicklungsteammitglieder auf der Mitgliederversammlung des VHS-Landesverbandes im Februar 2003 den Volkshochschulen in Rheinland-Pfalz vor.
Interesse fanden die Projektergebnisse ebenso in den beiden Kompetenzateliers mit den am LLL-Projekt beteiligten Trägern. Sie boten neben der Gelegenheit, andere Projekte kennen zu lernen, einen sehr interessanten Erfahrungsaustausch und unterstützten die Information der Landesorganisationen. Für die KVHS war dies eine Möglichkeit, die Nachhaltigkeit der Ergebnisse sicher zu stellen, auf der persönlichen Ebene waren sie eine Bereicherung.

Neben den Ergebnissen, die für alle Kreisvolkshochschulen relevant waren, ergaben sich durch das Projekt LLL auch Ansatzpunkte für spezielle Entwicklungen in den einzelnen Kreisvolkshochschulen.

*Kreisvolkshochschule Cochem-Zell*

- Die Investition an zeitlichen Ressourcen für Zielgruppenarbeit ist wichtig, um neue Impulse für das "Tagesgeschäft" zu erhalten.
- Die Bildungslandkarte wurde in viel Kleinarbeit durch die Mitarbeiterinnen und eine Auszubildende erstellt. Im Ergebnis zeigte sie aber deutlich, welche Regionen im Landkreis zu wenig Kontakt zur Kreisvolkshochschule haben.
- Die im Entwicklungsteam erarbeiteten fördernden und hemmenden Faktoren für die Weiterbildungsarbeit in der

Region haben ein Aufgabenspektrum erschlossen, das künftig ein stärkeres Engagement erfordert.

- Für die neue Zielgruppe klein- und mittelständische Unternehmen (KMU) im Landkreis Cochem-Zell wurde eine spezielle Vortragsreihe mit 7 Themen erarbeitet. Die dazugehörigen Flyer wurden von einer Werbeagentur entworfen und gedruckt. Diese wurden dann mit einem Anschreiben des Landrates an ca. 550 Betriebe im Landkreis Cochem-Zell verschickt.
- In der Programmplanung für 2004 werden zu diesen Vorträgen konkrete Weiterbildungsangebote erstellt. Alle, die an den Vorträgen teilnehmen, erhalten im nächsten Jahr persönliche Einladungen zu diesen Seminaren. Zusätzlich werden die Seminare über die üblichen Medien bekanntgemacht.

*Kreisvolkshochschule Ludwigshafen*

- Das im Entwicklungsteam Erarbeitete wurde durch mich als Leiterin in meine Einrichtung getragen. In den Teamsitzungen informierte ich die hauptamtlichen MitarbeiterInnen über Ideen und Maßnahmen. Die MitarbeiterInnen, insbesondere die pädagogischen Mitarbeiter, unterstützten die Bearbeitung der Aufgaben. So beschäftigten sie sich mit den Fragen, welche Informationen über potentielle Teilnehmende wichtig sind, welche Anforderungen ein guter Dozent erfüllen muss oder welche Kriterien den Erfolg oder Misserfolg einer Veranstaltung ausmachen. Auf diese Weise konnte ich die Fachkompetenz der MitarbeiterInnen in die Arbeit des Entwicklungsteams einbringen, sie aber auch aktiv am Entwicklungsprozess beteiligen.
- Über die Arbeit im Projekt informiert wurden ebenso der für die KVHS Ludwigshafen zuständige Dezernent und die Mitglieder des Kuratoriums der KVHS.
- Nach der vierten Entwicklungsteam-Sitzung im Oktober 2002 stellte ich anlässlich einer Tagung mit den örtlichen

Volkshochschulen das Projekt ausführlich vor und bearbeitete mit den Leiterinnen und Leitern die Fragen "Was sind für Sie als örtliche Leitung Zielgruppen?" und "Welche Angaben brauchen Sie, um zielgruppenorientiert planen zu können?" Die Teilnehmer des Workshops arbeiteten engagiert mit und beurteilten ihre Einbeziehung als äußerst positiv. Es gelang, sie für eine Weiterarbeit zu gewinnen. Besonders wurde deutlich, dass für eine bedarfsgerechte Programmplanung und eine bessere TeilnehmerInnen-Orientierung eine Analyse der Gegebenheiten jeder einzelnen Volkshochschule wichtig und notwendig ist, weil selbst innerhalb des Kreises unterschiedliche Bevölkerungsstrukturen und Voraussetzungen und damit auch unterschiedliche Bedarfe festzustellen sind. Diese Unterschiede zeigen sich bereits bei benachbarten Gemeinden. Diese Tagung mit den örtlichen Volkshochschulen stellte einen ersten Schritt zur Vorbereitung einer bewussteren strukturierten Programmplanung für 2004 dar.

- Im Workshop für ehrenamtliche örtliche Leitungen im April 2003 wurde dies vertieft. Das veränderte Bewusstsein für einen strukturieren Planungsprozess ermöglichte, dass die örtlichen Volkshochschulen bis auf eine Ausnahme bis Juni die für die Regionale Weiterbildungslandkarte erforderlichen Daten bzgl. Vereinen, Ansprechpartnern, Kooperationspartnern und Räumlichkeiten fast vollständig erfassten.
- Am Lehrgang "Wir machen Politik – Schritte in die Mitbestimmung", einer Seminarreihe für Frauen, erprobten wir zielgruppenorientierte Werbung für ein ausgewähltes Kursangebot. Im Juni 2003 initiierten wir eine Telefonaktion, um Bürgerinnen und Bürgern Gelegenheit zu geben, ihre Wünsche und Vorschlage für das Jahresprogramm 2004 vorzubringen. Leider fand diese Aktion sehr wenig Resonanz.

- Im Projektzeitraum 2003 wurden regelmäßige Jahresgespräche zwischen der Leitung und den örtlichen Volkshochschulen eingeführt. Bei diesen Gesprächen mit der KVHS - Leitung, dem Bürgermeister, mit örtlicher Leitung und Verwaltungskraft der örtlichen VHS werden die Themen: "Programmangebot", "Raumnutzung", "Öffentlichkeitsarbeit" und "Zusammenarbeit" besprochen und ein Protokoll der Ergebnisse erstellt. Diese Jahresgespräche beziehen die vor Ort politisch Verantwortlichen, die sich auch finanziell an der Arbeit der VHS beteiligen, ein, erfassen Wünsche und Anregungen derjenigen, die in direktem Kontakt zu den Bürgerinnen und Bürgern der Gemeinden stehen und machen Entscheidungen transparent. Die Ergebnisse werden für die Programmplanung berücksichtigt.
- Zwei Praktikantinnen der Universität Landau absolvierten während des Projektzeitraumes ein mehrwöchiges Praktikum in der KVHS Ludwigshafen. Neben den Routineaufgaben in einer Weiterbildungseinrichtung wirkten Sie an der Programmplanung und –organisation mit, beteiligten sich an der Öffentlichkeitsarbeit sowie an der Entwicklung der regionalen Weiterbildungslandkarte und konnten erfahren, wie im Entwicklungsteam erarbeitete Ideen und Maßnahmen in der praktischen Arbeit erprobt und umgesetzt werden können.
- Die Beteiligung am Projekt bereitete die KVHS Ludwigshafen gut auf den nun begonnenen Qualitätsentwicklungsprozess LQW (Lernerorientierte Qualitätsentwicklung in der Weiterbildung) vor. Die Erprobung einiger Maßnahmen sowie der Workshop für die ehrenamtlichen örtlichen Leitungen vermittelten einen Eindruck, wie strukturiertes Arbeiten, eine zielgruppenorientierte Bedarfsanalyse die Programmplanung beeinflussen. Bei den MitarbeiterInnen verstärkte sich das Bewusstsein für die Notwendigkeit zur Veränderung von Prozessen in der

Organisation sowie zur Entwicklung und Veränderung des eigenen Handelns.

- Ich selbst betrachte diesen Entwicklungsprozess, der durch die Weiterführung in LQW nie enden wird, als ständige Herausforderung, die die Arbeit in der Weiterbildung interessant und spannend macht und werde mich bemühen, diese Motivation meinen MitarbeiterInnen immer wieder zu vermitteln.

*Kreisvolkshochschule Mainz-Bingen*
Das Projekt LLL hat viele Aktivitäten in unterschiedlichster Richtung, zu verschiedenen Themenstellungen und in mehreren Dimensionen der Arbeit der Kreisvolkshochschule Mainz-Bingen angestoßen, die insgesamt miteinander in Verbindung stehen, sozusagen vernetzt sind, die sich analytisch aber nur schwer fassen lassen und daher an dieser Stelle als Auflistung von Ereignissen, Eindrücken, Erfahrungen und Ergebnissen wiedergegeben werden.

- *Das Thema für Kreisvolkshochschulen mit örtlichen, ehrenamtlichen Leitungen: "Bedarfsgerechte Programmplanung in der Fläche"* - Das Projektthema wurde in seiner Bedeutung von den örtlichen Leitung von Anfang an wahrgenommen. Dies war eine gute Voraussetzung, aber vor allem musste der Weg dahin beschritten und die der Mitarbeit daran gestaltet werden.
- *Überzeugsarbeit* - Die KVHS-Leitung hat in allen Gremien der KVHS, im Vorstand, in den regelmäßig stattfindenden Besprechungen mit den örtlichen Leitungen und den Referenten und natürlich auch in den Besprechungen mit den hauptamtlichen Mitarbeiterinnen über das Projekt informiert und für eine strukturiertere Arbeitsweise auch auf der jeweiligen Arbeitsebene geworben und dabei die im Prozess eingeführten Methoden angewandt.
- *Mit gutem Beispiel voran: Ein gelungenes Beispiel für strukturierte Programmplanung* - Am Beispiel des stark nachgefragten, aber schließlich aufgrund ungenügender Anmeldezahlen

nicht stattgefundenen "Tagesmütterkurses" haben wir in der Zentrale das Instrumentarium strukturierter Arbeit erprobt und schließlich erfolgreich umgesetzt. Dies schloss die Kommunikation des Prozesses in den Arbeitsgremien mit den örtlichen Leitungen ein.

- *Workshop für örtliche Leitungen - wir machen mit!* - Wer den Erfolg strukturierter Arbeit erfährt ist für diese Prozesse auch zu motivieren. Dies haben wir erfahren bei der Vorstellung und der Teilnahme am Workshop für örtliche Leitungen, in dem es ebenfalls um strukturierte Programmplanung ging. Es gab viele Teilnehmer und sehr positive Erfahrungen, die in den Gremien an die anderen Leitungen weitergegeben wurden.
- *Strukturierte Programmdarstellung* - Die Kreisvolkshochschule Mainz-Bingen hat seit drei Jahren ein Programm, das sich als Aneinanderreihung der Programmangebote der Zentrale und der 27 Außenstellen präsentiert. Vordem gab es 27 verschiedene Programme mit unterschiedlicher Darstellung. Die Forderung nach strukturierter Programmdarstellung, einer Aufgliederung nach Fachbereichen und Adressatengruppen war zunächst nicht vermittelbar. Mit dem Diskussions- und Erfahrungsprozess aus der Arbeit im Projekt, in dem die Bedeutung der örtlichen Leitungen und die Anerkennung der Arbeit hohe Priorität gewann, ist ein Kompromiss erwachsen, an dem schließlich (fast) alle örtlichen Leitungen ernsthaft mitgearbeitet haben. Nur eine örtliche Leitung hat diese Entscheidung zum Anlass genommen, die Mitarbeit in der Kreisvolkshochschule aufzukündigen.
- Der Kompromiss sieht wie folgt aus: Zweigegliedertes Programm, Aufteilung nach Fachbereichen, genügend Raum zur Selbstdarstellung der örtlichen Einrichtung. Das Programm der KVHS ist zwischenzeitlich erstmals in der beschriebenen Form erschienen.
- In der ersten Besprechungen mit den örtlichen Leitungen wurde mit einer Ausnahme das Ergebnis als sehr positiv

dargestellt, kleinere Veränderungen vorgeschlagen. Diese werden bei der nächsten Ausgabe realisiert. Eine örtliche Leitung hat im Zusammenhang mit den Erfahrungen mit dem neuen Programmheft und der damit verbundenen strukturierteren Arbeit, feste Abgabetermine, vorgegebene Kursbeschreibung usw. ihre Mitarbeit aufgekündigt.

- *Weiterbildungslandkarte, ein wichtiges Instrument zur strukturierten Programmplanung* - Ein sichtbares Ergebnis des Workshops mit den örtlichen Leitungen ist die Weiterbildungslandkarte zur Erstellung eines bedarfsgerechten Programmes in der Fläche. In die Erarbeitung wurden alle örtlichen Einrichtungen eingebunden. Das Projekt wurde in den Leitungsbesprechungen vorgestellt. Die Bedeutung wurde von der Mehrheit der örtlichen Leitungen auch anerkannt. Diese haben sich auch um die Beschaffung der Daten, soweit sie ortsbezogen waren, bemüht. Die Daten zu folgenden Themenschwerpunkten wurden zentral erfasst: Altersstruktur, Kooperationspartner.
- In der Leitung der Kreisvolkshochschule wurde das Projekt im Rahmen der zeitlichen Möglichkeiten vorrangig betrieben und kommuniziert.
- *Aus gemachten Erfahrungen lernen* - Vieles in der Kreisvolkshochschule geschieht aus Notwendigkeit, aber oft nicht strukturiert. Im Wissen um die Bedeutung strukturierter Arbeit und die personellen und zeitlichen Einschränkungen machte sich manchmal Resignation breit.
- Am Ende war die Motivation und Unterstützung durch die beiden Berater des Projekts LLL immer ausschlaggebend, um nach vorne zu blicken.
- Ermutigt von der anstrengenden, aber lohnenden Arbeit wollen wir diesen Prozess weitergehen und haben uns für die Teilnahme an LQW 2 entschieden.

## 5. Wie geht es weiter?

Das durch das Projekt Angestoßene und im Projekt Erreichte bietet eine solide Grundlage für nachhaltige Entwicklungen, die – wie z.T. bereits aufgezeigt – bereits jetzt in konkrete Realisierungsschritte übergegangen sind.
Das Entwicklungsteam der Kreisvolkshochschulen wird im Jahr 2004 Kerngruppe für eine Organisationsentwicklungsgruppe der Kreisvolkshochschulen im VHS-Landesverband sein. Diese soll die Interessen der VHS in den Kreisen aufgreifen, kollegiale Beratung ermöglichen und ein Netzwerk im Verband anregen. Bei einem ersten Treffen im Januar 2004 werden die Arbeitsgruppenmitglieder den Entwurf eines Fragebogens zur Bedarfsermittlung bei Teilnehmenden überarbeiten, diesen danach in den Einrichtungen einsetzen und die Ergebnisse in die Programmplanung einbeziehen.
Die örtlichen Leitungen sollen motiviert werden, an den Tagungen des Landesverbandes für ehrenamtliche Leitungen in Kreisvolkshochschulen teilzunehmen. Regelmäßige Angebote des VHS-Landesverbandes sollen die kontinuierliche Fortbildung sicherstellen. Im Frühjahr 2004 wird erstmals eine Tagung für alle ehrenamtlichen MitarbeiterInnen der Kreisvolkshochschulen zum Thema "Schritte einer strukturierten bedarfsgerechten Programmplanung" angeboten werden. Die Mitglieder des Arbeitskreises der Kreisvolkshochschulen sprachen sich mehrheitlich für ein solches Angebot aus.
Während des Projektes entstandene Ergebnisse, wie Workshops mit örtlichen Leitungen, Maßnahmen zur Weiterbildung der Weiterbildenden und die "Regionale Weiterbildungslandkarte", werden zu mittel- und längerfristigen Veränderungen führen, die heute noch nicht beschrieben werden können. Sicher ist, dass alle Ergebnisse in den weiteren Qualitätsentwicklungsprozess der beteiligten Weiterbildungseinrichtungen einbezogen werden.
Die Leiterin der KVHS Ludwigshafen wird sich als stellvertretende Landesvorsitzende bemühen, die Organisationsent-

wicklungs-Gruppe fest im Verband zu verankern, deren Ergebnisse an andere Kreisvolkshochschulen weiterzugeben, um damit auch kleinere Kreisvolkshochschulen, deren personelle Ausstattung eine Mitarbeit erschwert oder verhindert, am Entwicklungsprozess teilhaben zu lassen.

Speziell für die *KVHS Cochem-Zell* gilt, dass sie auch in den kommenden Jahren Weiterbildungsangebote auf hohem Niveau anbieten wird. Durch Kooperationen mit der Wirtschaftsförderung, Gleichstellungsstelle, Caritas, Handwerkskammer und anderen Anbietern im Landkreis Cochem-Zell sollen vor allem weitere Zielgruppen erreicht werden.

Die *KVHS Ludwigshafen* wird die bisherigen Ergebnisse des Projektes in die Bearbeitung des Bausteines zur Bedarfsermittlung in LQW einbeziehen.
Die "Regionale Weiterbildungslandkarte" wird in 2004 und in den folgenden Jahren schrittweise erweitert werden und so in Zukunft eine gute Grundlage für die Programmplanung darstellen. Das Arbeiten mit den Informationen als Teil der Zielgruppen- und Bedarfsanalyse muss in 2004 und exemplarisch eingeübt werden. Diese Aufgabe wird für die kommenden Jahre bleiben, wird jedoch interessanter werden, wenn mehr Daten erfasst sind. Es ist vorgesehen, die bis jetzt in eine Access-Datenbank eingegebenen Informationen per Diskette den örtlichen Volkshochschulen zur Verfügung zu stellen. Diese Diskette wird von der Geschäftsführung nach gemeldeten Änderungen jährlich überarbeitet, neue Daten erfasst. Damit soll gewährleistet werden, dass ein Arbeiten auch für Nicht EDV-Erfahrene möglich ist.
Die Jahresgespräche mit den örtlichen Volkshochschulen werden fester Bestandteil der Organisationsabläufe werden.
Die örtlichen Volkshochschulen werden weiterhin in den Qualitätsentwicklungsprozess einbezogen werden.
Geplant ist, in Zukunft verstärkt mit der Universität Landau zusammen zu arbeiten. Wir möchten Erfahrungen unserer

praktischen Arbeit in die Seminare einbringen, den Studierenden die Möglichkeit geben, an unseren Lern- und Entwicklungsprozessen teilzuhaben, aber auch ihr Wissen in unserer Einrichtung anwenden und erproben zu können. So können Studieninhalte mit Erfahrungen der Praxis, der künftigen Berufswelt der Studierenden verbunden werden.

Die *KVHS Mainz-Bingen* wird die Ergebnisse ebenfalls in das begonnene Projekt LQW einbringen und die Weiterbildungslandkarte als Basis für weitere Verbesserungen des Planungsprozesses ausbauen.

Die Perspektiven, die aus dem Projekt LLL entstanden sind, sind nicht zuletzt auch dem Engagement des Beratungsteams zu verdanken, das uns auf jede erdenkliche Art unterstützte, uns Wege und Methoden aufzeigte, die wir noch nicht kannten und somit zu unserer persönlichen Qualifizierung, zur Profilierung unserer Einrichtungen und uns damit zur persönlichen und institutionellen Weiterentwicklung motivierte.

# V. Projektevaluation

Bernd Schwarz (unter Mitwirkung von Nora Neuenhaus)

# Reviews und Ergebnisse der Befragung der Mitarbeiter der Weiterbildungseinrichtungen in den Entwicklungsteams

## 1. Ausgangslage und Zielsetzung

Aus der Darstellung des Projekts und der mit dem Projekt verbundenen Zielsetzungen, die ganz allgemein auf relevante Teile der Organisations- und Personalentwicklung in den Landesorganisationen bezogen war und die Verbesserung von Rahmenbedingungen und Prozessen des Lernens von Personen und Organisationen verfolgten, folgt allgemein die Notwendigkeit der Überprüfung der Aktivitäten des Projekts und der damit bewirkten Veränderungen. Gleichwohl haben sich im Laufe der Durchführung des Projektes – nicht zuletzt auch durch die Tätigkeit der wissenschaftlichen Begleitung - Präzisierungen und Ergänzungen ergeben, die eine Überarbeitung der von Anfang an vorhandenen systematischen Ansätze nach sich zogen und die Ergänzung ursprünglich stärker beteiligtenorientiert-formativer, auf die Verwirklichung der Projektziele bezogener Intentionen um stärker summative und auf die Überprüfung der Zielerreichung bezogene ergänzten. Dazu ist dann auch anzumerken, dass diese ergänzend hinzugekommenen Orientierungen bei der Planung und Beantragung des Projekts nur begrenzt in dieser Form vorwegzunehmen waren, was dann auch entsprechende Konsequenzen für den Einsatz von Ressourcen für die Evaluation und die damit verbundenen Vorgehensweisen haben musste. Insbesondere wurde die Realisierung der Wissensmodule als im Netz verfügbare Bausteine für weitergehende oder in andere inhaltliche und organisatorische Kontexte übertragene Entwicklungsvorhaben zugunsten der Durchführung der im Rahmen der Evaluatotion eingesetzten Reviews, der Fragebogenentwicklung und der schriftlichen Befragung zurückgestellt. Glückliche Umstände und die Unterstützung der Projektträger machten dies ohne größere Nachteile für die insgesamt zu erreichenden Ziele und ohne inhaltiche Abstriche möglich, aber die Ergebnisse der Evaluation können diese Vorhaben, die derzeit abgeschlossen werden, nahe liegender Weise nicht berücksichtigen.

Mit Hilfe eines eigens entwickelten standardisierten Fragebogens wurden Urteile und Einschätzungen von relevanten Beteiligten aus den Einrichtungen erhoben. Dieser Untersuchungsteil sollte die Reviews ergänzen, die zum Projektverlauf, angestoßenen Entwicklungen und den erreichten Ergebnissen durchgeführt wurden. Mit der Fragebogenerhebung sollten insbesondere qualitative Aussagen ergänzt, für die Evaluation wichtige Aspekte auf einer eher objektiven Ebene quantifiziert und zur Abrundung einer Gesamtbewertung des Projektes aus der Sicht der Beteiligten bei den Landesorganisationen herangezogen werden. Damit sollte auch die Möglichkeit gegeben werden, anonym und völlig unbeeinflusst von andern, also insbesondere auch von Projektmitarbeitern Urteile zu formulieren und Meinungen zum Ausdruck zu bringen. Eine Befragung aller durch das Projekt direkt und indirekt betroffener Mitarbeiter und Mitglieder der Landesorganisationen und des Landesbeirates für Weiterbildung wurde aus Gründen fehlender personeller, finanzieller und letztlich auch zeitlicher Möglichkeiten verworfen.

Insgesamt sind die unterschiedlichen Ebenen, auf denen im Zuge der Umsetzung des BLK-Modellversuchsprogramms „Lebenslanges Lernen (LLL)“ evaluative Aktivitäten verortet wurden, in einem Gesamtzusammenhang zu sehen, auch wenn prinzipiell die wissenschaftliche Begleitung der Evaluation des Modellversuchsprogramms selbst (Jäger, Jäger-Flor, 2002) und der Transparenz der verschiedenen Projekte dienen soll. Für das einzelne Projekt geht es dann eher um Fragen der Akzeptanz bei den mittelbar und unmittelbar Beteiligten, der Erreichung der gesteckten Ziele und der Wirkungen des Projekts im Verhältnis zu den Ansprüchen und Bedürfnissen der Projekt-

partner, schließlich der Beurteilung des Projektes durch die Beteiligten außerhalb der Projektgruppe vor allem auch unter dem Aspekt ihrer eigenen Entwicklung und der der Einrichtung.
Im Zusammenhang des vorliegenden Projekts verbindet sich damit die Frage nach der Professionalisierung der Mitarbeiter und Mitarbeiterinnen in den beteiligten Einrichtungen, der Entwicklung von Qualifikationen und Kompetenzen für die Aufrechterhaltung und Weiterentwicklung von Anpassungs- und Innovationsprozessen, der Bewältigung zukünftiger Anforderungen in diesem Bereich und der Möglichkeit, eigenes Lernen unter entsprechenden Zielsetzungen zu gestalten. Im Sinne des lebenslangen Lernens geht es hierbei auch darum, Qualifikationen und Kompetenzen eigenständig weiterzuentwickeln und als Multiplikatoren und Moderatoren zu fungieren, Erfahrungen und Zugänge, Methodenkenntnisse, Hilfsmittel, Techniken für Aufgaben in andern Bereichen verfügbar zu machen. Das Projekt selbst konnte hierfür etwa durch die Kompetenzateliers, den informations- und kommunikationstechnischen Support, die Wissensmodule etc. Voraussetzungen schaffen und Anstöße geben, aber gerade im Interesse von Eigenaktivität und Eigenverantwortung obliegt es den Einrichtungen und ihren Mitarbeiterinnen und Mitarbeitern, diese Grundlagen für unabhängig von Unterstützung und Betreuung durch das Projekt nutzbar zu machen.

## 2. Ergebnisse der Reviews

Reviews wurden zum Abschluss der Entwicklungsteamsitzungen durchgeführt. Sie wurden nach relevanten Aspekten strukturiert, prinzipiell aber als eher freie Gespräche ohne allzu starke Lenkung realisiert.
Gegenstände und Fragen, die dann gegebenenfalls auch in jeweils anderer Reihenfolge angesprochen wurden, waren folgende:

Individuelle Kompetenzen
Zufriedenheit
Individueller Kenntnisstand

- Wie schätze ich meinen Kenntnisstand bezüglicher unserer Zielformulierung ein?
- Welche Lern-/Informationsangebote brauche ich noch?
- LLL-Projektangebot
- Was war neu für mich?
- Was war für mich das wichtigste Lernergebnis?
- Erfolge in Bezug auf das Erarbeitete?
- Was ist Voraussetzung dafür, um mit den Ergebnissen weiter arbeiten zu können?
- Was muss ich selbst für die weitere Wirkung tun?
- Wie beurteile ich die Investitionen, die für das Projekt zu erbringen waren?
- Welche Effekte hatte die Projektarbeit für meine konkrete Arbeit in der Organisation?
- Was war für mich das Besondere an der Arbeit im Entwicklungsteam?
- Was hat die Arbeit behindert?

Organisationsentwicklung

- Was hat sich seit Beginn des Projekts konkret verändert?
- Welche Veränderungen wurden ausschließlich durch das Projekt bewirkt?
- Hat es Nebeneffekte gegeben?
- Woran wird der Erfolg/das Ergebnis der Entwicklungsteamarbeit festgemacht?
- Rahmenbedingungen, die sich positiv/negativ auf die Projektarbeit ausgewirkt haben?
- Äußere Rahmenbedingungen für die Nachhaltigkeit der Organisationsentwicklungen?

Transfer/Ergebnisssicherung

- Maßnahmen nach dem Projektende?
- Welche Erfolge sind schnell realisierbar/sichtbar zu machen?
- Welche Maßnahmen werden ergriffen?

Nahe liegender Weise fallen die Antworten je nach Entwicklungsteam und den verfolgten Aufgabenstellung unterschiedlich aus, es lassen sich jedoch folgende allgemeinen Tendenzen aufzeigen:
Generell wird von den Teammitgliedern auf die trotz manchmal drückender Problemlage gute Atmosphäre hingewiesen, in der die Teamarbeit stattfand, die zu einem „Zusammenwachsen“ der Teams führte, für „Spaß“ an der Arbeit im Team, die Aufrechterhaltung von Motivation trotz aller anderen Belastungen auch dann sorgte, wenn „das Ziel mal aus den Augen verloren“ oder die Schwierigkeiten der Umsetzung größer als erwartet waren. Dies brachte die Entwicklung eines ausgeprägteren Selbstbewusstseins mit sich, das durch die Anerkennung der Arbeit des Teams und ihrer Ergebnisse von außen, durch andere Kollegen, durch Nachfragen anderer Einrichtungen, durch die Öffentlichkeit insgesamt maßgeblich gefördert wurde. Stellenweise wird dann auch darauf hingewiesen, dass man Kollegen und Kolleginnen als kreative, konstruktive und motivierte Menschen kennen und die Kooperation mit ihnen schätzen gelernt habe.
Erfolgserlebnisse außerhalb der eigenen Person werden zunächst mit dem sichtbar Erreichten, mit verbesserten Kooperations- und Kommunikationstrukturen, den erstellten „Produkten“ (z. B. der Definition von Zielen und Erfolgsindikatoren, dem Abschluss der Bedarfsanalyse, der Neugestaltung von Öffentlichkeitsarbeit und damit erreichter Wirkungen, regionale Profilbildung) verbunden, dann aber auch mit Verbesserungen der Erfassung, Analyse und Bearbeitung von Arbeitsabläufen und Prozessen in der Einrichtung (z. B. Erfassung der „Prozesslandschaft“ der Einrichtung, Effektivierung von Abläufen, Kostenstellenbetrachtung, Prozesszeiterfassung, Evaluation/

Überprüfung). Letzteres wird zunächst nicht ausschließlich mit den eignen Fähigkeiten und Kompetenzen in Verbindung gebracht, sondern mit den Möglichkeiten des Teams und – zumindest soweit im Team Teile der Organisation repräsentiert sind – denen der Organisation selbst.
Die Teammitglieder sagen aus, Ergebnisse dieser Art hätten „Mut gemacht", wobei gleichzeitig durch die Unterstützung der Arbeit der Teammitglieder durch Hilfe und Beratung, durch strukturierte und sinnvolle Methoden und Vorgehensweisen auch erfahrbar wurde, dass sich schwierige, relativ komplexe oder auf den ersten Blick zunächst aussichtslos erscheinende Lagen bearbeiten und bewältigen lassen, was dann nicht nur zu Verbesserungen im eigenen Repertoire, einer größeren Aufgeschlossenheit gegenüber methodischen Konzeptionen, sondern auch einem veränderten Verhältnis der Beteiligten gegenüber Entwicklungsanforderungen resultierte.
In Bezug auf eigene Kompetenzen, Fähigkeiten und Fertigkeiten, die sich in Zusammenhang mit der Arbeit im Entwicklungsteam verändert haben, wird nicht nur auf „materiale" Aspekte im Sinne erworbener Kenntnisse, der Verbesserung des eigenen Repertoires an Methoden, Analysetechniken etc. hingewiesen, sondern auch auf „formale" Wirkungen, die einerseits in veränderten Haltungen (Selbstbewusstsein/-sicherheit, Offenheit, Weitblick, Zielorientierungen/Einstellungen gegenüber Entwicklungserfordernissen, veränderte Orientierungen gegenüber „Kunden"), andererseits im Zuwachs von Fähigkeiten (Organisation von Aufgaben, Mitarbeiterführung, Optimierung eigener Tätigkeiten, Überblick über organisatorische Zusammenhänge, Prozessanalyse etc.) bestanden.
Am stärksten und durchgängig positiv wird die Arbeit der Beratung und die von Seiten des Projektes dadurch gegebene Unterstützung hervorgehoben. Hier kann nach den Aussagen der Entwicklungsteammitglieder auch davon ausgegangen werden, dass dies nicht allein an den zugrunde liegenden theoretischen Konzepten und Projektplanungen, den vermittelten Strategien, Methoden und Verfahrensweisen liegt, sondern dass auch die

kommunikative Kompetenz, die Authentizität der für die Beratung verantwortlichen Projektmitarbeiterin eine wesentliche Rolle spielten. Die informationstechnische Unterstützung, die Einrichtung der Hyperwave-Platform hatte für das Entwicklungsteam der Kreisvolkshochschulen eine ähnliche Bedeutung wie die Beratung insgesamt, weil dort die ganze Arbeit des Teams von Anfang an stärker auf der Nutzung der entsprechenden Möglichkeiten beruhte. Sonst hatten informations- und kommunikationstechnischen Möglichkeiten eher nur ergänzende, von einzelnen teilweise auch kaum in Anspruch genommene Funktion. Die Organisation und Leitung des Projektes und die andern, neben und außer der Beratung als Hilfe und Unterstützung konkret gewordenen Funktionen des Projektes werden zwar ebenfalls gewürdigt, haben aber eher nur indirekte Bedeutung.
Die Zufriedenheit mit dem Projekt und den durch das Projekt bewirkten Veränderungen ist insgesamt eher hoch und die erworbenen eigenen Kenntnisse werden generell als gut bis befriedigend beurteilt, wobei allerdings auch zu sagen ist, dass dies in Abhängigkeit davon geschieht, wie widerständig sich Strukturen und Bedingungen oberhalb der Ebene der Entwicklungsteams erwiesen und wie in übergeordneten Planungen und Entscheidungen vom Team als richtig und notwendig erarbeitete Vorhaben berücksichtigt wurden. Wo in Einzelfällen „die Ungleichzeitigkeit von Planungsprozessen" auf unterschiedlichen Ebenen einer Landesorganisation, mangelnde strategische Planung und ad hoc, ohne Beteiligung der Betroffenen aus jeweiligen Gegebenheiten heraus kurzfristig und unvorhersehbare Entscheidungen auf zentraler Leitungsebene moniert werden, wird tendenziell eher davon ausgegangen, dass zwar der Entwicklungsprozess als wichtiger Teambildungsprozess zu sehen war, dass Kooperation und Verständigung auf der durch die Entwicklungsteammitglieder repräsentierten Ebene insgesamt besser funktionieren als das vorher der Fall war, dass aber auch Entwicklungen stecken zu bleiben, sich die Gefahr der Resignation breit zu machen droht.

So sehr allgemein die Zufriedenheit mit dem erreichten ausgeprägt sein mag, so sehr wird aber auch erkannt, dass es nicht angebracht wäre, sich auf den Lorbeeren auszuruhen. Sowohl in Bezug auf die eigene Person als auch auf das bisher in der Einrichtung erreichte wird davon ausgegangen, dass noch viel zu tun ist, wobei dann auch darauf aufmerksam gemacht wird, dass gerade durch die im Projekt erworbenen Kenntnisse der Blick für das erforderliche geschärft und damit auch besser gesehen wurde, was noch nötig ist. Typisch sind Aussagen wie „Ich habe vieles gelernt, muss aber an mir arbeiten, Ziele konsequenter umzusetzen und Mitarbeiter stärker einzubeziehen“ oder auch „Prozess hat mir deutlich gemacht, dass es noch ein weiter Weg ist bis zur endgültigen Realisierung unserer Zielvorgaben. Ich kann das nicht allein.“ Hieraus erwächst dann auch der Wunsch nach weiterer Unterstützung und Betreuung und obgleich die Teammitglieder vom Zuwachs eigener Fähigkeiten überzeugt sind, sind sie sich zunächst noch nicht völlig sicher, ob sie in der Folge und vor allem auch in der Zeit nach dem Projekt auf sich gestellt alle Anforderungen bewältigen könnten.
Als Voraussetzung dafür, dass das bisher Erarbeitete wirksam bleibt und fortgeführt werden kann, wird zunächst einmal die Möglichkeit genannt, die Teams in ihrem Bestand aufrecht zu erhalten. Fast die wichtigere Rolle spielt jedoch die Frage des in den Kompetenzateliers angestoßenen Transfers und in Zusammenhang damit die Möglichkeit, die eigenen Arbeiten und Arbeitsergebnisse mit Organisations- und Personalentwicklungen zu verbinden, wie sie auf den höheren Ebenen der Landesorganisationen stattfinden. Dies scheint in unterschiedlichen Einrichtungen in unterschiedlicher Weise gegeben und nüchtern muss festgestellt werden, dass sowohl die Breitenwirkung der Arbeit im Sinne des horizontalen Transfers von Ergebnissen als auch der horizontale Transfer zumindest der von „unten“ nach „oben“, deutlich davon abhängig zu sein scheint, wie die Tätigkeit der Entwicklungsteams von Anfang systematisch mit Entwicklungsvorhaben der Landesorganisation selbst verbunden war – nicht nur als punktuelle Aufgabe zur Lösung

bestimmter Probleme etwa in Zusammenhang mit der Zusammenlegung von Aufgabenbereichen unter gleichzeitiger Personalkürzung, sondern als systematischer und integrierter Entwicklungsprozess. Wirkungen im Sinne des „Hefeteigs" sind natürlich ebenfalls feststellbar, aber sie stoßen umso mehr an ihre Grenzen, je mehr Entscheidungen an die Strukturen einer klassischen bürokratischen Hierarchie gebunden sind.
Diese zunächst im Umriss erkennbaren Tendenzen werden durch die ergänzende Fragebogenerhebung in weiten Teilen bestätigt oder sind für die Interpretation der dort ermittelten Ergebnisse zumindest insoweit hilfreich, als sie einen Hintergrund für deren Einordnung darstellen. Gleichzeitig nimmt die Fragebogenbogenerhebung aber auch Teilaspekte neu auf, die in den Reviews nicht explizit zum Gegenstand gemacht worden waren.

## 3. Schriftliche Befragung

### 3.1 Fragestellungen und Fragebogen

Der Fragebogen, der für die schriftliche und die Reviews ergänzende Befragung der Entwicklungsteammitglieder entwickelt worden war, enthielt meist geschlossene Fragen, die als Multiple-Choice-Fragen durch Markierung entsprechender Alternativen, durch Ankreuzen von ja oder nein beantwortet werden konnten oder eine Einschätzung bzw. Bewertung relevanter Aspekte durch den Befragten verlangten. Unabhängig von den jeweiligen der Einschätzung und Bewertung zugrunde gelegten Adjektiven (stark, ausgeprägt, bedeutsam etc.) wurde hierfür jeweils eine Skala von 0 (überhaupt nicht) bis 5 (sehr stark, sehr ausgeprägt, sehr bedeutsam etc.) vorgegeben; die theoretische Mitte der Skala liegt damit bei 2,5. Obgleich für die Skalenwerte nicht mit einiger Gewissheit Intervallskalenniveau angenommen werden kann, wurden zusätzlich zum Median für die vereinfachte Betrachtung von Antworttendenzen in diesen Items

auch Durchschnitte gerechnet. Über 2,5 liegende Durchschnitte kennzeichnen dann entsprechende positive Antworttendenzen auf der jeweiligen Bewertungsdimension und ein Durchschnitt von 4,5 bei einem solchen Item würde bedeuten, dass in der generellen Tendenz ein Grad der positiven Einschätzung oder Bewertung angegeben worden war, der zwischen der höchsten und der nächst niederen Ausprägung liegt. In einigen Fällen waren in 10er Stufen Prozentwerte (also 0%, 10%, 20 % usw.) vorgegeben und teilweise wurde bei Multiple Choice-Antworten verlangt, „Sonstiges" schriftlich zu konkretisieren oder gegebene Antworten zu begründen; dies geschah allerdings eher in seltenen Fällen.
Entsprechend den Zielsetzungen der Evaluation ging es in einem Teil der Befragung im wesentlichen um die in Zusammenhang mit dem Projekt und der Tätigkeit der Entwicklungsteams erfolgten Veränderungen in den Einrichtungen und übergreifenden Landesorganisationen und die Relevanz interner Bedingungen, aber auch darum, wie das Projekt selbst und die durch das Projekt bereitgestellten Komponenten zur Unterstützung, Begleitung und Förderung der entsprechenden Entwicklungsprozesse von den Beteiligten bewertet wird.
Zugleich konnte es nicht nur darum gehen, allein in unmittelbarem Zusammenhang mit dem Projekt bewirkte oder vielleicht auch nicht bewirkte Entwicklungen für die Einrichtungen zu betrachten. Soweit mit dem Projekt Wirkungen auf das Lernen der beteiligten Mitarbeiter der jeweiligen Einrichtung und damit direkt und indirekt verbundene Wirkungen auf das Lernen der Organisation selbst angezielt sind, standen ebenfalls entsprechende Effekte als Voraussetzungen für die Möglichkeit, auch nach Auslaufen des Projektes weiterhin in Auseinandersetzung mit Problemen, Bedürfnislagen und Zielsetzungen Entwicklungen voranzutreiben und zu managen, im Vordergrund des Interesses. Hier geht es dann um die Nachhaltigkeit von erzielten Wirkungen, die Möglichkeiten, entwickelte Fähigkeiten und Kompetenzen, entwickelte Methoden, gewonnene Erfahrungen für zukünftige Aufgabenstellungen zu nutzen.

## 3.2 Die Befragten

Befragt wurden Mitglieder der Entwicklungsteams, die im Oktober 2003 noch bestanden; die befragten Mitglieder waren Angehörige der beteiligten Einrichtungen, die zentrale, dauerhafte Rollen in den Entwicklungsteams innehatten und maßgeblich an den durchgeführten Prozessen und damit auch den Ergebnissen dieser Prozesse beteiligt waren. Insoweit handelt es sich um eine Befragung von Personen, denen für den vorliegenden Zusammenhang Expertenstatus zuerkannt werden muss, weil sie im Projekt tragende Rollen eingenommen hatten und gültige Beurteilungen aus dieser Sicht abgeben konnten.
Für die schriftliche Befragung war Anonymität zugesichert, so dass wegen der insgesamt geringeren Zahl der Befragten Angaben zur Zugehörigkeit zu einer Weiterbildungseinrichtung, Landesorganisation oder zu einem bestimmten Entwicklungsteam nicht erfragt werden konnten.
Es nahmen insgesamt 18 Personen aus vier verschiedenen Entwicklungsteams des Projektes teil. Von den Befragten waren 12 weiblich und 6 männlich. Alle hatten ein Alter zwischen 30 und 60, wobei 3 Teilnehmer zur Altersgruppe der 30-40jährigen, 9 zur Gruppe der 40-50jährigen und 6 zur Gruppe der 50-60jährigen gehörte.

| | | päd. Mitarbeiter | Verwaltung | Leitung / Geschäftsführung | gesamt |
|---|---|---|---|---|---|
| **hauptamtlich** | Abs. | 7 | 3 | 4 | 14 |
| | % | 50,0 | 21,4 | 28,6 | 100,0 |
| **ehrenamtlich** | Abs. | 0 | 0 | 4 | 4 |
| | % | 0,0 | 0,0 | 100,0 | 100,0 |
| **gesamt** | Abs. | 7 | 3 | 8 | 18 |
| | % | 38,9 | 16,7 | 44,4 | 100,0 |

Tab. 1: Befragte nach Tätigkeit und Beschäftigungsart

Wie Tab. 1 zu entnehmen ist, handelt es sich bei den Befragten zum Großteil um hauptamtlich Beschäftigte aus den Tätigkeitsbereichen Pädagogik, Verwaltung und Leitung bzw. Geschäftsführung sowie um 4 ehrenamtlich tätige Mitarbeiter. Die 4 ehrenamtlichen und weiterhin 4 hauptamtliche Mitarbeiter sind in leitender Funktion tätig, mithin dem Bereich der Leitung/ Geschäftsführung zuzuordnen, vom Rest der hauptamtlichen Mitarbeiter sind 3 dem Bereich der Verwaltung und 7 der Gruppe der pädagogischen Mitarbeiter zuzuordnen.
Soweit als in Anbetracht der geringen Zahl der Befragten möglich sollte Gruppenunterschieden nachgegangen werden, wobei vor allem Unterschiede zwischen geschäftsführenden oder leitenden Mitarbeitern einerseits und pädagogischen Mitarbeitern andererseits wenigstens ansatzweise überprüfbar waren, während eine Analyse von Unterschieden zwischen ehrenamtlichen und hauptamtlichen Mitarbeitern oder zwischen Verwaltungsmitarbeitern und andern wegen der geringen Zahlen kaum Sinn machte. Soweit Unterschiede der genannten Art nicht systematisch auftraten, werden sie – soweit sie nach dem Mann-Whitney-U- bzw. dem Wilcoxon-W-Test als signifikant zu betrachten sind - im Nachfolgenden im jeweiligen inhaltlichen Zusammenhang mit der Erörterung der Ergebnisse zu den einzelnen Fragebereichen dargestellt.

## 3.3 Ergebnisse der Befragung

### 3.3.1 Organisationsentwicklung und Verbesserung der Organisationsstruktur

Die im Rahmen des LLL- Projektes bewirkten Veränderungen innerhalb der Organisation wurden von den Befragten insgesamt eher als positiv bis sehr positiv bewertet. Die Antworten zur Frage nach der Bedeutsamkeit der durch das Projekt bewirkten Veränderungen (s. Tab. 2) lagen gewöhnlich im oberen Bereich der Antwortskala. Alleine auf die Frage nach den Auswirkungen der Veränderungen in der Personalstruktur wurde „überhaupt keine" als häufigste Antwort angegeben.

| **Aspekte** | N | Median (Md) | Mittelwert (MW) | Standard-abw. (S) |
|---|---|---|---|---|
| **Organisationsstruktur** | 18 | 3,5 | 3,28 | 0,96 |
| **Arbeitsabläufe** | 17 | 4,0 | 3,94 | 0,56 |
| **Kommunikation i. d. Organisation** | 18 | 4,0 | 3,83 | 0,71 |
| **Zusammenarbeit i. d. Teams** | 18 | 4,0 | 4,17 | 0,92 |
| **Personalstruktur** | 18 | 1,0 | ,94 | 1,11 |
| **Weiterbildungsangebot** | 15 | 3,0 | 2,80 | 1,32 |
| **Veranstalltungsqualität** | 16 | 4,0 | 3,69 | 0,79 |
| **Marketing** | 17 | 3,0 | 3,12 | 1,45 |
| **Nutzung neuer Medien** | 17 | 3,0 | 2,82 | 1,33 |

Tab. 2: „Wie ausgeprägt sind Ihrer Meinung nach die durch das LLL-Projekt bewirkten Veränderungen in Bezug auf die nachfolgend genannten Aspekte einzuschätzen?"

Im Einzelnen wurden die durch das Projekt bewirkten Veränderungen in Bezug auf die Organisationsstruktur, die Arbeitsabläufe, die Kommunikation innerhalb der Organisation, die Zusammenarbeit in den Teams, die Veranstaltungsqualität und auch das Marketing durchweg hoch bewertet, während in Bezug auf das Weiterbildungsangebot, die Nutzung neuer Medien die Wirkungen des Projektes eher begrenzt, in Bezug auf die Personalstruktur eher als fehlend eingeschätzt wurden.
Dies deutet zunächst darauf hin, dass nach dem Urteil der Befragten überwiegend kommunikative und kooperative Aspekte bewirkter Veränderungen im Vordergrund stehen und dass damit zusammenhängende, die Arbeitsabläufe, organisatorische Strukturen, Wirkungen der Organisation im Außenverhältnis betreffende Entwicklungen ermöglicht wurden, diese Veränderungen aber innerhalb der gegebenen personellen und materiel-

len Rahmenbedingungen stattfanden oder stattfinden mussten. Auch die Aussagen zur Nutzung neuer Medien sind wohl unter diesem Gesichtspunkt zu bewerten, wobei aber auch die noch zu erläuternden Antworten auf die weiteren und spezifischeren Fragen zu diesem Bereich ein bereits hohes Niveau der Verwendung und Nutzung neuer Medien zumindest für die Gruppe der Befragten zeigen.
Aus den Verteilungen der Antworten auf die allein den leitenden und geschäftsführenden Mitarbeitern gestellte Zusatzfrage nach der Verortung bewirkter Veränderungen, die aus Abb. 1 hervorgehen, ergibt sich ferner, dass diese am deutlichsten für den eigenen Arbeitsplatz (MW =4,4), leicht geringer, aber immerhin fast noch in derselben durchschnittlichen Ausprägung für die eigene Einrichtung (MW = 4,0) gesehen werden. Veränderungen auf der Ebene der Landesorganisationen wurden dagegen eher als gering bzw. als nicht vorhanden eingeschätzt.

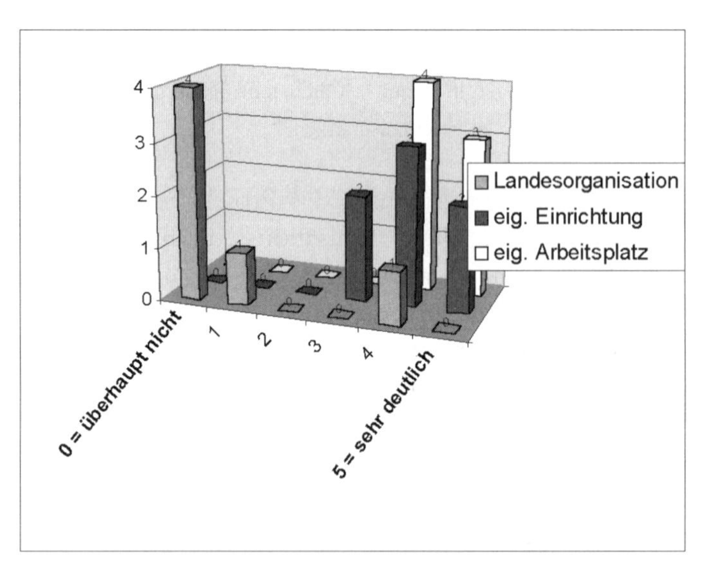


Abb. 1: Einschätzung von bewirkten Veränderungen auf den Ebenen „eigener Arbeitsplatz“, „eig. Einrichtung“ und „Landesorganisation“ durch leitende Mitarbeiter

Im Hinblick auf die Verbesserung der Beziehungen zu anderen Gruppen und Ebenen der Organisation im Rahmen des Projektes zeigt sich in den Antworten der Befragten ebenfalls, dass Wirkungen vornehmlich auf das unmittelbarere soziale Umfeld bezogen werden. Zwar werden ebenfalls Änderungen in den Beziehungen zu Vorgesetzten, zu Sponsoren, zu anderen Einrichtungen der Landesorganisation, zu andern Landesorganisationen, zu Trägern und Verbänden genannt. Am deutlichsten werden jedoch solche Wirkungen des Projektes hervorgehoben, die in Bezug auf Kollegen, in Bezug auf Zielgruppen und Kooperationspartner gesehen werden.
Andererseits war im Rahmen der Organisations- und Personalentwicklung die Stärkung von Zusammenarbeit innerhalb und zwischen den am Projekt beteiligten Personen und Weiterbildungseinrichtungen ein wichtiger Aspekt des Projektes, aber auch der Einbezug von Studierenden in die Entwicklungsteams und Arbeitsvorhaben der Einrichtungen, die Kooperation der Teams und Einrichtungen mit Weiterbildungsbeiräten, also den regionalen Beiräten und dem Landesbeirat für Weiterbildung sind in diesen Zusammenhängen als wichtige Aspekte zu sehen. Hier war nun von Interesse, wie die Mitglieder der Entwicklungsteams die bereichsübergreifenden Kooperationen wahrgenommen und nach ihrer quantitativen Ausprägung eingeschätzt haben.
Von Personengruppen und Einrichtungen, mit denen es im Verlauf des Projektes zu Kooperationen gekommen ist, wurden am häufigsten von den 15 Befragten, die sich zu dieser Frage äußerten, Studierende der Universität genannt, die sich an den Tätigkeit der Entwicklungsteams beteiligt oder über Seminar- und Diplomarbeiten den Einrichtungen und Teams zugearbeitet hatten. Von der Zahl der Nennungen her folgte dann die Zusammenarbeit mit Verbänden (12 Nennungen), mit Weiterbildungseinrichtungen anderer Organisationen und Landesorganisationen (je 11 Nennungen). Neun der Befragten gaben an, dass es durch das Projekt zur Kooperation mit anderen Weiterbildungseinrichtungen der eigenen Organisation gekommen

sein. Dass dies seltener geschah als mit Einrichtungen anderer Landesorganisationen, wirkt auf den ersten Blick trotz des geringeren Unterschiedes in der Zahl der Nennungen etwas verwunderlich, erklärt sich aber wohl daraus, dass Kooperationen innerhalb der jeweiligen Landesorganisation die Regel sind und insoweit durch das Projekt selbst auch seltener initiiert wurden. Insgesamt zeichnete sich ab, dass die Teammitglieder mit den Ergebnissen des Projektes sehr zufrieden waren (s. Abb. 2). Nach den Aussagen der Befragten zum Ausmaß, in dem ihre Erwartungen an das Projekt erfüllt worden waren, zeigte sich, dass dies in „eher hohem" bis „sehr hohem" Maß der Fall ist (M = 3,78; MO = 4). Es ergab sich außerdem, dass die leitenden Mitarbeiter ihre Erwartungen mit einem MW von 4,38 in signifikant höherem Ausmaß erfüllt sahen als die pädagogischen (M = 3,43).

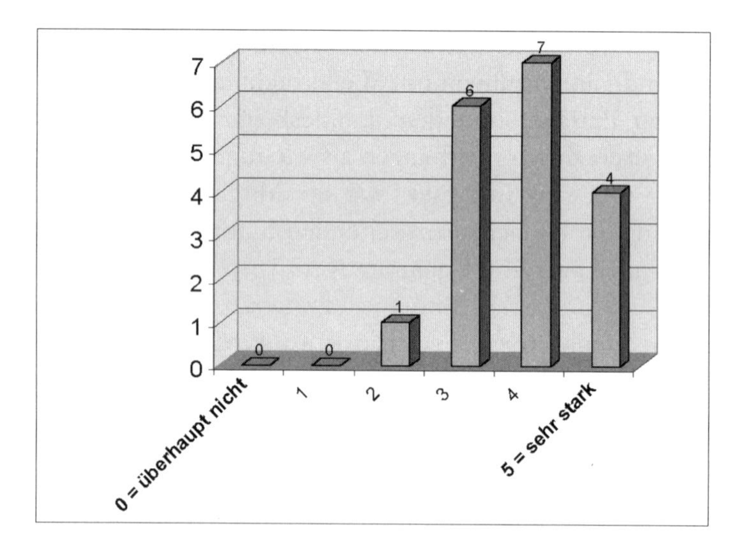


Abb. 2: Verteilung der Antworten auf die Frage: „In welchem Ausmaß sind Ihre Erwartungen an das Projekt erfüllt worden?"

Diese Zufriedenheit mit den Ergebnissen des Projekts hat für die Befragten offenbar damit zu tun, dass die im Laufe des Projektes erarbeiteten Konzepte und Lösungen praxisnah und

problemorientiert entwickelt wurden und ihrer Auffassung nach insgesamt eher erfolgreich in die Praxis umgesetzt werden konnten. Auf die entsprechende Frage geben 14 der befragten Personen an, dass eine eher erfolgreiche, erfolgreiche oder sehr erfolgreiche Umsetzung möglich war. Allerdings ist hier auch zu bemerken, dass 3 Befragte eine eher weniger erfolgreiche Umsetzung konstatieren und für einen keine Antwort zu dieser Frage vorlag.
Exploriert man mittels Spearman-Rangkorrelationen bzw. Chi-Quadrat/Kendall-Tau die signifikanten Zusammenhänge zwischen dem Grad der durch das Projekt erfüllten Erwartungen und den andern Items im Fragebogen, dann zeigt sich, dass der Grad der erfüllten Erwartungen der Befragten verbunden ist mit einer höher eingeschätzten Nachhaltigkeit der erreichten Verbesserungen, der Annahme von Verbesserungen in Bezug auf die Veranstaltungsqualität und das Marketing, mit der höher eingeschätzten Bedeutsamkeit der Einführung von Methoden/Werkzeugen durch das Projekt, mit der Annahme, dass durch das Projekt Kontakte und Beziehungen zu Sponsoren sowie Kooperationen mit andern Weiterbildungseinrichtungen innerhalb der eigenen Landesorganisation und mit Verbänden verbessert wurden, genauso auch der Annahme eines verbesserten Umgangs mit Entwicklungs- und Veränderungsprozessen und einer erhöhten Veränderungsbereitschaft in der Einrichtung. Zugleich hängt aber die in den erfüllten Erwartungen zum Ausdruck kommende Zufriedenheit mit dem Projekt aber auch damit zusammen, dass weiterer, im Rahmen der Projektarbeit entstandener Bedarf an Organisations- und Personalentwicklung und weitere externe Hilfe für die Sicherung der Nachhaltigkeit bisher durch das Projekt erzielter Ergebnisse angenommen wird (vgl. Tab. 3).

|  | Veranstaltungsqualität | Marketing | Einführung von Methoden / Werkzeugen | Kontakt: Sponsoren | Umgang mit Entwicklung/ Veränderungen | Nachhaltigkeit der Verbesserungen | Weiterer Bedarf für OE / PE? | Veränderungsbereitschaft | Externe Hilfe zur Nachhaltigkeit | Kontakte Verbände | Kontakte WB-Einrichtungen der eig. Organisation | Anteil der Projekte | Anteil selbst geleistet | Veränderung Landesorganisation |
|---|---|---|---|---|---|---|---|---|---|---|---|---|---|---|
| Erwartungen erfüllt | ,60 * | ,61 ** | ,65 ** | ,59 * | ,47 * | ,64 ** | ,50 * | ,63 ** | ,57 * | ,49 * | ,53 * | ,90 ** | ,85 * | ,92 ** |
| n | 16 | 17 | 17 | 13 | 18 | 17 | 16 | 18 | 18 | 18 | 18 | 7 | 7 | 6 |

Tab. 3: Signifikante Zusammenhänge zwischen dem Grad erfüllter Erwartungen und anderen Items des Fragebogens. (** Die Korrelation ist auf dem 0,01 Niveau signifikant zweiseitig, * die Korrelation ist auf dem 0,05 Niveau signifikant zweiseitig).

Interessanterweise zeigt sich bei der Zusatzbefragung der geschäftsführenden und leitenden Mitarbeiterinnen und Mitarbeiter, dass von ihnen tendenziell umso eher gesagt wird, dass das Projekt ihre Erwartungen erfüllt hätte, wenn der Anteil der von ihnen selbst und ihren Kolleginnen und Kollegen geleisteten Arbeit höher, und vice versa der Anteil des Projekts geringer eingeschätzt wird. Die jeweiligen Anteilswerte liegen hier zwar lediglich in einem engeren Bereich der 10er-Prozentwerte, für die eigenen Anteile z. B. zwischen 50 bis 70 %, aber die Rangkorrelationskoeffizienten sind im Betrag zwischen 0,85 und 0,90 selbst für die geringere Zahl der 7 befragten leitenden bzw. geschäftsführenden Mitarbeiterinnen und Mitarbeiter signifikant und sehr signifikant.

Diese Gruppe der Befragten gibt ebenfalls an, dass sie bei einer ähnlichen Entwicklungsaufgabe wieder die Kooperation im Projekt suchen würden, falls die Möglichkeit bestünde. Es ergab sich mit einem Mittelwert von 4,86 und einer maximal möglichen Ausprägung von 5 nahezu übereinstimmend ein sehr starker Zuspruch.
Die leitenden und geschäftsführenden Mitarbeiter wurden ebenfalls gebeten, prozentual den Anteil des Projektes, den eigenen Anteil und der ihrer Kollegen sowie den Anteil übergeordneter Stellen an den von den Entwicklungsteams erarbeiteten Ergebnissen einzuschätzen. Dabei wurde der Anteil des Projektes an den erzielten Ergebnissen mit einem Mittelwert von 60% als sehr bedeutsam eingeschätzt, der selbst und von den Kollegen geleistete Beitrag mit einem Mittelwert von fast 40 % angesetzt wurde. Interessanterweise wurde der von übergeordneter Stelle geleistete Anteil nur mit einem Mittelwert von 1,43 % bewertet, der dadurch zustande kam, dass nur einer der sieben Befragten den übergeordneten Stellen einen Anteil von 10% einräumte, die andern den entsprechenden Anteil aber mit 0 angaben.

### 3.3.2 Bedeutung der Projektkomponenten

Geht es nun darum, einzelne Projektkomponenten und –leistungen in Bezug auf ihre Relevanz für die Organisationsentwicklung der Einrichtungen zu bewerten, dann werden, wie sich aus Tab. 4 ergibt, vor allem die mit der Beratungskomponente verbundenen Leistungen genannt. Technische Möglichkeiten und die zur Verfügung gestellte Intranet-Plattform spielen dagegen eine eher nur geringe Rolle, wobei natürlich zu beachten ist, dass den durch das Projekt zur Verfügung gestellten Informationsmaterialien, dem theoretischen Input, der Einführung von Methoden und Werkzeugen, der Verbesserung des Informationsaustausches ein wichtiger Stellenwert beigemessen wird, diese aber dann doch wohl eher mit der Beratungskom-

ponente verbunden werden, obgleich sie – wie etwa die entwickelten Wissensbausteine - auch an die kommunikations- und informationstechnischen Möglichkeiten des Netzes gebunden sind.
Die Antworten bezüglich der technischen Möglichkeiten und der Intranetplatform erweisen sich allerdings als extrem zweigipflig mit Häufungen im Bereich niedriger und hoher Bedeutungen, geringen Häufigkeiten in der Mitte der Antwortskala und obgleich insgesamt die Mehrheit der Befragten im Bereich niedriger und sehr niedriger Einschätzungen votiert, gibt es jeweils 4 bis 6 Befragte, die am andern Ende der Skala angekreuzt haben. Auch wenn es anhand der Daten nicht möglich ist, Befragte einzelnen Landesorganisationen oder bestimmten Entwicklungsteams zuzuordnen, erscheint es aufgrund sowohl der Reviews als der sonst im Projekt gemachten Erfahrungen plausibel, dass es sich bei den letztgenannten Personen um Mitglieder des Entwicklungsteams handelt, die von Anfang an die systematische Nutzung des Hyperwave-Servers für die Organisation ihres Vorhabens und die Realisierung ihrer Zielsetzungen vorgesehen hatten.
Leitende und pädagogische Mitarbeiter stimmen in ihren Bewertungen weitgehend überein, aber zur Bedeutung der Einführung neuer Methoden und Werkzeuge differieren die Meinungen von leitenden und pädagogischen Mitarbeitern signifikant. Obwohl die Bedeutung neuer Methoden schon von den pädagogischen Mitarbeitern als relativ hoch eingeschätzt wurde (MW = 3,29), schrieben die leitenden Mitarbeiter diesem Faktor eine noch entschieden größere Bedeutung zu (MW = 4,38).

| Projektkomponenten/-leistungen | N | Median (Md) | Mittelwert (MW) | Standard-abw. (S) |
|---|---|---|---|---|
| Beratung | 17 | 5,0 | 4,35 | 1,06 |
| Technische Möglichkeiten | 16 | 2,0 | 1,88 | 1,31 |
| Theoretischer Input | 16 | 4,0 | 3,56 | 0,89 |
| Informationsmaterialien | 17 | 4,0 | 3,65 | 0,70 |
| Kompetenzateliers | 17 | 4,0 | 3,59 | 0,71 |
| Entw. v. Lösungsmodellen | 17 | 4,0 | 3,65 | 0,61 |
| Verbesserung d. Infoaustausches | 18 | 4,0 | 4,06 | 0,80 |
| Strukturierung von Teamsitzungen | 17 | 4,0 | 4,29 | 0,59 |
| Einf. v. Methoden/Werkzeugen | 17 | 4,0 | 3,71 | 1,05 |
| Intranetplatform | 15 | 1,0 | 1,60 | 1,59 |

Tab. 4: „Wie bedeutsam waren die nachfolgend genannten Komponenten/Leistungen des LLL-Projekts in Bezug auf die Organisationsentwicklung in Ihrer Einrichtung ?"

### 3.3.3 Institutionelle und organisatorische Rahmenbedingungen, interner und externer Support

Die Bewertung verschiedener institutioneller und organisatorischer Bedingungen als eher fördernd oder hemmend für die Personal- und Organisationsentwicklung durch die Befragten lässt zunächst eine Differenzierung nach hemmenden, fördernden sowie eher neutralen Faktoren zu.

Als insgesamt wenig relevant für die mit dem Projekt verbundenen Entwicklungsvorhaben wurden die finanzielle Ressourcen, die Steuerung durch Vorgesetzte und der Einfluss der Landesorganisation selbst betrachtet, zumindest insoweit, als hier von der Mehrheit der Befragten mittlere Antwortkategorie im Bereich von „weder/noch" gewählt worden waren und keine Häufung auf „eher fördernd" oder „eher hemmend" festzustellen ist. Mehrheitlich als „eher hemmend" wurden dagegen personelle Ressourcen und die verfügbare Zeit bewertet, organisatorische Strukturen, technische Ressourcen und verfügbare Kommunikationswege wurden dagegen mehrheitlich als fördernde Faktoren herausgestellt. Das muss wohl so verstanden werden, dass die Mitglieder der Entwicklungsteams zwar wenig Bedarf im Hinblick auf Informations- und Kommunikationsstrukturen, auf organisatorische Strukturen insgesamt sehen, auch die verfügbaren finanziellen Mittel als ausreichend betrachteten, dass sie zugleich eher unabhängig von direkten Vorgaben ihrer Einrichtung oder ihrer Vorgesetzten gearbeitet haben, sie sich aber immer vor dem Problem sahen, die Tätigkeit im Projekt mit ihren übrigen Aufgaben in Einklang zu bringen und die anfallenden Arbeiten insgesamt zu bewältigen.

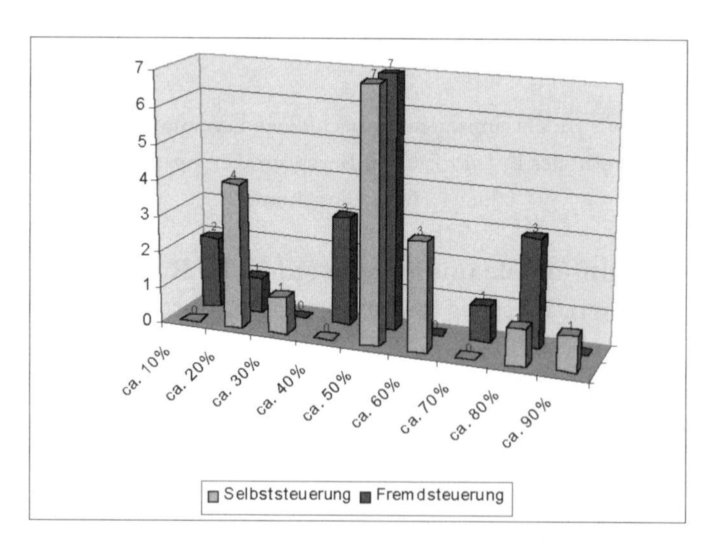


Abb. 3: „Wie hoch schätzen Sie den Anteil an Selbst- bzw. Fremdsteuerung im Rahmen bisher geleisteter Organisationsentwicklungsarbeit ein?“

Gleichwohl gehen sie andererseits nicht davon aus, dass ihnen wesentliche Anteile von Entwicklungsarbeit durch externen Support abgenommen werden können. Externe Unterstützung erscheint notwendig und hilfreich, es wird aber nach den vorliegenden Ergebnissen trotz eigener Belastungen eine gleichberechtigte und partnerschaftliche Beteiligung beider Seiten, ein gleichgewichtiges Verhältnis zwischen einer von außen kommenden Fremdbeteiligung und der eigenen Selbstbeteiligung gesehen. Auf die Frage nach der eingeschätzten Bedeutung von Selbststeuerung und externem Support in Zusammenhang mit der bisher geleisteten Organisationsentwicklungsarbeit zeigte sich nämlich, dass die meisten Befragten im Durchschnitt beide Komponenten nahezu als gleichbedeutend betrachten und ihnen jeweils ein Gewicht von ca. 50 % beimessen (s. Abb. 3).

| | Anteil an Selbststeuerung | Anteil an Fremdsteuerung | Zusammenarbeit in den Teams | Kompetenzateliers | Sponsoren | Umsetzung von Lösungen in der Praxis | Finanzielle Ressourcen | Zeit | Technische Ressourcen | Wichtigkeit externer Begleitung | Neue Medien als Projektarbeitshilfe? | WBEs anderer Organisationen |
|---|---|---|---|---|---|---|---|---|---|---|---|---|
| **Selbst-steuerung** | 1,00 | -,72** | -,42 | -,61* | -,30 | -,34 | -,33 | -,39 | -,20 | -,51* | -,60* | -,49* |
| **n** | 17 | 17 | 17 | 16 | 13 | 17 | 17 | 17 | 17 | 16 | 17 | 17 |
| **Fremd-steuerung** | -,72** | 1,00 | -,53* | -,46 | -,59* | -,62** | -,54* | -,52* | -,57* | -,45 | -,34 | -,35 |
| **n** | 17 | 17 | 17 | 16 | 13 | 17 | 17 | 17 | 17 | 16 | 17 | 17 |

Tab. 5: Zusammenhänge zwischen den eingeschätzten Anteilen an Fremd- und Selbststeuerung im Prozess der bisherigen Organisationsentwicklung und andern Variablen. (** Die Korrelation ist auf dem 0,01 Niveau signifikant zweiseitig, * die Korrelation ist auf dem 0,05 Niveau signifikant zweiseitig).

### 3.3.4 Nachhaltigkeit

Lernen der Organisation

| Effekte des Projekts | N | Median (Md) | Mittel-wert (MW) | Standard-abw. (S) |
|---|---|---|---|---|
| Umgang mit Entw.-/ Veränderungsprozessen | 18 | 4,0 | 3,56 | 0,98 |
| Verbesserung v. Problemerkennung | 18 | 4,0 | 3,78 | 0,73 |
| Verbesserung der eff. Problembehandlung | 18 | 3,0 | 3,44 | 0,70 |
| erfolgr. Umsetzung v. Lösungen i. Praxis | 17 | 3,0 | 3,35 | 0,86 |

Tab. 6: Praktische Umsetzung der erarbeiteten Lösungen und Effekte des LLL-Projektes auf Aspekte der Lernenden Organisation

Tab. 6 zeigt die Kennwerte der Antwortverteilungen zur Lokalisation der wesentlichsten Effekte des Projektes im Hinblick auf die Einrichtung. Auf die Frage, in wie weit sich innerhalb der Einrichtung eine Verbesserung im Umgang mit Entwicklungs- und Veränderungsprozessen ergeben habe, konstatierten 11 Befragte eine starke oder sehr starke Verbesserung, 5 gingen immerhin noch von einer eher starken Verbesserung aus und 2 bewerteten die Verbesserungen als „sehr gering“ oder „eher gering“. Der Mittelwert beträgt hier 3, 56.
Vergleichbare Antworttendenzen lassen sich in Bezug auf die Verbesserung der Problemwahrnehmung und –identifikation einerseits, der Effektivität in der Bearbeitung von Problemen und der Entwicklung von Problemlösungen im Rahmen des Projektes andererseits feststellen (s. Tab. 3), auch wenn die Befragten der Meinung sind, dass sich in Bezug auf die Problemerkennung deutlichere Verbesserungen (MW=3,78), in Bezug

auf die Effektivität der Poblembehandlung zwar ebenfalls insgesamt starke oder eher starke, aber etwas weniger deutlich ausgeprägte (MW=3,44) Verbesserungen ergeben hätten.
Demnach wäre davon auszugehen, dass sich nach Meinung der Befragten die mit Hilfe des Projektes entwickelten Lösungen in die Praxis umsetzen ließen und dass sich ferner in den Einrichtungen Potentiale für die Bewältigung zukünftiger Entwicklungsaufgaben und Anforderungen herausgebildet haben. Dieser Beitrag zum Lernen der Organisation insgesamt ist nach den Urteilen der Befragten aber stärker auf die Haltung gegenüber Entwicklungsaufgaben im Sinne der generellen Bereitschaft, sich auf Veränderungen einzulassen und sich damit auseinanderzusetzen, sowie auf die Fähigkeiten zur Identifikation von Anpassungproblemen und Entwicklungsaufgaben als auf die allgemeine Effektivität bei der Entwicklung von Lösungen für solche Anforderungen und Aufgabenstellungen zu sehen. Zwar wird auch hier grundsätzlich davon ausgegangen, dass sich entsprechende positive Veränderungen ergeben hätten, aber diese werden dem Grad nach etwas geringer als in den andern beiden genannten Bereichen gesehen.

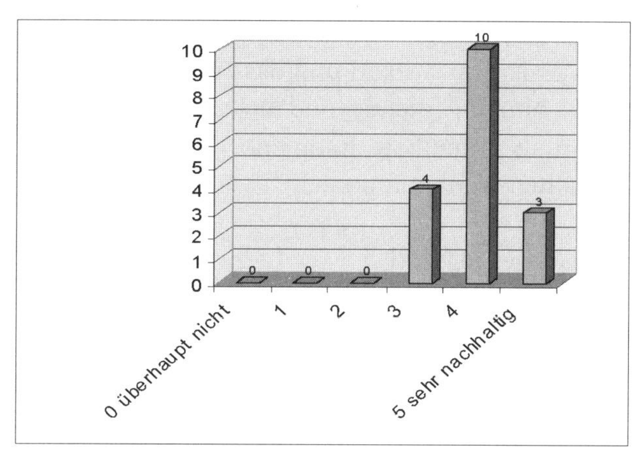


Abb. 4: Verteilung der Antworten auf die Frage: „Als wie nachhaltig schätzen Sie die durch das LLL-Projekt herbeigeführten Verbesserungen generell ein?"

Zur Frage der Nachhaltigkeit der bisher im Rahmen des Projektes erzielten Verbesserungen waren die Einschätzungen (Abb. 4) ebenfalls ausgesprochen positiv. Bis auf eine Enthaltung bewerteten alle Befragten die bisher erreichten Verbesserungen als insgesamt nachhaltig (4 eher nachhaltig, 10 nachhaltig und 3 sehr nachhaltig; MW = 3,94) und auf die Frage, in wie weit realisierte Veränderungen in der Organisationsstruktur als nachhaltig betrachtet werden, ergab sich ein vergleichbares Bild, wenn auch die Antworten hier etwas breiter gestreut waren und der Grad der Zustimmung etwas schwächer ist, weil zwei der Befragten angaben, dass sie die eingetretenen Veränderungen als nicht oder überhaupt nicht nachhaltig ansehen (MW = 3,39). Offenbar schlägt sich hierin der auch anfänglich bereits erkennbar gewordenen Sachverhalt nieder, dass die Gestaltung organisatorische Strukturen eher im unmittelbaren Arbeitsumfeld, in der Kooperation mit andern Kollegen und Mitarbeitern möglich ist, sie aber auch – zumindest soweit sie durch Landesorganisation und zentrale Leitung mit vorgegeben sind – als weniger veränderbar erlebt werden. Dabei wäre auch zu berücksichtigen, dass zumindest in einzelnen Entwicklungsteams die Auseinandersetzung mit zentral vorgegebenen strukturellen Einschnitten und Änderungen organisatorischer und personeller Art im Vordergrund stand und dass solche Vorgaben offenbar eher als hinzunehmende und unveränderliche Voraussetzungen denn als gestaltbare Rahmenbedingungen der weiteren Arbeit betrachtet werden mussten.

Kompetenzsteigerung und eigenes Lernen

Soweit von den Befragten davon ausgegangen wird, dass sich nicht nur Veränderungen für die Einrichtung ergeben hätten, die als Antwort auf gegebene Probleme und Herausforderungen, als nützlich und dauerhaft zu sehen sind, sondern sich auch die Fähigkeit der Einrichtung verbessert hätte, mit zukünftigen Problemen und Fragestellungen umzugehen, also auch so etwas wie Lernen der Organisation selbst zu konstatieren sei, hat dies natürlich auch damit zu tun, dass die Teammitglieder

der Auffassung sind, dass sich ihre eigenen Kompetenzen und Lernfähigkeiten verändert hätten (s. Tab. 7). Das Ausmaß, in dem ihre persönlichen Kompetenzen durch die Mitarbeit am Projekt gestiegen sind, bewerten alle Befragten als hoch: 3 geben eher stark, 12 stark und 2 sehr stark als Antwort auf die betreffende Frage an (MW = 3,9).

| Personenbezogene Aspekte/Kompetenzen | N | Median (Md) | Mittelwert (MW) | Standardabw. (S) |
|---|---|---|---|---|
| Steigerung eigener persönl. Kompetenzen? | 17 | 4,0 | 3,94 | 0,56 |
| eigene Veränderungsbereitschaft | 18 | 4,0 | 3,78 | 1,06 |
| Veränderung eigener Lernprozesse | 18 | 3,0 | 3,22 | 1,26 |
| Verbesserung d. Motivation der Teammitglieder | 18 | 3,0 | 3,78 | 0,88 |

Tab. 7: Effekte des Projektes auf personenbezogene Aspekte und Kompetenzen

Auch in Bezug auf die generelle Einschätzung der Motivation der Teammitglieder wird nur in einem Fall davon ausgegangen, dass sie sich eher wenig verändert hätte, während alle andern Befragten der Meinung sind, dass sie sich sehr stark (4 Befragte), stark (7 Befragte) oder eher stark (6 Befragte) verbessert hätte. Der Mittelwert ergibt sich demzufolge mit 3,8.
Positive Auswirkung der Projcktarbcit und der damit verbundenen Lernprozesse werden von den Befragten bezüglich des Umgangs mit Informationen und der Befriedigung von Informationsbedürfnissen bestätigt und im Schnitt noch deutlicher wird ausgesagt, dass sich durch das Projekt die persönliche Bereitschaft vergrößert hätte (MW=3,8), sich auf Veränderungen einzulassen. Allerdings ist dabei auch zu berücksichtigen, dass zu beiden Fragen jeweils 2 bzw. 3 Personen äußern, dass sie die

eingetretenen Verbesserungen als eher gering oder nicht vorhanden betrachten. Da gleichzeitig die Befragten aus dem Bereich der Geschäftsführung und Leitung in einer getrennten Frage angeben, dass sich durch die Erfahrungen im Projekt ihre Möglichkeiten der Informationsgewinnung und -verarbeitung „eher deutlich“ bis „sehr deutlich“ verbessert hätten (MW 4,0) und andererseits insgesamt ja von allen Befragten davon ausgegangen wurde, dass ihre persönlichen Kompetenzen relativ stark bis sehr stark gestiegen seien, wird hier wohl auch zu berücksichtigen sein, dass es in der Gruppe der pädagogischen Mitarbeiter oder der Mitarbeiter in der Verwaltung tatsächlich Probleme in dieser Hinsicht gab, andererseits für sie aber Veränderungen und Umstellungen, die Notwendigkeit oder auch der Zwang, sich damit auseinander zu setzen, nicht immer nur positive Aspekte aufweisen, auch weil Routine und Sicherheit verloren gehen, mühsame Prozesse der Um- und Neuorientierung stattfinden müssen, ohne dass dabei immer die Gewähr gegeben sein mag, dass individuelle Arbeitsbedingungen dadurch befriedigender und weniger belastend werden.
In dieses Interpretationsmuster passt vermutlich dann auch, dass trotz der insgesamt deutlich werdenden positiven Antworttendenz sowohl in Bezug auf die Steigerung er eigenen persönlichen Kompetenzen als auch in Bezug auf die Bereitschaft, sich mit Veränderungen auseinanderzusetzen, die Mitarbeiter in Leitungs- und Geschäftsführungsfunktionen sich nach dem Mann-Whitney-Rangtest signifikant positiver äußern als die pädagogischen Mitarbeiter. Die Mitarbeiter im Verwaltungsbereich konnten hier wie auch in allen andern Vergleichen zwischen den Mitarbeitergruppen wegen ihrer geringen Zahl nicht einbezogen und berücksichtigt werden.

Eigene Entwicklungen und Veränderungen in der Einrichtung
Obgleich die Zahl der Befragten nicht hoch ist, war untersucht worden, inwieweit von Zusammenhängen zwischen den das eigene Lernen, die eigene Entwicklung betreffenden und den

die Veränderungen und Entwicklungen in der Einrichtung insgesamt betreffenden Antworten der Befragten auszugehen ist. Die Korrelationen für die relevanten Fragen ergeben sich aus der folgenden Tab. 8.
Es kann zwar davon ausgegangen werden, dass signifikant gewordene Korrelationskoeffizienten Zusammenhänge zwischen den jeweiligen Variablen indizieren, aber wegen der geringen Zahl der Befragten wird die Höhe der Korrelationskoeffizienten selbst nicht weiter interpretiert.

| | 1 | 2 | 3 | 4 | 5 | 6 | 7 | 8 | 9 | 10 | 11 | 12 | 13 |
|---|---|---|---|---|---|---|---|---|---|---|---|---|---|
| 1. Umgang m. Veränd./ Entwicklungsprozessen | 1,0 | | | | | | | | | | | | |
| 2. Verbesserung Problemerkennung | ,82** | 1,0 | | | | | | | | | | | |
| 3. Verbesserung Problembehandlung | ,61** | ,54* | 1,0 | | | | | | | | | | |
| 4. Umsetzung von Lösungen in der Praxis | ,29 | ,38 | ,25 | 1,0 | | | | | | | | | |
| 5. Erwartungen an Projekt erfüllt? | ,47* | ,43 | ,16 | ,45 | 1,0 | | | | | | | | |
| 6. Nachhaltigkeit der Verbesserungen | ,28 | ,19 | ,06 | ,50 | ,64** | 1,0 | | | | | | | |
| 7. Nachhaltigkeit d. Org.-Strukt.-Veränder. | ,06 | ,08 | ,07 | ,03 | ,01 | ,07 | 1,0 | | | | | | |
| 8. Steigerung pers. Kompetenzen | ,46 | ,56* | ,34 | ,42 | ,47 | ,32 | ,37 | 1,0 | | | | | |
| 9. Verbesserung der Motivation ? | ,26 | ,54* | ,08 | ,52* | ,33 | ,22 | ,09 | ,26 | 1,0 | | | | |
| 10. Wichtigkeit externer Begleitung | ,06 | ,16 | ,06 | ,22 | ,35 | ,55* | ,15 | ,30 | ,18 | 1,0 | | | |
| 11. Veränderungs-bereitschaft | ,37 | ,49* | ,39 | ,45 | ,63** | ,51* | ,16 | ,40 | ,53* | ,52* | 1,0 | | |
| 12. Veränderung eigener Lernprozesse | ,06 | ,18 | ,05 | ,28 | ,33 | ,27 | ,42 | ,23 | ,29 | ,41 | ,58 | 1,0 | |
| 13. Externe Hilfe zur Nachhaltigkeit | ,22 | ,20 | ,01 | ,65** | ,57* | ,59* | ,08 | ,25 | ,26 | ,23 | ,59** | ,49* | 1,0 |

Tab. 8: Zusammenhänge zwischen Veränderungsbereichen (Spearman-Rangkorrelationen). (** Die Korrelation ist auf dem 0,01 Niveau signifikant zweiseitig, * die Korrelation ist auf dem 0,05 Niveau signifikant zweiseitig).

Deutlich wird zunächst einmal, dass die Einschätzung des Grades, in dem die eigenen Erwartungen an das Projekt als erfüllt angesehen werden, generell mit der Einschätzung der Nachhaltigkeit der durch das Projekt herbeigeführten Verbesserungen,

mit einer erhöhten eigenen Bereitschaft, sich auf Veränderungen einzulassen, in Verbindung steht. Zugleich hängt aber auch das Ausmaß, in dem von den Befragten weiterhin externe Unterstützung für erforderlich gehalten wird, um die Nachhaltigkeit bisher erzielter Verbesserungen zu gewährleisten, ganz eindeutig von Aspekten ab, die mit der Zufriedenheit der Beteiligten mit dem Projekt verbunden sind. Je höher nämlich die Nachhaltigkeit der erreichten Veränderungen und die eigene Bereitschaft zu Veränderungen eingeschätzt wird, je deutlicher die Erwartungen an das Projekt als erfüllt angesehen werden, je mehr davon ausgegangen wird, dass im Projekt entwickelte Lösungen erfolgreich in die Praxis umgesetzt werden konnten, desto deutlicher wird auch der Grad externer Unterstützung für die Sicherung der Nachhaltigkeit gesehen. Das ist vom Antwortverhalten her in sich nicht ganz konsistent, scheint aber insgesamt darauf hinzudeuten, dass mit dem Ausmaß erreichter Veränderungen und der positiven Einschätzung dieser Veränderungen der Wunsch nach weiterer Betreuung und Unterstützung von außen her wächst, nicht zuletzt deswegen, weil ja die gelungene und erfolgreiche Veränderungen auf Kooperation mit externen Projektmitgliedern beruhte.
Etwas weitergehende Aufschlüsse im Hinblick auf diese Zusammenhänge ergeben sich, wenn man betrachtet, wie die befragten Personen auch die Entwicklung eigener Kompetenzen bewerten. Sie gehen zunächst offenbar davon aus, dass ihre Bereitschaft, sich auf Veränderungen einzulassen und sich damit auseinanderzusetzen, in Zusammenhang steht mit einem durch die Erfahrungen im Projekt veränderten eigenen Lernen. Dann aber zeigt sich auch, dass die Steigerung der eigenen persönlichen Kompetenzen im Wesentlichen in der eigenen Organisation in Verbindung gesehen wird mit Veränderungen im Umgang mit Entwicklungs- und Veränderungsprozessen und auch mit einer Verbesserung der Problemerkennung und Problemidentifikation, nicht jedoch einer Verbesserung der Problembehandlung.

Daraus muss dann wohl geschlossen werden, dass die Befragten zwar der Meinung sind, dass sich ihre eigenen Kompetenzen erhöht haben, dass zugleich auf der Ebene der Einrichtung sich die Haltung gegenüber eintretenden Anpassungs- und Veränderungserfordernissen geändert hat, dass Probleme besser erkannt und identifiziert werden, dass aber nicht im selben Ausmaß Verfahrensweisen und Methoden, Möglichkeiten der Problembehandlung überhaupt verfügbar sind, so dass dann aus diesem Grunde wohl auch weiterhin der Bedarf an externer Unterstützung formuliert wird. Gleichzeitig sehen sich die befragten Mitglieder der Entwicklungsteams anscheinend auch nur begrenzt dazu in der Lage, ihre eigenen Erfahrungen an diejenigen weiter zu vermitteln, die in der jeweiligen Einrichtung mit Fragen der Problembehandlung konfrontiert werden, oder als Multiplikatoren die im Projekt entwickelten Wissensmodule so weiterzugeben, dass sie unmittelbar für andere nutzbar sind.
Die Gründe hierfür scheinen auch auf der institutionellen Ebene zu liegen und in Verbindung mit knappen zeitlichen Ressourcen gesehen werden zu müssen, und falls es so ist, wäre es dann auch Aufgabe der Institution selbst, hier entsprechende Möglichkeiten zu schaffen, wenn erworbene Expertise auch andern Mitarbeitern zum Nutzen gereichen soll.

### 3.3.5 Aspekte der Mediennutzung

Soweit neben der beratenden und Entwicklungen konzeptionell begleitenden Unterstützung auch die Bereitstellung von technischem Support für Wissensmanagement, Informationsvermittlung und –austausch, Kommunikation und Kooperation eine wichtige Rolle spielte, sollte dieser Bereich auch in der Befragung näher untersucht werden. Dabei war aufgrund der im Laufe des Projektes selbst gewonnenen Erfahrungen davon auszugehen, dass die durch das Projekt über die ohnehin bestehenden Möglichkeiten hinausgehenden und zusätzlich über den Hyperwave-Information-Server angebotenen Möglichkeiten

nur von einzelnen Entwicklungsteams und hier insbesondere dem der Kreisvolkshochschulen systematisch und kontinuierlich genutzt worden waren, während in den andern Fällen die Angebote eher unsystematisch und sporadisch in Ergänzung oder neben den eigene Intranet-Strukturen oder Arbeitsplatzzugängen zum WWW, die in den Einrichtungen bestanden, genutzt wurden.
Gleichwohl sollen im Projekt erarbeitete Produkte auch in Form von Wissensbausteinen aufbereitet und über den Server den Einrichtungen und Landesorganisationen zugänglich gemacht werden, damit einerseits auf diese Weise im Sinne der Nachhaltigkeit die im Projekt erarbeiteten Problemlösungen, Methoden und Verfahrensweisen, Materialien etc. weiterhin für Aufgaben der Organisationsentwicklung in den Einrichtungen genutzt werden können, sie andererseits aber auch in die Weiterbildung der Weiterbildenden einbezogen werden könnten.
Zumindest für die Möglichkeit, sich des Hyperwave-Information-Servers zu bedienen, sich Zugang zu Ordnern und Verzeichnissen zu verschaffen, Informationen zu sichten, interessierende Teile herunter zu laden usw., sollten entsprechende Grundlagen durch das Projekt geschaffen werden.
Die befragten Mitglieder der Entwicklungsteams geben zunächst mit deutlicher Mehrheit (MW = 3.6) an, dass die Nutzung neuer Medien die Projektarbeit unterstützt hat, 12 davon sogar „stark“ oder „sehr stark“. 4 Befragte sind dagegen der Meinung, dass die Mediennutzung die Projektarbeit nicht unterstützt hätte, was darauf hindeutet, dass – ohne dass es auch notwendige Voraussetzung gewesen wäre - in einigen Fällen die Mitarbeit in den Entwicklungsteams ohne die Nutzung neuer Medien und der damit verbundenen Informations- und Kommunikationsmöglichkeiten stattfand. Entsprechend wird dann auch auf die Frage „Hat sich der Umgang mit neuen Medien durch die Projektarbeit erhöht?“ in 6 Fällen angegeben, dass dies überhaupt nicht oder nur geringfügig der Fall gewesen sei, während 12 der Befragten antworten, dass dies „eher stark“ bis „sehr stark“ der Fall war.

Genauso bleiben dann auch bei der Frage zur Nutzung neuer Medien im Arbeitsalltag und der nach Anwendungen aufgeschlüsselten Nutzungsarten immer einige wenige Befragte, die auch für Standardanwendungen wie Tabellenkalkulation oder Textverarbeitung angaben, sie nie oder eher selten zu nutzen. Ansonsten werden insgesamt am häufigsten Textverarbeitungs- und Verwaltungsprogramme genutzt, Informationsrecherchen im Internet betrieben und E-Mail verschickt, denn hier wird zumeist ein täglicher Gebrauch angegeben. Seltener verwendet werden dagegen Präsentationsprogramme, Dokumentationssoftware, Chatforen im Internet, andere Diskussionsforen und die Kooperationsplattform des Projektes selbst und auch hier bestehen – wie in allen andern Fällen dieses Bereiches – keine nennenswerten zufallskritisch abgesicherten Unterschiede zwischen pädagogischen Mitarbeitern einerseits und Mitarbeitern im Leitungs- und Geschäftsführungsbereich andererseits.
In Bezug auf die Nutzung von Tabellenkalkulationsprogrammen oder die Dateiablage im Intranet waren die Angaben der Befragten eher gemischt. Zwei Personen gaben an, Tabellenkalkulationsprogramme nie zu benutzen und siebenmal wurde eine tägliche oder mehrmals pro Woche stattfindende Nutzung dieser Programme angegeben, während sich der Rest der Antworten auf „einmal monatlich" und „einmal wöchentlich" verteilte. So ist wohl anzunehmen, dass die meisten der Befragten zwar in der Lage sind, Programme dieser Art zu benutzen, der Einsatz dieser Nutzungen in ihrem Tätigkeitsbereich jedoch seltener vorkommt.
Als Gründe für die Nutzung neuer Medien werden die Gewinnung von Informationen und die Terminabsprache mit 16-mal am häufigsten angekreuzt und es folgen die Nutzung zu Kooperationszwecken, zum Datenaustausch und zur Dokumentenerstellung, die 14 bis 15 mal genannt werden. Elf der Befragten nennen als Nutzungsgrund die Veröffentlichung von Weiterbildungsprogrammen und sechsmal wurde angegeben, dass es auch darum gehe, sich mit andern problemorientiert auszutauschen und Sachverhalte zu erörtern.

Insgesamt stehen damit einerseits die Möglichkeiten der Textverarbeitung und Dokumentenerstellung als „klassische“ standalone-Nutzungen, die des Informationsaustausches und der Abstimmung mit andern neben der Möglichkeit der Internetrecherche im Vordergrund. Obgleich vermutet wurde, dass sich auch Nutzungstypen identifizieren lassen müssten, weil die Art der Nutzung durch Mitarbeiter in der Verwaltung sich von der durch leitende und diese sich wiederum von der durch pädagogische Mitarbeiter unterscheidet, waren in Bezug auf die einzelnen Fragebogenitems dieses Bereiches keine signifikanten Unterschiede zu ermitteln, auch weil die gemachten Aussagen wohl zunächst als relativ global zu betrachten sind. Versuchsweise durchgeführte Clusteranalysen brachten hier nicht weiter; im Hinblick auf die Nutzungsaspekte von Medien ließen sich kaum interpretierbare Gruppen von Anwendern ermitteln und in Bezug auf die Gründe für die Nutzung ergaben sich Cluster danach, ob die am häufigsten genannten Gründe (Informationsrecherche, Datenaustausch, Dokumentenerstellung, Erörterung von Sachverhalten, Terminabsprachen, Informationsaustausch, Programmveröffentlichung) alle oder in Teilen angegeben waren, aber auch dann ließen sich keine Beziehungen zur Beschäftigungsart oder Art der Tätigkeit feststellen.
Um ferner zu erfassen, welche Faktoren nach Meinung der Befragten der Nutzung neuer Medien im Wege stehen oder sie behindern, wurden alle Teilnehmer gebeten, aus einer Liste die Faktoren auszuwählen, die als Ursachen für Schwierigkeiten der Mediennutzung betrachtet werden. Die Antwortverteilungen ergeben sich aus Tab. 9. Insgesamt geben immer deutlich mehr als die Hälfte der Befragten an, dass der jeweilige Faktor nicht als Ursache für Schwierigkeiten zu betrachten ist, wenn aber Probleme genannt wurden, sind dies mit 8 Nennungen am häufigsten die eigenen Möglichkeiten und Kompetenzen, gefolgt von organisatorischen Gegebenheiten (7 Nennungen) und technischen Voraussetzungen (6 Nennungen). Die Art der Aufgabe wird 4 mal und Mangel an Support lediglich einmal genannt.

| Gründe | | ja | nein | zus. |
|---|---|---|---|---|
| **Organisatorische Gegebenheiten** | abs.<br>% | 7<br>38,9 | 11<br>61,1 | 18<br>100,0 |
| **Personelle Möglichkeiten/Kompetenzen** | abs.<br>% | 8<br>44,4 | 10<br>55,6 | 18<br>100,0 |
| **Art der Aufgabe** | abs.<br>% | 4<br>22,2 | 14<br>77,8 | 18<br>100,0 |
| **Technische Möglichkeiten** | abs.<br>% | 6<br>33,3 | 12<br>66,7 | 18<br>100,0 |
| **Mangel an Support** | abs.<br>% | 1<br>5,6 | 17<br>94,4 | 18<br>100,0 |

Tab. 9: Gründe für Schwierigkeiten bei der Nutzung neuer Medien.

Von den Aufgaben her scheint insoweit der Großteil der Befragten mit Computeranwendungen konfrontiert zu sein und auch davon auszugehen, dass ein entsprechender Support möglich ist oder vorhanden wäre, sei es durch das Projekt oder durch die jeweilige Einrichtung, aber ein nicht unbeträchtlicher Anteil fühlt sich aufgrund fehlender Kenntnisse und vermutlich auch fehlender Geräte am Arbeitsplatz nur begrenzt dazu in der Lage, Computer so nutzen wie es erforderlich wäre.

### 3.4 Weiterer Entwicklungsbedarf und allgemeine Konsequenzen

So befriedigend die Stellungnahmen der Befragten zum Nutzen des Projektes für sie selbst, ihre Einrichtung und auch die Förderung nachhaltiger Entwicklungen in ihrer Einrichtung sind, so wird doch deutlich, dass sich sowohl in Zusammenhang mit der Arbeit an Entwicklungen innerhalb des Projektes als auch zusätzlich weiterer Bedarf an Entwicklungen im organisationalen und personalen Bereich ergeben hat und dass von daher

auch weiterer Bedarf an Unterstützung durch externe Kompetenz und Expertise formuliert wird.
Große Einigkeit bestand unter den Befragten darüber, dass sich im Rahmen der Projektarbeit weiterer Bedarf für Organisations- und Personalentwicklung ergeben hat. 14 Befragte bejahten ihn, neben zwei Enthaltungen zu dieser Frage gab es nur zwei Befragte, die einen weiteren Bedarf verneinten.
Auf die offene, an alle Mitglieder der Entwicklungsteams gerichtete Zusatzfrage, in welchem Bereich Bedarf, soweit er generell bejaht wurde, gesehen wird, wurde mit „Ersetzen einer Verwaltungskraft" offenbar die notwendige Auseinandersetzung mit einer geplanten Personalkürzung angesprochen, sonst weiterhin die Begriffe

- Managemententwicklung
- Coaching
- Teamentwicklung
- Projektmanagement
- Vorstand/Landesvorstand
- Marketing
- Evaluation
- Mitarbeiterführung

genannt. Ohne dass nachträglich zu erschließen wäre, inwieweit mit „Managemententwicklung", „Coaching" oder „Mitarbeiterführung" die jeweiligen eigenen Qualifikationen leitender Mitarbeiter oder die Qualifikationen der eigenen Vorgesetzten im entsprechenden Bereich gemeint sind oder inwieweit mit der Nennung „Vorstand/Landesvorstand" wiederum bestimmte Inhalte gemeint sind, ließen sich hieraus Erfordernisse auch für die Weiterbildung der in der Weiterbildung tätigen erschließen.
Ähnlich wurde auf die Frage zum zusätzlichen Weiterbildungsbedarf in Bezug auf den Organisations- und Personalentwicklungsbereich bei völliger Bejahung dieses Bedarfs folgende Aspekte genannt:

- Umsetzung für Vereine
- Abstimmung mit anderen Arbeitsstellen
- Öffentlichkeitsarbeit, PR
- Sponsoring
- Qualitätsmanagement
- Marketing (2 mal genannt)
- Controlling
- Evaluation
- Zuordnung von Fähigkeiten und Aufgaben
- Stärken-Schwächen Analyse
- Gender
- Mitarbeiterführung (2 mal genannt)

Fragen der Mitarbeiterführung, der Unterstützung/Betreuung sowie des Einsatzes von Mitarbeitern scheinen damit in der Wahrnehmung der Befragten neben generellen Management- und Leitungsaufgaben im Bereich von Evaluation/Controlling und Qualitätssicherung im Innenverhältnis, des Sponsoring, des Marketing und der Öffentlichkeitsarbeit bzw. der Darstellung der Einrichtung nach außen wichtige Entwicklungsbereiche zu sein, zu denen dann auch andere grundlegende Aspekte treten können, die wie etwa die Gender-Problematik sowohl im Innen- als auch im Außenverhältnis relevant werden können.
Was nun die generelle Einschätzung der Relevanz einer externen Begleitung und Unterstützung von außen anbelangt, geben bei einer fehlenden Angabe alle Befragten an, dass sie wichtig sei: sie wird 15 mal als "sehr wichtig" und zweimal als "wichtig" angesehen.
Die Frage war zwar allgemein formuliert, kann aber aufgrund des inhaltlichen Zusammenhangs, in dem sie stand, noch in Projektzusammenhänge eingeordnet sein. Dass andererseits aber auch nicht davon ausgegangen werden kann, dass die Befragten zwar weiteren Entwicklungsbedarf konstatieren, zugleich aber die Auffassung vertreten, dass sie oder ihre Einrich-

tungen aufgrund der entwickelten Kompetenzen und Voraussetzungen für die Lösung von Entwicklungsaufgaben nun völlig selbständig und ohne weitere Unterstützung tätig werden könnten, ergibt sich aus der Frage 20. Dort wurde gefragt „Bis zu welchem Ausmaß würden sie weiterhin externe Unterstützung als erforderlich betrachten, um die Nachhaltigkeit bisher im Projekt erzielter Verbesserungen zu gewährleisten?" und als Antwortskala Prozentsätze in 10er Stufung, also 0 %, 10 % etc. vorgegeben. Die Verteilung der Antworten ergibt sich aus nachfolgender Abb. 5: 10 Angaben liegen bei 40 % oder darunter, 4 bei 60 % oder darüber und es ergab sich insgesamt ein Durchschnitt von 38,3 %.

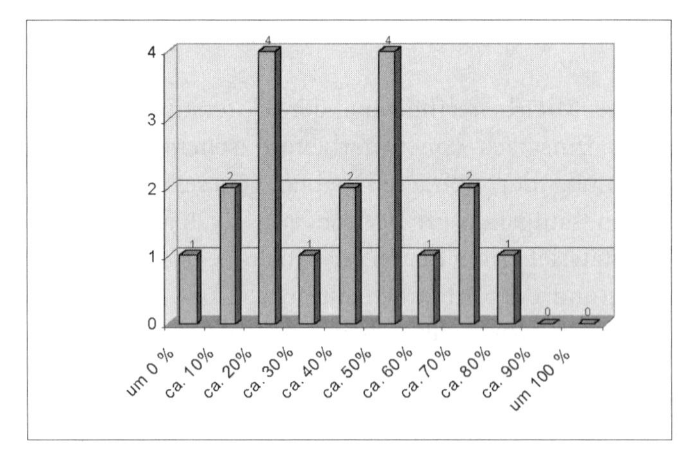


Abb. 5: Zur Sicherung der Nachhaltigkeit bisheriger Verbesserungen für erforderlich gehaltenes Ausmaß externer Unterstützung

Darüber zu spekulieren, ob nicht eigentlich ein Ausmaß von für erforderlich gehaltener externer Unterstützung von durchschnittlich fast 40 % zu hoch sei, wenn beträchtlichere nachhaltige Wirkungen unterstellt werden sollen, erscheint müßig. Einerseits müsste nämlich davon ausgegangen werden, dass durch die Arbeit im Projekt sich auch das Problembewusstsein der Beteiligten verändert hat, und andererseits würde man die von den Befragten in Bezug auf die Nachhaltigkeit gemachten Aus-

sagen entwerten, wenn man annehmen wollte, dass alle Wirkungen mit dem Projekt selbst enden.
Organisationsentwicklungsvorhaben sind prinzipiell an Beratung und Unterstützung gebunden, und selbst wenn dies vorausgesetzt wird, wird man andererseits jedoch auch nicht an der Frage vorbeikommen, wie Entwicklungsprojekte in diesem Bereich zu gestalten wären, wenn am Ende die Selbständigkeit und Unabhängigkeit durch das Projekt geförderter und begleiteter Einrichtungen stehen soll und erreicht werden soll, dass dann alle weiteren Entwicklungen von der Einrichtung aus eigener Kraft gestaltet werden sollen. Es kann sicherlich gesagt werden, dass dann qualifizierende Anteile zumindest mit zunehmender Laufzeit des Projektes zunehmen müssten, dass aber dann auch anders als bei dem hier durchgeführten Projekt, das ja auf einer im ersten Abschnitt durchgeführten Problemanalyse und Bedarfsfeststellung bestand, von Anfang an von allen Seiten akzeptierten, verbindlichen und inhaltlich konkretisierten Entwicklungsbereichen –zielen ausgehen müsste, wenn die Projektlaufzeit nicht wesentlich länger als 3 Jahre betragen soll.
Zugleich wäre aber auch von Seiten der Trägerorganisation nicht nur im Auge zu behalten, sondern auch zu sichern, dass Kompetenzen und Erfahrungen, die im Zuge der Gestaltung und Realisation von Entwicklungen lokal, in bestimmten Einrichtungen, in bestimmten Abteilungen von Einrichtungen erworben worden sind, nicht „auf Eis" gelegt werden, weil die in Zusammenhang mit dem Projekt angestrebten Ziele erreicht worden sind. Der im Projekt angestrebte und in den Kompetenzateliers vorstrukturierte und in die Wege geleitete Transfer zwischen den verschiedenen Ebenen einer Einrichtung einerseits und verschiedenen Einrichtungen andererseits kann nur dann Wirkungen entfalten in Bezug auf die Sicherung von Nachhaltigkeit, die dauerhafte Wirksamkeit von erworbenen Kompetenzen im Umgang mit weiteren Entwicklungsprozessen und Gestaltungsaufgaben, wenn dies in der Organisation vorgesehen und möglich gemacht wird, es den Mitarbeitern auch

möglich gemacht wird, ihre Erfahrungen einzusetzen und weiterzugeben.

# VI. Projektsupport

Claudia Hochdörffer

# Einrichtungsübergreifender Support bei der Weiterbildung der Weiterbildenden

Aufgrund der Bedeutung des lebenslangen Lernens hat die Bund-Länder-Kommission ein eigenes Programm zum lebenslangen Lernen aufgelegt. Dabei wurde deutlich, dass für die Umsetzung neuer Lernkulturen und neuer Lernarrangements verbesserte Rahmenbedingungen als unterstützende Strukturen und Systemvoraussetzungen entwickelt und erprobt werden müssen. Es geht u.a. um die Entwicklung von Personal-, Sozial- und Methodenkompetenz bei den Lehrenden selbst, also um die Weiterbildung der Weiterbildenden, in der Lehrerausbildung, in der Lehrerfort- und Weiterbildung sowie in der allgemeinen Weiterbildung sowohl für hauptberufliche Kräfte als auch für nebenberuflich und ehrenamtlich Tätige in der Weiterbildung.
Parallel dazu hat die Bundesregierung das Aktionsprogramm „Lebensbegleitendes Lernen für alle“ vorgelegt, in dessen Mittelpunkt die Förderung bildungsbereichs- und regionenübergreifender Kooperationsverbünde auf regionaler und überregionaler Ebene (lernende Regionen) standen. In diesem Zusammenhang wird ebenfalls u.a. gefordert, dass die Weiterbildung auszubauen, Transparenz zu schaffen, Qualitätsstandards zu entwickeln und die professionelle Qualität des Personals zu erhöhen ist.
Die Arbeitsstelle für die Weiterbildung der Weiterbildenden AWW wurde 1997 als An-Institut an der Universität Koblenz-Landau als eine institutionenübergreifenden Einrichtung installiert, mit dem Zweck und der Aufgabenstellung, Support- und Vernetzungsstrukturen zu entwickeln. Dies geschah seit März 2001 auch im Kontext der Projekte „Lebenslanges Lernen“ und „Lernende Regionen“.

## 1. Entwicklung einer einrichtungsübergreifenden Institution in Rheinland-Pfalz

In einem kurzen Überblick wird hier zunächst der Zusammenhang mit der gesellschafts- und bildungspolitischen Entwicklung hergestellt, in den die Einrichtung des Modellprojekts „Fort- und Weiterbildung für Lehrende in der Erwachsenenbildung" *FWL* und die Nachfolgeeinrichtung „Arbeitsstelle für die Weiterbildung der Weiterbildenden" *AWW* einzuordnen sind.

### 1.1 Vorgeschichte

Die Etablierung einer einrichtungsübergreifenden Institution, die der Professionalisierung von lehrendem Personal dienen soll, war die konsequente Antwort auf eine Diskussion weiterbildungspolitischer Fragen, die seit den fünfziger Jahren geführt wurde.
Bis zum Regierungswechsel 1991 bestand in Rheinland Pfalz keine institutionalisierte Weiterbildung für Weiterbildende. Die Weiterbildungsinitiative Rheinland-Pfalz hob seit 1992 die Bedeutung der Professionalisierung im Erwachsenenbildungsbereich hervor. Die Landesregierung reagierte auf diese Entwicklung mit der Förderung von Projekten, die dem Ziel der qualitativen Verbesserung von Weiterbildung dienten. Neben diesen Projekten, insbesondere das Modellprojekt „Fort- und Weiterbildung für Lehrende in der Erwachsenenbildung" *FWL* (vom 1.8.1992 bis 31.12.1993) und 1994 durch die Einrichtung der Arbeitsstelle für die Weiterbildung der Weiterbildenden *AWW*, „gab es in der Vergangenheit erhebliche Verbesserungen der Rahmenbedingungen für die Professionalität in der Weiterbildung über das Bildungsfreistellungsgesetz und das novellierte Weiterbildungsgesetz, über Modellprojekte und Schwerpunktförderungen, über die Stärkung der wissenschaftlichen Weiterbildung sowie die Förderung der Kooperation durch die regionalen Weiterbildungszentren" (Schwarz/Hanft, 2000 S. 3).

„Das Ministerium initiierte unter Beteiligung der Hochschulen und der Landesorganisationen der Weiterbildung eine Koordinations- und Servicestelle für die Fort- und Weiterbildung des Weiterbildungspersonals. Über ein Pilotprojekt sollten nach Möglichkeit alle Landesorganisationen und alle Hochschulen gemeinsam ihre Weiterbildungsinteressen, ihren Bedarf, ihre Ressourcen und ihre Kompetenzen einbringen und synergetisch zusammenführen“ (Schwarz/Hanft, 2000 S. 8). Das Gemeinschaftsprojekt wurde vom 1. August 1992 bis zum 31.12.1995 durch das Land mit erheblichen Weiterbildungsmitteln gefördert.

### 1.2 Modellprojekt „Fort- und Weiterbildung für Lehrende in der Erwachsenenbildung“ FWL

Das Modellprojekt FWL diente einerseits der Entwicklung und Verbesserung der Qualität der Mitarbeiterkompetenzen in der Erwachsenenbildung und an Hochschulen in Rheinland-Pfalz und andererseits der Stärkung des politischen Stellenwerts der Weiterbildung. Zur weiteren Zielsetzung des Projekts zählten die Etablierung und Erprobung einer Koordinations- und Servicestelle für die Fort- und Weiterbildung des Weiterbildungspersonals, bei der die Landesorganisationen, die Hochschulen und Fachhochschulen des Landes ihre Weiterbildungsinteressen, Ressourcen und Kompetenzen einbringen konnten.
„FWL war in Rheinland Pfalz der erste Versuch einer trägerübergreifenden nichtstaatlichen Institutionalisierung eines Fort- und Weiterbildungsverbundes unter Einbeziehung der Hochschulen mit Fortbildungs- und Servicefunktionen.
Das Gemeinschaftsprojekt sollte folgende Funktionen haben:

a) Entwicklung, Durchführung und Auswertung von Fortbildungsveranstaltungen
b) Trägerübergreifende Information und Beratung in der Weiterbildung
c) Koordination unterschiedlicher Angebote, Ressourcen, Veröffentlichungen

d) Akquirierung von Projektmitteln aus unterschiedlichen Förderungsbereichen
e) Unterstützung der Vernetzung der mit Weiterbildung befassten Institutionen, einschließlich der geplanten Regionalen Weiterbildungszentren /-verbände.

FWL wurde zwar akzeptiert, im Zeichen begrenzter Fördermittel und Zeitsouveränität allerdings auch wegen der relativ hohen Kosten nicht mit – im Vergleich zu anderen Förderungsaufgaben – gleicher Priorität seitens der Landesorganisationen und Hochschulen bewertet. Das Projekt wurde deshalb in der bisher praktizierten Form nicht weitergeführt." (Schwarz/Hanft 2000, S. 10).

## 1.3 Die Arbeitsstelle für die Weiterbildung der Weiterbildenden AWW

Die Fort- und Weiterbildung der Weiterbildnerinnen und Weiterbildner blieb auch nach Abschluss von FWL eine Aufgabe von hoher Bedeutung. Durch die Regierungserklärung von 1995 erhielt diese Aufgabenstellung einen noch höheren Stellenwert und eine Verpflichtung zur Umsetzung und Institutionalisierung wurde formuliert: „An der Universität Koblenz-Landau, Abteilung Landau, wird eine Arbeitsstelle zur Koordinierung der Weiterbildung der Weiterbildenden eingerichtet werden (Regierungserklärung 1995).

Daraufhin wurden ab 1995 in Kontakt mit den Hochschulen und Landesorganisationen der Weiterbildung, in umfassenden Beratungen im Ausschuss für Bildung, Wissenschaft und Weiterbildung des Landtags, im Landesbeirat für Weiterbildung, in der Hochschulrektorenkonferenz und in gemeinsamen Besprechungen aller Beteiligten Gespräche zur Konstituierung einer solchen Arbeitsstelle aufgenommen. Am 6.10.1997 wurde dann die Arbeitsstelle für die Weiterbildung der Weiterbildenden AWW offiziell gegründet als Trägerverein, dem alle Hochschulen, der Verband der Volkshochschulen von Rheinland-Pfalz e.V. und die anerkannten Landesorganisationen der Weiterbildung in freier Trägerschaft des Landes Rheinland-Pfalz angehören.

Der Zweck der AWW wurde in der Satzung des Trägervereins wie folgt festgelegt:

(Zitiert aus § 2 der Vereinssatzung des Trägervereins der Arbeitsstelle für die Weiterbildung der Weiterbildenden (AWW) an der Universität Koblenz-Landau, Abteilung Landau e.V., vom 31.7.1998 ).

„(1) Die AWW dient in erster Linie als praxis- und wissenschaftsorientiertes Service- und Dienstleistungscenter für folgende Institutionen:

- dem Verband der Volkshochschulen von Rheinland-Pfalz e.V. und damit den nach dem Weiterbildungsgesetz anerkannten Volkshochschulen
- die nach dem Weiterbildungsgesetz anerkannten Landesorganisationen der Weiterbildung in freier Trägerschaft
- sonstige mit Weiterbildung befasste Verbände und Institutionen zur Weiterbildung der in der Weiterbildung tätigen Personen in Rheinland-Pfalz.

(2) Folgende Aufgaben sollen durch den Verein zur Unterstützung der Arbeit des V-VHS und der LO's übernommen werden:

- Unterstützung des V-VHS und der LO's bei der Konzeption und Planung ihrer Weiterbildungsangebote für die Weiterbildenden
- Förderung von Weiterbildungsangeboten für die Weiterbildenden
- Überregionale Darstellung und Werbung für die Weiterbildungsangebote für Weiterbildende in Form einer Broschüre, des weiteren Verbreitung der Angebote über elektronische Medien
- Durchführung eigener, zum Weiterbildungsangebot des V-VHS und der LO's komplementärer, praxisorientierter Weiterbildungen für Weiterbildende nach Absprache mit dem V-VHS und den LO's.

Nach Möglichkeit und vorhandener Arbeitskapazität die folgenden:

- Organisation von Tagungen, Konferenzen zur Weiterbildung der Weiterbildenden
- Moderation einer Newsgroup im Internet zur Weiterbildung der Weiterbildenden (virtuelle Konferenzen als offene Kommunikationsstruktur für die Zielgruppen, Hilfestellungen der EDV-Anbindung durch die Universität)
- Unterstützung der Evaluation und Qualitätssicherung in der Weiterbildung der Weiterbildenden.

Die Erfüllung dieser Aufgaben erfordert eine enge Kooperation mit dem V-VHS, den Landesorganisationen, dem Landesbeirat für Weiterbildung und den Hochschulen sowie mit dem Ministerium für Bildung, Wissenschaft und Weiterbildung. Ergänzend sollte die Zusammenarbeit mit anderen Weiterbildungsstellen wie z.B. dem Staatlichen Institut für Lehrerfort und Weiterbildung (SIL) angestrebt werden.

(3) Die AWW ist trägerübergreifend tätig und tritt im Sinne ihrer Zweckbestimmung auch selbst als Träger von Veranstaltungen zur Weiterbildung der in der Weiterbildung Tätigen auf. Hierbei soll entsprechend des durch die Absprachen mit den Organisationen ermittelte Weiterbildungsbedarf das Potential der Hochschulen genutzt werden, um ein umfassendes Veranstaltungsangebot möglichst flächendeckend in Rheinland-Pfalz zu schaffen.“

Mit der Universität Koblenz-Landau wurde ein Kooperationsvertrag in Ergänzung zur Satzung geschlossen, in dem geregelt ist, dass die Universität der AWW ihre Infrastruktur und Dienstleistungen zur Verfügung stellt und die AWW insgesamt durch Mitglieder der Universität unterstützt wird. Die AWW ist durch den Kooperationsvertrag ein An-Institut am Zentrum für Weiterbildungsmanagement und –forschung, das 2002 in Zentrum für Human Resource Management umbenannt wurde. Mit der Satzung und dem Kooperationsvertrag wurden die strukturellen Fragen geregelt, die Aufgaben definiert und die Mitglieder der AWW bestimmt.

Die Leiterin bzw. der Leiter des Zentrums ist gleichzeitig Leiter/-in der AWW. Die Geschäftsführung überträgt der Vorstand des Trägervereins an eine(n) Geschäftsführer/-in, die als wissenschaftliche Mitarbeiter/-in mit einer vollen Stelle den Leiter/die Leiterin hauptamtlich unterstützt. Anstellungsträger ist die Universität Koblenz-Landau. Die Personalmittel für die Geschäftsführerstelle werden vom MWWFK, der Universität und aus Drittmitteln finanziert.

## 2. Netzwerkarbeit und einrichtungsübergreifende Supportleistungen – ein Erfahrungsbericht

Zu den zentralen Aufgaben der AWW gehören Kooperation, Vernetzung, Service- und Supportleistungen. Die Begriffe werden zunächst definiert, gegeneinander abgegrenzt und mit Beispielen aus der alltäglichen Praxis verdeutlicht.

### 2.1 Kooperation, Netzwerk, Support

Durch zunehmenden Wettbewerbsdruck und die leeren Kassen der öffentlichen Hand entstand in den letzten Jahren nicht nur für viele Unternehmen, sondern auch für Weiterbildungseinrichtungen die Notwendigkeit, strategische Alternativen der Finanzierung, Festigung auf dem Markt und Weiterentwicklung zu prüfen. Die Kooperation zwischen Weiterbildungsinstitutionen ist eine wichtige Möglichkeit, diesem verstärkten Druck zu begegnen. Zur Beschreibung des Phänomens der interorganisationalen Zusammenarbeit wird eine Vielzahl von Begriffen und differenzierten Formen mit fließenden Übergängen sowie inhaltlichen Überschneidungen verwendet, wie z.B. Kooperation, Vernetzung usw. Diese begriffliche Vielfalt kann auch als ein Spiegelbild der Diversifikation interorganisationaler Zusammenarbeit in der Praxis angesehen werden (vgl. Balling 1997).

Der Begriff „Kooperation“ wird sehr unterschiedlich definiert. Sydow (1992) unterscheidet zwischen Begriffen aus der Managementpraxis (Strategische Allianzen, Strategische Koalition, Joint Ventures, Wertschöpfungspartnerschaften etc.) und aus der Management- bzw. Organisationsforschung (interorganisationale Zusammenarbeit, Netzwerke, Quasi-Integrationen etc.) Diese Auffassung einer Vielzahl von Formen bzw. einer Übergangsform spiegelt sich auch in der Definition des Begriffes Kooperation im „Deutschen Universalwörterbuch“ wider. Dort wird Kooperation aus wirtschaftlich-wettbewerbsrechtlicher Perspektive definiert als „zwischenbetriebliche Zusammenarbeit, die eine Vorstufe der Unternehmenskonzentration darstellt.“ (wissenschaftlicher Rat der Dudenredaktion 1989, S. 881)
Kooperation als Strategieansatz hat in der Weiterbildung allerdings bereits eine gewisse Tradition. In den Landesgesetzen zur Weiterbildung der siebziger Jahre wurde daraus ein Prinzip. In den neunziger Jahren wurde unter dem Stichwort Kooperation, Verbünde und Supportstrukturen dieses Konzept in verschiedenen Gutachten (vgl. Faulstich u.a. 1991, 1996, Strukturkommission 1995) als zukunftsweisendes Politikmodell diskutiert.
Seit den siebziger und achtziger Jahren hat sich das Spektrum der Kooperationsaktivitäten ausgeweitet und Weiterbildung wird auch auf die Arbeitsmarkt-, Standort-, Wirtschafts- aber auch Kultur- und Regionalpolitik bezogen. Unter Kooperationsgesichtspunkten stehen heute im Vordergrund: zwischenbetriebliche Weiterbildungsverbünde, Kooperationen zwischen Unternehmen und Erwachsenenbildungsträgern sowie solche zwischen Erwachsenenbildungsträgern und überbetrieblichen Aus- und Weiterbildungszentren (vgl. Faulstich/Zeuner 2001).
In ihrer Untersuchung über das aktuelle BMBF-Programm „Lernende Regionen – Förderung von Netzwerken“ kommen Faulstich und Zeuner u.a. zu folgenden zusammenfassenden Ergebnissen über aktuelle Weiterbildungsverbünde:
„Das *Kooperationsspektrum* variiert erheblich hinsichtlich der Art und der Anzahl der beteiligten Organisationen bzw. Institutio-

nen. Im Durchschnitt liegt die Zahl der Mitwirkenden in den Kooperationsverbünden bei 32. (...) Innerhalb des *Leistungsspektrums* der Weiterbildungsverbünde stehen bei zwei Dritteln der Kooperationsverbünde Werbung und Öffentlichkeitsarbeit im Vordergrund. Die Präsentation im Internet wird an zweiter Stelle genannt, gefolgt von Beratungsaktivitäten. Die Aufgabenbereiche sowie die Leistungsspektren gestalten sich sehr unterschiedlich. Generell lassen sich je nach Schwerpunkt - politisch oder administrativ – zwei Hauptgruppen unterscheiden: Zum einen werden *Entscheidungs- und Abstimmungsaufgaben* wahrgenommen, wozu etwa Strategien zur Kontinuitätssicherung von Angeboten, Angebotsabstimmung, Bedarfsklärung und die Entwicklung der Weiterbildungsinfrastruktur gehören. Zum anderen stehen *Unterstützungsaufgaben* wie Werbung, Information, Beratung, Erhebung von Personal- und Qualifikationsbedarf sowie die Implementierung von Qualitätssicherungssystemen im Vordergrund.
Die *Organisationsstrukturen* der Verbünde haben unterschiedliche Reichweiten von Mitgliedschaft in einem eingetragenen Verein bis eher lose. Die *Entscheidungen* werden in nahezu allen Fällen (94,4%) in gemeinsamen Sitzungen festgelegt" (Faulstich/Zeuner 2001, S. 102).

Die Vernetzung von Einrichtungen in der Weiterbildung ist eine Antwort und Reaktion auf die sich verändernden Rahmenbedingungen und den sich vollziehenden Strukturwandel der Gesellschaft. Netzwerke sind Konzepte zur Strukturierung und Systematisierung der Beziehungen zwischen verschiedenen Organisationen. Diese Strukturierung kann locker oder eng, punktuell oder auf Dauer gedacht sein, sie kann sich auf Einzelbereiche der betroffenen Organisationen beziehen oder umfassend sein, und sie kann schließlich horizontal oder vertikal gebildet werden. Der in den Ingenieurwissenschaften und Wirtschaftswissenschaften bereits seit langem verwandte Begriff des Netzwerkes erfährt in der Weiterbildung in jüngster Zeit zunehmende Verbreitung. Geht es allerdings in den Wirtschaftswissenschaften um das Zusammenspiel und die Typisierung interorganisationaler Netzwerke unter ökonomischer Zielsetzung, so handelt es sich in der Weiterbildung um Kooperations- und Organisationsbeziehungen mit dem primären Zweck der Qualifizierung und Kompetenzentwicklung. „Bei Netzwerken in der Weiterbildung geht es um die Förderung von Kompetenzentwicklungsprozessen, um die Planung, Gestaltung, Durchführung, Bewertung und Evaluation von Qualifizierungs- und Berufsbildungsmaßnahmen. Diese Aufgaben werden von unterschiedlichen Beteiligten wahrgenommen, die nach Seyfried u.a. erst dann dem Kriterium Netzwerk genügen, wenn sie auf ihren spezifischen Feldern unabhängig voneinander agieren, gleichwohl über die komplementäre Aufgabenbearbeitung zu einer optimalen Einlösung von gemeinsamen Interessen kommen" (Dehnbostel 2001, S.105).

„Unter einem Netzwerk wird eine soziale Einheit verstanden, in der „Ressourcen" getauscht, Informationen übertragen, Einfluss und Autorität ausgeübt, Unterstützung mobilisiert, Koalitionen gebildet, Aktivitäten koordiniert, Vertrauen aufgebaut oder durch Gemeinsamkeit Sentiments gestiftet werden" (Ziegler 1984, S. 435). Tragende Elemente von Netzwerken sind Beziehungen, Kommunikation, Kooperation und Unterstützung. Zu den belastenden Netzwerkfaktoren zählt Miller (2001): Grösse (zu groß/zu klein), konflikthafte Beziehungsebenen (emotionale, kognitive und ideologische Unvereinbarkeiten, unterschiedliche Wertvorstellungen und Weltanschauungen, Interaktionsmuster), strukturelle Probleme (Ziele, Aufgabenverteilung, Regeln und Abläufe, Bürokratisierung, Überorganisation), Konkurrenz. Um Konkurrenz in Kooperation umzuwandeln, bedarf es gemeinsamer Ziele. Konkurrenz und Kooperation sind Phänomene, die immer parallel in Interaktionen auftreten (vgl. Deutsch 1976). Obwohl es in den Grobzielen möglicherweise gleichgerichtete Wechselbeziehungen gibt, tauchen Nebenziele auf, die eine Konkurrenzsituation entstehen lassen

Damit Netzwerkarbeit gelingt, müssen Kontrakte geschlossen werden, die über formale Zielformulierungen, Geschäftsord-

nungen, Satzungen und Rahmenbedingungen hinausgehen. Es handelt sich hier um eine Art Selbstverpflichtung. Weiterhin müssen tragfähige Beziehungen aufgebaut werden, die gekennzeichnet sind durch gegenseitiges Wohlwollen, Kommunikations- und Konfliktfähigkeit, gegenseitiges Informieren, Aufgeschlossenheit, Hilfsbereitschaft, Vertrauen, Offenheit und Transparenz, (Frustrations-)Toleranz, Wertschätzung, Disziplin, Verlässlichkeit, Leistungsbereitschaft. Netzwerkarbeit braucht eine funktionierende Prozesssteuerung, Koordinator/-innen, die gleichzeitig Moderator/-innen sind. Netzwerke bedürfen materieller Ressourcen (z.B. Geld, Sachgüter, Räume), instrumenteller Ressourcen (Fertigkeiten, Know-how, praktische Hilfen, Zeit, Befugnisse), psycho-sozialer Ressourcen (Motivation, Kommunikations- und Konfliktfähigkeit, Kontakte, Unterstützung, Rollendistanz) sowie kultureller Ressourcen (Aus-)-Bildung, Werte, (Fremd)-Sprache). Netzwerkarbeit ist deshalb zu einem wichtigen Teil Ressourcenarbeit in Bezug auf die Netzwerkstabilität und –funktionsfähigkeit.
Netzwerke unterscheiden sich hinsichtlich der Stellung der beteiligten Akteure im Kooperationsprozess. Es lassen sich drei Grundmodelle dokumentieren: Im *Eingriffsmodell* gibt es eine höhere Instanz, welche die Kooperation steuert. Im *Austauschmodell* besteht eine Abstimmung der Aktivitäten zischen den Beteiligten. Im *Fördermodell* soll die Entscheidungsfreiheit der einzelnen Beteiligten aufrechterhalten und lediglich unterstützende Leistungen erbracht werden (vgl. Faulstich/Zeuner 2001).
Faulstich und Zeuner beschreiben, dass der Netzwerkansatz Interaktionsstrukturen zwischen Einheiten und Akteuren untersucht, die nicht nur in atomisierten, monetär vermittelten Marktbeziehungen zueinander stehen, aber auch nicht in hierarchisch angelegten Machtverhältnissen agieren. Als Lösung für neue gesellschaftliche Vermittlungs- und Entscheidungsformen wird die Idee der Netzwerke propagiert, als Alternative zu Markt und Staat. Weder monetäre noch hierarchische Verhältnisse stützen Netzwerke, sondern Kontextbedingungen wie

Vertrauen, Anerkennung und gemeinsame Interessen. Über einzelne Kooperationsaktivitäten hinaus sind Netzwerke relativ kontinuierliche reziproke Kopplungen von weitgehend autonomen Akteuren. Sie setzen auf kulturelle Beziehungen, die sich nicht in monetären und nicht in hierarchischen Verhältnissen auflösen.

Im Kontext der Weiterbildung geht es um Supportstrukturen und Kooperationsstrategien, Netzwerke oder Weiterbildungsverbünde. „Das Konzept „Supportstrukturen" verdankt seine theoretische und politische Konjunktur seiner besonderen Ambivalenz: Einerseits passt es in den weiterbildungspolitischen Zeitgeist staatlicher Zurückhaltung, in dem es berücksichtigt, dass Lernangebote nicht obrigkeitlich zugesichert, vorgehalten oder gar erzwungen werden können. Andererseits berücksichtigt es die theoretischen Folgen und die empirische Tatsache, dass Lernteilhabe, wenn sie allein einem ökonomischen Kalkül und einem sich selbst überlassenen Markt anheim gestellt würde, gemessen am Entwurf einer „lernenden Gesellschaft" defizitär bleiben müsste. Lerninteressen, hinter denen keine kaufkräftige Nachfrage steht, würden nicht artikuliert, Weiterbildungsprogramme, die nicht vermarktbar sind, würden nicht entwickelt und der soziale Nutzen von Kompetenzentwicklung bliebe unberücksichtigt. Insofern sind „Supportstrukturen" ein typisches Konzept des „dritten Sektors", in dem der Dualismus von Markt und Staat aufgehoben wird" (Faulstich/Zeuner 2000).

Für Weiterbildung sind unterstützende Strukturen von besonderer Wichtigkeit. Sie sollen einen Rückgriff auf vorhandene Informationen erlauben, die Entwicklung von Programmen erleichtern, die Qualifizierung der in dem Bereich Tätigen rationalisieren, Evaluation der Erfahrungen sichern und die dabei gewonnen Daten auswerten. Weiterbildung ist auf qualifizierte Support-Strukturen angewiesen, weil das Weiterbildungssystem davon lebt, dass die Mehrzahl der Lehrenden ihre Aufgaben „nebenher" als neben- oder ehrenamtliche Mitarbeiter/-innen bewältigt und nur eine relativ geringe Zahl von Mitarbeiter/-

innen hauptberuflich beschäftigt sind, die wiederum in hohem Maße dispositive Aufgaben haben (vgl. Faulstich u. a. 1991, S. 144-146). Faulstich (ebd.) benennt eine Reihe von Unterstützungsleistungen, die für ein funktionsfähiges Weiterbildungssystem zu gewährleisten sind: Statistik, Forschung, Beratung und Information, Setzung und Sicherung von Qualitätsstandards, Curriculum- und Materialentwicklung, Fortbildung.
Ekkehard Nuissl erläutert in einem Gespräch (DIE, Zeitschrift für Erwachsenenbildung III/2000), dass neben den Begriff „Support" zunehmend „Service" und „Dienstleistung" treten, die eine andere Dimension beschreiben. Bei Service und Dienstleistung geht es um Produkte, die von einem bestimmten Nutzen sind. Bei Support geht es weniger darum, unmittelbar greifbare Produkte herzustellen, sondern eher darum, unterstützende Strukturen zu schaffen, innerhalb derer eine gewünschte Sache besser vorangebracht werden kann. Die Supportsysteme müssen institutionell das erreichen, was notwendig ist, nämlich eine gemeinsame Qualitätssicherung und schließlich eine Professionalisierung der Lehrenden. Es gibt zwar den Studiengang Diplompädagogik mit Schwerpunkt Erwachsenenbildung, aber keine berufspraktische Qualifizierung, die einen Mindeststandard an professionellem Know-how, an Handwerkszeug, auch an Verständnis darüber, was Professionalisierungskriterien sind, vermittelt.
Die AWW als eine einrichtungsübergreifende Institution der Weiterbildung in Rheinland-Pfalz, bewegt sich mit ihren Aktivitäten in dem beschriebenen Kontext. Für ihre spezifische Zielgruppe, die sich aus den Mitarbeiter/-innen aller Mitgliedseinrichtungen des AWW e.V. (Landesorganisationen der Weiterbildung, Verband der Volkshochschulen und Hochschulen) zusammensetzt, bietet sie derzeit folgende Service- und Dienstleistung an:

- Bündelung der Weiterbildungsangebote der Mitgliedseinrichtungen für deren Mitarbeiter/-innen in einem Veranstaltungskalender, der einerseits als eine themen- bzw. zielgruppenspezifische Datenbank im Internet präsentiert und andererseits in gedruckter Form landesweit verteilt wird. Dies ermöglicht den Interessenten eine gezielte Auswahl aus dem allgemeinen, großen Angebot an Fort- und Weiterbildungsveranstaltungen.

- Die Mitgliedseinrichtungen sind in der Datenbank gelistet und per Link und e-Mail direkt erreichbar.
- Die AWW führt eigene Veranstaltungen (Fachtagungen, Workshops, Foren usw.) durch, die das landesweite Angebot ergänzen. Von der Themenstellung her, werden diese Veranstaltungen so gewählt, dass sie für möglichst alle Mitgliedseinrichtungen interessant sind und Theorie und Praxis miteinander in Berührung bringen. Insofern versteht sich die AWW als Plattform, auf der Austausch und Begegnungen stattfinden können.
- Für den Bereich der Hochschulen werden hochschuldidaktische Weiterbildungen angeboten.
- Die o.g. Angebote dienen der geforderten berufspraktischen Qualifizierung und damit der Professionalisierung von Lehrpersonal.
- Im Bereich der Qualitätsentwicklung wurden über das BLK-Projekt Lebenslanges Lernen Service- und Dienstleistungen in der Personal- und Organisationsentwicklung zur Verfügung gestellt. Durch weitere Projektaktivitäten wie z.B. die Kompetenzateliers und einem Content Management System, wurden Informations- und Kommunikationsstrukturen entwickelt und konkret Support geleistet.
- Dadurch entstanden landesweite, neue Vernetzungs- und Kooperationsstrukturen, die auf informellem Weg, durch persönliche Kontakte und durch Kooperationsprojekte verstetigt wurden.
- Kooperations- und Vernetzungsstrukturen wurden auch auf regionaler Ebene durch das Projekt Lernende Regionen geschaffen; bei dem der AWW e.V. Projektträger ist. Hier entstanden neue Formen der Zusammenarbeit von

unterschiedlichen, an Bildung beteiligten Institutionen. Zentral im Projekt ist die zur Verfügung stehende Datenbank und ein Bildungsportal, über das Bildungssuchende an Weiterbildungsangebote kommen. Auch in diesem Projekt wird für den Weiterbildungsbereich Support u.a. in der Bildungsberatung geleistet.

Die folgende Darstellung zeigt Aktivitäten und konkrete Maßnahmen einer service- und dienstleistungsorientierten Arbeitsstelle.

## 2.2 AWW-eigene Weiterbildungsveranstaltungen als Teil von Supportleistung

In Ergänzung zum Fort- und Weiterbildungsangebot der Landesorganisationen hat die AWW seit ihrer Gründung verschiedenste Veranstaltungen durchgeführt (Tab1).
Die Auswahl der Themen orientiert sich an den Bedürfnissen und Wünschen der Mitgliedsinstitutionen, die in den Mitgliederversammlungen, Gremien, Ausschüssen und in Einzelgesprächen vor Ort artikuliert werden. Persönliche Kontaktpflege, gegenseitige Information über Projekte, Diskussionen über Inhalte, Veranstaltungsorte und –formen, über Weiterbildungspolitik und Innovation sind von hohem Stellenwert. Es entstehen dadurch Kommunikationsstrukturen, die wesentlich zur Netzwerkbildung beitragen. Durch den wechselseitigen Informationsfluss entsteht eine Austauschbeziehung zwischen den Mitgliedseinrichtungen und der AWW. Input und Output geschieht in beide Richtungen. (Abb1).

| Art der Veranstaltung / Titel |
|---|
| **Angebote im Bereich Methoden der Erwachsenenbildung** |
| OE Interventionen zur Veränderung der Organisationen |
| Zukunftskonferenz |
| Open-Space-Technology |
| Strategische Ausrichtung von Organisationen/ Strategiekonzepte |
| Moderation von Großgruppen speziell für Frauen, Johannissaal, Mainz |
| **Angebote im Bereich Weiterbildungsforschung und -management** |
| Fachtagung: Evaluation in der Weiterbildung |
| Workshop: Qualitätssicherung in der Weiterbildung |
| Fachtagung: Marketing in der Weiterbildung |
| Workshop: Wissensmanagement |
| Workshop: Change- Management |
| Workshop: Projektmanagement 1+2 |
| Forum Fundraising |
| 3-tägiger Workshop: Fundraising in der Weiterbildung |
| **Angebote im Bereich online-learning:** |
| Fachtagung: Internet@Weiterbildung |
| Fachtagung: Netzwerkarbeit in der Weiterbildung, Vernetztes Lernen |
| **Angebote im Bereich Hochschuldidaktik** |
| Hochschuldidaktischer Workshop: Lehren lernen-lernen erleichtern |
| Hochschuldidaktischer Workshop: Lehrveranstaltungen lernwirksam und interaktiv gestalten |
| **Angebote im Bereich Veranstaltungsmanagement** |
| Ausschreibungstexte richtig gut schreiben |

Tabelle1: Veranstaltungen der AWW

Die Fachtagungen und Workshops richten sich an haupt-, neben- und ehrenamtlich Tätige in der Weiterbildung und im Hochschulbereich, wobei die Fachtagungen überwiegend vom hauptamtlichen Fachpersonal besucht werden. Expert/-innen aus Bildung und Wissenschaft tragen ihrerseits wiederum zur Kompetenzentwicklung bei.

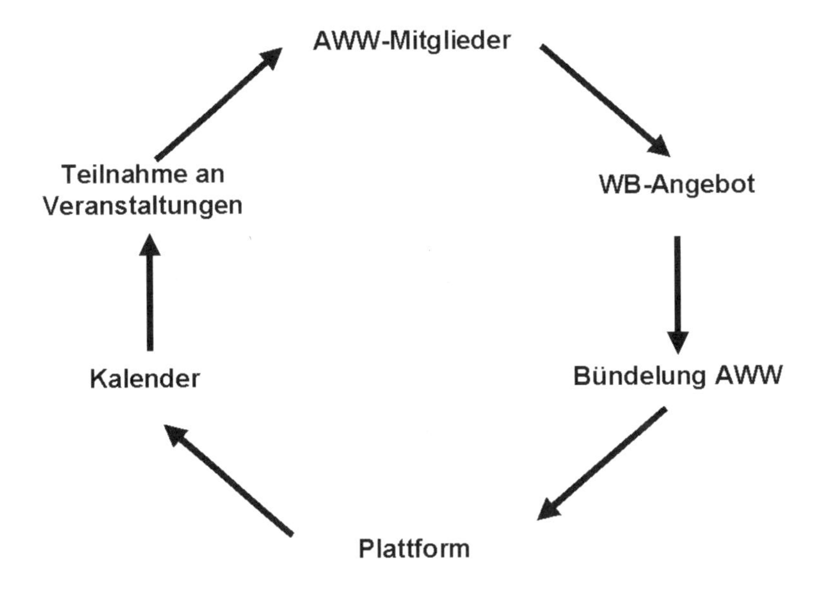


Abb. 1: Zusammenwirken von AWW und Mitgliedern durch einrichtungsübergreifenden Support

Die Erfahrungen der letzten Jahre zeigen, dass die Bereitschaft zur Teilnahme an Weiterbildungsveranstaltungen und aktive Mitarbeit im Verein davon abhängen, inwiefern die Angebote als Dienstleistung und Service verstanden und als nutzenbringend für die Mitarbeiter/-innen der jeweils eigenen Organisation bzw. Institution angesehen werden.
Das bedeutet für die Angebotsstruktur, dass die AWW ihre Angebote zielgruppenspezifisch ausrichten muss, da die „Kundinnen und Kunden" aus den AWW-Mitgliedsorganisationen keine homogene Gruppe darstellen. Der Weiterbildungsbedarf unterscheidet sich hinsichtlich der Funktionen innerhalb und zwischen den Mitgliedsorganisation. Um diesem Anspruch nachzukommen, variiert die Themenbreite von Weiterbildungsmanagement bis zu methodisch-didaktischen Konzepten, was an der oben aufgeführten Liste der Weiterbildungsveranstaltungen nachzuvollziehen ist.

Insbesondere das Lehrpersonal an den Hochschulen versteht sich primär nicht als Weiter- oder Erwachsenenbildner/-in. Die Weiterbildung von Hochschuldozent/-innen im weitesten Sinne hat hochschulspezifische Aspekte, die in den Weiterbildungsangeboten berücksichtigt werden müssen. Es ist aber durchaus möglich, dass genau an diesem Punkt eine gute gegenseitige Befruchtung stattfinden kann, da Methoden der Erwachsenenbildung in didaktische Konzepte von Hochschullehre passen. Hier wurden erste Ansätze gemacht, die ausgebaut und systematisiert werden sollen.

Insgesamt stellen die Veranstaltungen eine Plattform dar, die sowohl dem informellen Austausch als auch dem Theorie-Praxis-Transfer dient. Das Zusammentreffen trägt wesentlich zur Netzwerkbildung bei und fördert Informationsfluss und Kooperationsbereitschaft. Insofern dienen die AWW-Veranstaltungen als Basis für Kompetenzentwicklung und –erweiterung, auf der Supportstrukturen und Netzwerkbildung entwickelt werden können.

Vor diesem Hintergrund versteht sich die AWW als einrichtungsübergreifende Institution in Rheinland-Pfalz, als Knotenpunkt, der Kooperationsmodelle unterstützt, Formen der Zusammenarbeit ermöglicht, Transparenz erhöht und über die Entwicklung von Supportstrukturen zur Verbesserung der Nachfrage nach Fort- und Weiterbildung beiträgt.

### 2.3 Veranstaltungen in Zusammenarbeit mit AWW-Projekten

a) Lebenslanges Lernen - LLL

Das Projekt „Innovative Methoden zur Förderung des lebenslangen Lernens im Kooperationsverbund Hochschule und Weiterbildung“ wurde in Kooperation zwischen dem Institut für

Pädagogik, dem Zentrum für Weiterbildungsforschung und – management und der Arbeitsstelle für die Weiterbildung der Weiterbildenden beantragt. Zu den zentralen Aufgaben innerhalb des Projekts zählen Beratungs- und Supportleistungen im Bereich Personal- und Organisationsentwicklung von Einrichtungen der AWW-Mitgliedsorganisationen.

Durch die Entwicklung von Support- und Kommunikationsstrukturen auf unterschiedlichen Ebenen, die zusätzlich durch ein geeignetes technisches Medium unterstützt wurden, konnten neue „Fäden im Netz" gesponnen werden. Die Service- und Dienstleistungen der Projektgruppe tragen zu einer neuen Kultur des miteinander und voneinander Lernens innerhalb unterschiedlicher Hierarchieebenen innerhalb einer Organisation und zwischen verschiedenen Weiterbildungseinrichtungen bei. Wie bereits oben beschrieben, gehört zur Entwicklung von Netzwerken eine Vertrauens- und Kommunikationskultur. Diese konnte durch die Einrichtung von Entwicklungsteams entstehen, die an gemeinsamen Aufgabenstellungen gearbeitet haben.

Im Zusammenhang mit dem Projekt wurden in Kooperation mit der AWW zwei Kompetenzateliers durchgeführt, an denen die Projektpartner/-innen teilnahmen. Die Rückmeldungen aus diesen beiden Veranstaltungen belegen die Annahmen, dass die einrichtungsübergreifende Supportleistungen gewünscht sind und zur Weiterentwicklung und Professionalisierung von Weiterbildner/-innen und Weiterbildungsorganisationen beitragen.

Durch die gegenwärtige, bundesweite Qualitätsdebatte, sind die Weiterbildungseinrichtungen mehr denn je gefordert Organisations-, Personal- und Qualitätsentwicklung zu betreiben. Die Frage stellt sich, inwiefern die Prozesse mit Hilfe von Supportstrukturen durch eine einrichtungsübergreifende Institution unterstützt werden können.

Rolle und Aufgaben einer einrichtungsübergreifenden Institution wie der AWW, reichen im Zusammenhang mit Modellprojekten von unterstützenden, flankierenden Maßnahmen wie ein geeignetes Marketing, das den Bekanntheitsgrad und damit den Erfolg des Projektes erhöht, bis zur Bereitstellung von technischer Ausstattung, Kooperation bei den einrichtungsübergreifenden Veranstaltungen, Sicherung der Ergebnisse und der Nachhaltigkeit, Kommunikation mit den Mitgliedern, Durchführung von Workshops.

Da Kooperationen von gegenseitigem Geben und Nehmen gekennzeichnet sind, soll an dieser Stelle deutlich gemacht werden, dass die AWW und deren Mitglieder durch Projekte wie LLL erheblich profitierten. So kamen die Dienstleistungen, wie z.B. Beratung in Personal- und Organisationsentwicklungsprozessen direkt den Mitgliedseinrichtungen zugute. Projektergebnisse wie z.B. Informationsbausteine, die neuen Informations- und Kommunikationsstrukturen, das Initiieren von kollegialen Beratungsprozessen, Wissenstransfer auf vertikaler und horizontaler Ebene in und zwischen Einrichtungen und deren Hierarchieebenen, entwickelten sich zu tragenden Elementen oder, um im Bild zu bleiben, zu Knotenpunkten des Netzwerkes. Die AWW wiederum erhielt wertvolle Hinweise zu Weiterbildungsbedarfen, die sie in Angeboten umsetzen kann.

Unterstützt durch die wissenschaftliche Projektleitung und Prozessbegleitung entstand fachspezifisches Know-how. Darüber hinaus konnten Studierende aus dem Fachbereich Erziehungswissenschaft sowohl Felderfahrungen sammeln, als auch ihr Wissen in das Projekt einbringen und in die Praxis umsetzen. So entstand auch hier eine wechselseitige Austauschsituation, indem Weiterbildende und Mitarbeiter/-innen in den Einrichtungen vom aktuellen bildungs-theoretischen Diskurs profitierten und die Studierenden sich erprobten.

Die Projektleitung, das Projektteam und die Finanzierung aus Projektgeldern ermöglichten, dass die AWW-Reihe „Forum Weiterbildung“ entstehen konnte. Die Reihe dient der nachhaltigen Sicherung von Forschungs- und Projektergebnissen und stellt sie einer interessierten Öffentlichkeit zur Verfügung. Die Prozessbeteiligten hatten die Möglichkeit, ihre Projekterfahrungen und -ergebnisse bereits in einem ersten Band zu veröffentlichen und sich aktiv in den Weiterentwicklungsprozess des lebenslangen Lernens einzubringen.

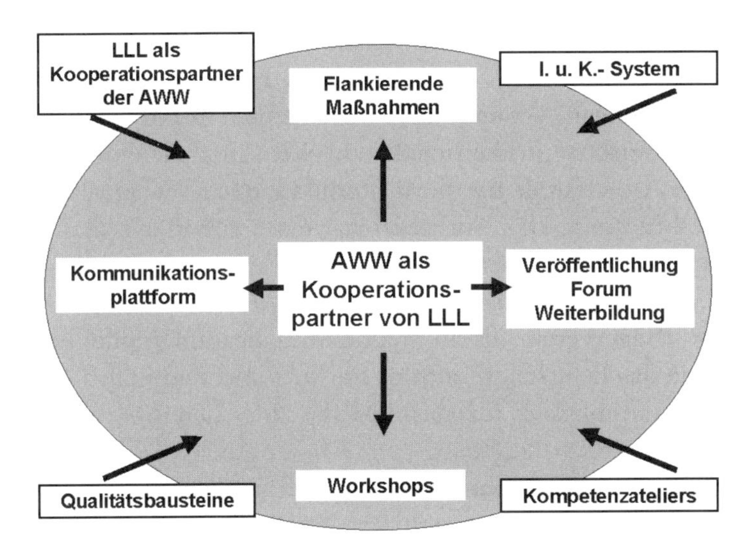


Abb. 2: Supportleistungen in Zusammenhang mit dem Projekt LLL

Nach Abschluss der Projektphase Ende 2003 bleibt die Frage offen, wie man die Supportleistungen verstetigen und diese zu einem Teil des Service- und Dienstleistungsangebots machen kann. Aktuell werden die damit zusammenhängenden Fragen nach personellen und finanziellen Ressourcen und die strukturellen Fragen noch diskutiert. Mit Spannung darf man abwarten, ob es gelingen wird, die notwendigen Entscheidungen zu treffen und landesweiten, einrichtungsübergreifenden Support zu implementieren.

b) Lernende Regionen - LR

Aktuell hat die Netzwerkstrategie in der Weiterbildungspolitik Konjunktur, was sich u.a. an dem bundesweiten Programm „Lernende Regionen – Förderung von Netzwerken“ des BMBF zeigte, eines der derzeitigen bundesweiten Projekts, das auf Vernetzung und Regionalisierung von Weiterbildung zielte.
Die Planungsphase des Projektes „Nutzerorientierte lernende Bildungsnetzwerke für die Region – Regionaler Bildungsmarktplatz. Bildungsnetz für die südliche und westliche Pfalz – Palatinet“ wurde im Jahr 2000 im Rahmen des BMBF-Programms „Lernende Regionen“ in Kooperation mit dem Zentrum für Weiterbildungsforschung und –management WFM, dem Institut für Wirtschaftswissenschaft und Wirtschaftpädagogik IWW und der Arbeitsstelle für die Weiterbildung der Weiterbildenden AWW beantragt. Das Vorhaben war eines von inzwischen über 80 Lernenden Regionen bundesweit und eines der drei Projekte in Rheinland-Pfalz. Die Durchführungsphase wurde dann vom AWW Trägerverein als Projektnehmer beantragt und genehmigt, da das Deutsche Zentrum für Luft und Raumfahrt (DLR) als Programmträger für das BMBF, eine Vereinsstruktur als Antragsteller bevorzugte.
Die Supportleistung der AWW bestand zunächst in der Mitarbeit bei der Konzeption und Beantragung des Vorhabens sowohl inhaltlich als auch strukturell und finanziell. Ursprünglich war geplant, dass die AWW eine Koordinierungsfunktion zwischen den drei Regionen übernimmt. Der Projektträger des Bundesministeriums für Bildung und Forschung DLR lehnte jedoch diese Funktion der AWW ab.
Die AWW leistete in den bisherigen drei Jahren der Projektlaufzeit Service- und Dienstleistungen bei der Öffentlichkeitsarbeit, bei der Organisation und Durchführung von Veranstaltungen (s. Liste), bei der Beantragung und Bereitstellung von Mitteln, Unterstützung bei technischen Hilfsmitteln (Hard- und Software), vermittelte Kontakte und förderte den Theorie-Praxis-Transfer. Die AWW mit ihrer landesweiten Vernet-

zungsstruktur ermöglichte Kontakte und Kooperationen über die Region hinaus und sie stellt das Bindeglied zur Bundesebene dar.

- Die Veranstaltungen richteten sich an unterschiedliche Zielgruppen:
- Projektmitarbeiter/-innen innerhalb des Projektes „Palatinet“,
- Projektmitarbeiter/-innen aller Projekte in RLP,
- Projektmitarbeiter/-innen und Kooperationspartner,
- Fachpublikum rheinland-pfalz-weit,
- Fachpublikum in der Region,
- Bevölkerung in der Region.

Verdeutlicht wird dies an der Liste der Veranstaltungen im Zusammenhang mit lernenden Regionen:

| **Art der Veranstaltung / Titel** |
|---|
| Landesweite Auftaktveranstaltung Lernende Regionen, Landtag Mainz |
| Projektmanagement 1, Keysermühle Klingenmünster |
| Klausurtagung, Pfalzakademie, Lambrecht |
| Projektmanagement 2, Keysermühle Klingenmünster |
| Klausurtagung, Herz-Jesu Kloster, Neustadt |
| Klausurtagung, Universität Koblenz-Landau |
| Landauer Wirtschaftswoche, regionale Messe |
| Klausurtagung Kooperationspartner, Pfalzakademie Lambrecht |
| Fachtagung Interkulturelle Kommunikation, Germersheim |

Das aufzubauende Netzwerk „lernende Region südliche und westliche Pfalz“ wurde durch das Projekt an das AWW-Netzwerk angegliedert. Hier ging es vor allem um die Zusammenarbeit unterschiedlicher an Bildung beteiligter Gruppen, Einrichtungen, Gebietskörperschaften usw.
Die degressive Förderung des Projektes ist eine besondere Herausforderung an die Netzwerkpartner/-innen. Nach einjähriger Planungsphase mit einer 100%-Förderung schließen sich zwei

weitere Projektphasen an, die in den ersten beiden Jahren mit 80:20% gefördert werden und dann 60:40%, d.h. die Kooperationspartner/-innen müssen einen Mitgliedsbeitrag leisten. Das Netzwerk muss so aufgebaut werden, dass der 20 bzw. 40%-Fehlbetrag während der Förderphase finanzierbar ist und sich nach den Förderjahren allein finanziell weitertragen kann.
Ein wichtiges Element des Projekts besteht in der Internetplattform, die mehrfunktional eingerichtet ist: sie dient als Bildungsportal, das möglichen Nutzer/-innen strukturierten Zugang zu Bildungsveranstaltungen bietet, als Informationsquelle über Weiterbildung in der Region, mit interessanten Links, News usw. und als Intranet für die interne Kommunikation der Kooperationspartner/-innen. Die Internetpräsenz stellt somit ein wichtiges Element der informellen Vernetzung und Kommunikation nach innen und außen dar.

## 2.4 Veranstaltungskalender

Zu den Service- und Dienstleistungen gehören seit der Gründung der AWW 1997 eine Broschüre, in der die Weiterbildungsanbote der AWW-Mitglieder für Weiterbildende in RLP zusammengefasst darstellt wurden. Gleichzeitig wurden die Veranstaltungen im Internet auf den Seiten der AWW unter „Fortbildungskalender" veröffentlicht und ermöglichten einen breiten Zugang für alle Interessierte.
Aus Kostengründen wurde nach einer neuen Konzeption gesucht. Ab 2001 erschien ein Fortbildungskalender, der chronologisch geordnet die Veranstaltungen auflistete. Auf dem Kalender konnten aus Platzgründen nur die Titel erschienen. Ein Hinweis auf die Internetadresse, auf der man die ausführlichen Beschreibungen findet, ergänzte die Angebote. Parallel dazu wurden die Fort- und Weiterbildungen für Weiterbildende im Internet auf den AWW-Seiten eingestellt. Im darauf folgenden Jahr wurde der Kalender überarbeitet und neu gestaltet. Im Jahr 2003 erschien der Kalender zweimal halbjährlich. Die Verbreitung erfolgt über die Landesorganisationen, die den Kalender

an ihre Einrichtungen weiterleiten und über die Weiterbildungsabteilungen bei den Hochschulen bzw. den für die Weiterbildung zuständigen Vizepräsident/-innen und Referent/-innen.
Die Entstehung neuer Bildungsplattformen zwingt zum erneuten Überdenken der Konzeption. So wird in Rheinland-Pfalz auf Initiative des MWWFK in einem Arbeitskreis nach Möglichkeiten gesucht, wie man den rheinland-pfälzischen Weiterbildungsmarkt transparenter und übersichtlicher gestalten kann, so dass Nutzer/-innen sich leichter orientieren können und ein Weiterbildungsangebot finden, das ihren Vorstellungen entspricht. Gleichzeitig gilt es den Anforderungen an Qualität von Bildungsdatenbanken nachzukommen, wie sie z.B. von Stiftung Bildungstest gefordert werden.

## 3. Innovation und Weiterentwicklung

Das Thema „mehr Transparenz auf dem Bildungsmarkt" führt in die nahe Zukunft. Wie sich Weiterbildung künftig verändern muss, was innovativ ist in der Weiterbildung , welche Konzepte entwickelt werden müssen, um auf die gesellschaftlichen Veränderungen zu reagieren, das sind Fragen für die in Wissenschaft und Forschung, in der Bildungspolitik und aus Handlungszusammenhängen heraus Wegweiser, Antworten, Visionen entwickelt werden müssen.
Was als Innovation betrachtet wird, kann nicht eindeutig beantwortet werden. Es kommt auf die Perspektive an, was im sich Konkreten tatsächlich als innovativ erweist. Es gibt verschiedene Ansatzpunkte, mit denen man die Fragen nach der Zukunftsfähigkeit der Weiterbildung beantwortet bzw. wie man Fragen nach dem, was Weiterbildung in Zukunft zu leisten hat, formuliert. Eine der zukunftsweisenden Antworten ist das Konzept des lebenslangen Lernens. Bund und Länder haben sich in der Programmbeschreibung für das BLK-Modellversuchsprogramm „Lebenslanges Lernen" auf einige überge-

ordnete Leitgedanken wie Eigenverantwortung und Selbststeuerung, Kooperation und Vernetzung verständigt (vgl. Arbeitsstab Forum Bildung, Arbeitspapier Nr. 6, 2000).
Die Aufforderung zum lebenslangen Lernen wird mit einer Veränderung der Sichtweise des Lernens und mit einem Einstellungswandel der Lehrenden und der Lernenden verbunden. Die Stärkung der Fähigkeit zu eigenverantwortlichem und selbstgesteuertem Lernen wird für alle Bildungsbereiche als vorrangige Aufgabe künftiger Bildungspolitik formuliert.
Ein weiterer Ansatzpunkt liegt in der Entwicklung von Netzwerken und dem Aufbau von Lernzentren. Netzwerke werden hier in zweifacher Hinsicht gesehen: zum einen in Form einer stärkeren Kooperation und Verzahnung zwischen den Bildungsbreichen und zum anderen in Form einer Verknüpfung zwischen den Bildungsinstitutionen und anderen Lebensbereichen, mit der Arbeitswelt und dem familiären Umfeld, mit Wohnen, Freizeit, Sport, Kultur und Medien im lokalen und regionalen Raum

## 3.1 Weiterentwicklung der AWW

Die AWW liegt mit den Projekten LLL und LR im Trend zu mehr selbstgesteuertem Lernen, mehr Eigenverantwortung, Markttransparenz, Zugänge zu Bildung schaffen, auch für Bildungsferne, zu Vernetzung von Bildungseinrichtungen im regionalen Raum. Sie passt sich mit ihrem Aufgabenprofil immer wieder an die aktuellen Anforderungen und Entwicklungen an und entwickelt sich permanent weiter. Dies geschieht in enger Abstimmung mit dem wissenschaftlichen Leiter des Zentrums, dem Vorstand und der Mitgliedschaft.
Aktuell wurde ein Korridor für die künftige Arbeit der AWW definiert, der durch drei Aspekte gekennzeichnet ist: Weiterbildungsplattform, Netzwerkbildung, Innovation. Dieser Korridor dient als Arbeitsgrundlage für die weitere Profilierung des AWW-Angebots und wird jährlich mit konkreten Themen und Angeboten, die sich am Bedarf der Mitglieder orientieren, neu

ausgestaltet. Die AWW will mit ihren Angeboten verstärkt den gesellschaftspolitischen und marktbedingten veränderten Bedarfen und Anforderungen an Weiterbildung nachkommen. Ausgehend von den o.g. drei Schwerpunkten wird die sich AWW zukünftig noch stärker zu einem Service- und Dienstleistungscenter entwickeln. Dazu gehören Marketing und Öffentlichkeitsarbeit, die durch ein neues CI unterstrichen werden. Die Neugestaltung ist integriert in das CI des Zentrums für Human Resource Management. Das veränderte optische Erscheinungsbild passt dann einerseits in die Gesamterscheinung des Instituts und andererseits transportieren das neue Logo und die Farben inhaltliche Innovation und Veränderung.
Die Weiterentwicklung der AWW geschieht neben den Impulsen aus Forschung und Lehre durch die Akquisition und Durchführung von neuen Projekten. In Zusammenarbeit mit dem Deutschen Institut für Erwachsenenbildung DIE, das zur Zeit in einem neuen BLK-Verbundprojekt zum Thema „Qualitätstestierung in der Weiterbildung“ bundesweit sechs regionale Unterstützungsstellen plant, ist die AWW als eine dieser Stellen für das Land Rheinlad-Pfalz und das Saarland vorgesehen. Die regionale Vernetzung soll die Nachhaltigkeit der Qualitätsentwicklung in der Weiterbildung sichern.
In einem ersten Entwurf werden die Aufgaben wie folgt umrissen:

- „Ihre Aufgabe zielt auf die Organisation und das zur Verfügung stellen von Infrastrukturen, die die Einrichtungen zur selbsttätigen Vernetzung nutzen können.
- Die in den einzelnen Regionen konkret zu leistenden Aufgaben werden in Abstimmung mit den Ländervertretern in den entsprechenden Werkverträgen mit den Netzwerkinitiator/in konkretisiert. Prinzipiell können die nachfolgenden Aufgaben Vertragsgegenstand sein:
- Organisation von bedarfsgerechten Informations- und Unterstützungsveranstaltungen für die LQW II (*L*ernerorientierte Qualitätstestierung in der *W*eiterbildung) an-

gemeldeten Einrichtungen der zusammengefassten Regionen; Ideenpool und Unterstützung für ein „kollegiales Unterstützungsnetzwerk" unter den Einrichtungen selbst fördern und begleiten.

- Vorbereitung auf die Anforderungen, die sich aus den weiteren Verordnungen des SGB III ergeben, Informationsarbeit.
- Initiierung und Unterstützung eines „kollegiales Unterstützungsnetzwerks" der beteiligten Einrichtungen.
- Öffentlichkeitsarbeit" (DIE 2004).

So werden die bereits bestehenden Support- und Vernetzungsstrukturen genutzt, verstärkt und über das Projekt hinaus ausgebaut, die der Qualitätsentwicklung, Professionalisierung und Weiterentwicklung dienen.
Aufgrund der allgemeinen Entwicklungstendenzen, aber auch aus den Ergebnissen des Projekts LLL ist für den Bereich der Qualitätsentwicklung ein ständiges Beratungsangebot geplant. Ein neues Projekt geht von einem integrativen Ansatz des Qualitätsmanagements in Organisationsentwicklungsprozessen aus und heißt daher: integratives Qualitätsmanagement IQ. Eine Mitarbeiterin und ein Mitarbeiter werden, zunächst für eine zweijährige Projektphase, Supportleistungen erbringen und Mitgliedseinrichtungen, die im Bereich Personal- und Organisationsentwicklung Beratungsbedarf haben, beratend unterstützen.
Neben all den bereits geplanten neuen Aktivitäten, könnte zur Vision einer einrichtungsübergreifenden Institution ist eine Beratungsstelle für Genderfragen vorstellbar. Da alle Mitglieder in ihren Einrichtungen von dem Thema Gender Mainstreaming betroffen sind, wäre es für alle von Vorteil, wenn sie sich entsprechenden Support bei der AWW abrufen könnten. Die nachfolgende Abbildung zeigt einen möglichen Aufbau und Aufgabenbereiche einer „Genderberatungsstelle" :

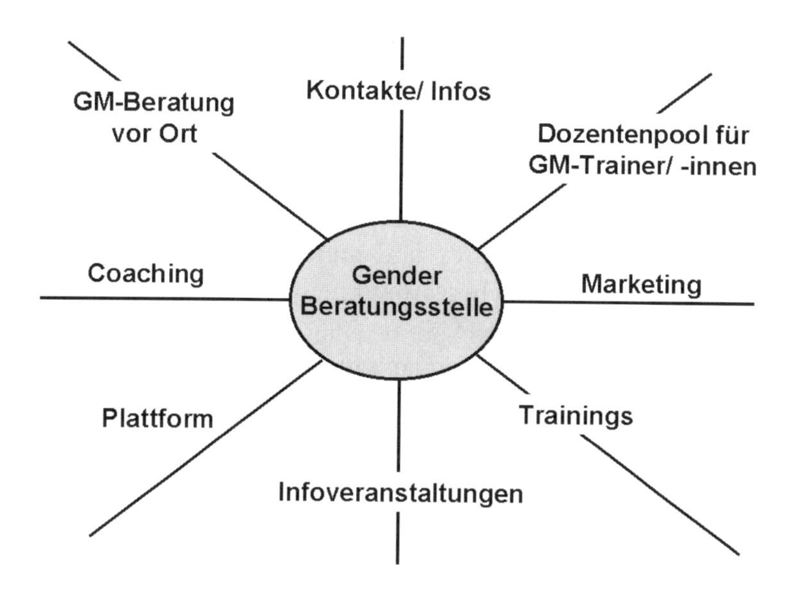


Abb. 3: Genderberatungsstelle

Die „AWW der Zukunft“ entwickelt sich also zu einem einrichtungsübergreifenden Supportcenter, an dem mehrere „Profitcenter“ angebunden sind, wie z.B. Personal- und Organisationsentwicklung, Qualitätsentwicklung, Genderberatung, Medienberatung etc.. Die Kontinuität der Arbeit ist ohne finanzielle Unterstützung aus öffentlichen Mitteln nicht gegeben, auch wenn durch die Einwerbung von Drittmitteln vieles realisierbar ist. Unter Berücksichtigung der Gegebenheiten müssen die Dienstleistungen zu einem erschwinglichen Preis angeboten werden, so dass auch kleinere Einrichtungen sich professionelle Hilfe und Unterstützung leisten können, Honorarkräfte und neben- und ehrenamtliche Mitarbeiterinnen und Mitarbeiter an kostengünstigen Fortbildungen teilnehmen, was letztendlich zu einer Verbesserung der Professionalität und Qualität der Bildungsarbeit beiträgt.

**Literatur:**

Arbeitsstab Forum Bildung: Arbeitspapier Nr. 6: Lernen ein Leben lang. Einstiegsdiskussion des Forum Bildung am 19.10.2000

Balling, R. (1997): Kooperation: strategische Allianzen, Netzwerke, Joint-Ventures und andere Organisationsformen zwischenbetrieblicher Zusammenarbeit in Theorie und Praxis. Frankfurt a.M.

Baitsch, Chr. (1999): Interorganisationale Lehr- und Lernnetzwerke. In QUEM (Hrsg.): Aspekte einer neuen Lernkultur. (Kompetenzentwicklung, Bd. 4, S.253-274), Münster.

Benzenberg, I. (1999): Netzwerke als Regulations- und Aktionsfeld der beruflichen Weiterbildung. Bochum.

Dehnbostel, P. (3/2001): Netzwerkbildung und Lernkulturwandel in der beruflichen Weiterbildung. Basis für eine umfassende Kompetenzentwicklung? In Grundlagen der Weiterbildung GdWZ.

Deutsch, M. (1976): Konfliktregelung. Konstruktive und destruktive Prozesse. München, Basel 1998

Faulstich, P. u.a. (2001): Bestandsaufnahme regionaler und überregionaler Kooperationsverbände/Netzwerke im Bereich lebensbegleitendes Lernens in Deutschland. (Hamburger Hefte der Erwachsenenbildung I/2001), Universität Hamburg.

Faulstich, P.; Zeuner C. (3/2000): Lebensbegleitendes Lernen in Netzwerken. In DIE Zeitschrift für Erwachsenenbildung.

Faulstich, P.; Zeuner C. (3/2001): Kompetenznetzwerke und Kooperationsverbünde in der Weiterbildung. In GdWZ.

Faulstich, P.; Teichler, U. u.a. (1996): Bestand und Entwicklungsrichtungen der Weiterbildung in Schleswig-Holstein. Weinheim.

Faulstich, P.; Teichler, U. u.a. (1991): Bestand und Perspektiven der Weiterbildung. Das Beispiel Hessen. Weinheim.

Miller, T. (3/2001): Netzwerke – ein überstrapaziertes Konzept. In GdWZ.

Nuissl, E. (2000): Weiterbildung der Zukunft. Beitrag zum DIE-Forum Weiterbildung 2000 „Zukunftsfelder der Weiterbildung". Online im Internet, http://www.die-frankfurt.de

Schwarz, B.; Hanft ,A. (2000): Weiterbildung der Weiterbildenden in Rheinland-Pfalz. Weinheim.

Seyfried, E. u.a. (2000): Qualitätsentwicklung in der beruflichen Bildung durch lokale Netzwerke. Luxemburg.

Staehle, W.H. (1999): Management. München.

Strukturkommission Weiterbildung des Senats der freien Hansestadt Bremen (1995): Untersuchungen zur bremischen Weiterbildung. Bremen.

Sydow, J. (1992): Strategische Netzwerke: Evolution und Organisation. Wiesbaden.

Wissenschaftlicher Rat der Dudenredaktion (Hrsg.) (1989): Deutsches Universalwörterbuch. 2. Mannheim, Wien, Zürich.

Ziegler, R. (1984): Norm, Sanktion, Rolle. In: Kölner Zeitschrift für Soziologie und Sozialpsychologie, H. 3.

**Autorenverzeichnis:**

**Dr. Waltraud Amberger**, Jahrgang 1952. Literaturwissenschaftlerin, Philosophin, Qualitätsmanagerin und Auditorin. Im Projekt „Lebenslanges Lernen“ Beraterin für Organisations- und Personalentwicklung in den Weiterbildungseinrichtungen. Studium der Pädagogik an der FH Koblenz, 1. Staatsexamen in für das Lehramt an Gymnasein (Deutsch und Philosophie), Promotion in Neuerer Deutscher Literaturwissenschaft in Frankfurt/Main.
Langjährige Tätigkeit in der Erwachsenenbildung, freie Mitarbeiterin in verschiedenen Organisationsentwicklungsprojekten, Fachreferentin für Literatur und kulturpolitische Angebote, Vorstandsmitglied in einem Kulturverein.
Schwerpunkte: Qualitätsmanagement, Organisationsberatung, Gender mainstreaming, Projektmanagement, Literatur- und Philosophieseminare

**Dr. Heino Apel**, Diplom-Mathematiker, promovierter Volkswirt, Experte für Systemsimulationen in soziökonomischen und ökologischen Kontexten. War in Dritte-Welt-Projekten zu Bildungsfragen aktiv, ist seit 1986 am Deutschen Institut für Erwachsenenbildung für Umweltbildung und neuerdings für die Betreuung des Bund-Länderprogramms „Lebenslanges Lernen“ zuständig; führt daneben seit 1997 als Lehrbeauftragter Onlineseminare an den Universitäten Marburg, Giessen und Dortmund im Fachbereich Erwachsenenbildung durch. Zahlreiche Veröffentlichungen zur Umweltbildung und zu Neuen Medien in der Weiterbildung.

**Ursel Becker,** Jahrgang. 1949. Meisterin der Ländlichen Hauswirtschaft, selbständige Tätigkeit im eigenen Weingut mit Lehrstellenplatz. Mitarbeit in verschiedenen Ausbildungs- und Prüfungsausschüssen, sowie als Ausbilderin. Seit 1972 als Vorsitzende, später weiterhin im Vorstand der Landfrauenvereinigung Bernkastel-Wittlich tätig.

**Dr. Detlef Behrmann**, Jahrgang. 1964. Studium der Erziehungswissenschaft mit Studienrichtung Erwachsenenbildung und Personalwesens (1984-1987). Tätigkeit in verschiedenen Fach- und Führungspositionen sowie als Ausbilder und Ausbildungsleiter (bis 1993). Ab 1994 Mitarbeiter im Fachbereich Pädagogik der Helmut-Schmidt-Universität der Bundeswehr Hamburg. Forschung im Bereich der Berufs- und Betriebspädagogik. Beratung und wissenschaftliche Begleitung von betrieblichen Qualifizierungs- und Organisationsentwicklungsprojekten. Lehrbeauftragter für „Führungslehre" an der Fachhochschule für Öffentliche Verwaltung Hamburg. Promotion zum Thema „Subjektorientierte betriebliche Weiterbildung" (1998). Seit 1999 Wissenschaftlicher Assistent am Institut für Erziehungswissenschaft der Universität Koblenz-Landau, Campus Landau. Lehre in Erziehungswissenschaft sowie Erwachsenenbildung/ Weiterbildung. Lehrbeauftragter für „Bildungstheorie" an der Universität/TU Karlsruhe (2001/2002). Mitglied der Sektion Erwachsenenbildung der DGfE und im Beirat für Weiterbildung Landau/Südliche Weinstraße. Forschungsschwerpunkte: Bildungsmanagement, Professionalisierung, Organisation und Entwicklung in der Erwachsenenbildung/ Weiterbildung. Kooperative Leitung des Projekts „Innovative Methoden des lebenslangen Lernens im Kooperationsverbund Hochschule und Weiterbildung" innerhalb des BLK-Modellversuchsprogramms „Lebenslanges Lernen". Derzeit: Habilitation zum Thema „Bildungsmanagement".

**Dirk Bißbort**, Jahrgang 1977. Diplom-Pädagoge, Studium der Erziehungswissenschaften (mit den Schwerpunkten Erwachsenenbildung und Medienpädagogik) an der Universität Koblenz-Landau, Campus Landau (Oktober 1997 bis Juni 2002). Wissenschaftlicher Mitarbeiter im Projekt „Innovative Methoden lebenslangen Lernens im Kooperationsverbund Hochschule und Weiterbildung“ innerhalb des Modellversuchsprogramms „Lebenslangen Lernen“ der Bund-Länder-Kommission für Bildungsplanung und Forschungsförderung, zuständig für den Bereich Informations- und Kommunikationssysteme (April 2002 bis Dezember 2003). Aus- und Weiterbildungen zum DGQ-Qualitätsmanager und DGQ-Auditor Qualität bei der Deutschen Gesellschaft für Qualität e.V. Seit April 2004 Wissenschaftlicher Mitarbeiter im Projekt „Integrative Qualitätsentwicklung“ an der Universität Koblenz-Landau, Campus Landau. Schwerpunkte: Qualitätsmanagement, Personal- und Organisationsentwicklung, Neue Medien, Wissensmanagement und Informationssysteme.

**Klara Borsch,** Jahrgang 1955. Meisterin der ländlichen Hauswirtschaft, Bewirtschaftung eines landwirtschaftlichen Milchvieh- und Ackerbaubetriebes; Bauernhofcafé mit Gästebeherbergung; Familienmanagerin; seit 2000 Zweite Kreisvorsitzende des Landfrauenverbandes Bernkastel-Wittlich; Mitglied in der Agendaprojektgruppe Landwirtschaft- Tourismus; Mitarbeit bei Leader + Lag Vulkaneifel; Vorstand des Pfarrgemeinderates.

**Edith Baumgart,** Jahrgang 1957. Meisterin der ländlichen Hauswirtschaft, Bewirtschaftung eines Milchvieh- und Ackerbaubetriebes; Familienmanagerin; stellvertretende Vorsitzende des Arbeitskreises der Meisterinnen der ländlichen Hauswirtschaft; seit 2000 Vorsitzende des Landfrauenverbandes Bernkastel-Wittlich, seit 1989 Kassenführung und Mitgliederverwaltung im Landfrauenverband. Mitglied in den Fachausschüssen Tier- und Milchproduktion beim Bauernverband Rheinland-Nassau sowie parteipolitisch im Verbandsgemeinderat und im Kreistag.

**Markus Böhm**, Jahrgang 1962: Diplom-Sportlehrer. Von 1985 bis 1990 Sport-Studium an der Deutschen Sporthochschule Köln. 1991 bis 1999 Bildungsreferent bei der Sportjugend Rheinland in Koblenz, Arbeitsschwerpunkte: Aus- und Fortbildung von Jugendübungsleitern und -freizeitbetreuern, Organisation von Jugendfreizeiten, Initiator des Projektes Abenteuer- und Erlebnispädagogik. Seit 1999 Pädagogischer Mitarbeiter des Bildungswerkes und Leiter der Außenstelle Westerwald, seit 2002 mit dem zusätzlichen Arbeitsbereich Personalentwicklung.

**Marco Fusaro**, Jahrgang 1966. Diplom Wirtschaftsmathematiker. Von 1987 bis 1997 Studium an der Universität Trier, während der Studienzeit Entwicklung von datenbankbasierten Management-informationssystemen für mittelständische Unternehmen. Seit 1987 in verschiedenen Bereichen der Weiterbildung tätig, seit 1997 hauptamtlicher Mitarbeiter beim Bildungswerk des LSB Rheinland-Pfalz e.V., dabei hauptverantwortliche Entwicklung von WebBasedTraining beim Bildungswerk des LSB als Mischform aus intranetbasierten Lernphasen und Präsenzphasen.

**Dietmar Freiherr von Blittersdorff**, Jahrgang 1951. Studium der Germanistik, Politologie, Soziologie und Geschichte in Saarbrücken und Berlin. 1983 Zweites Staatsexamen für das Lehramt an Gymnasien. 1995-1997 berufsbegleitendes Studium Öffentlichkeitsarbeit beim Gemeinschaftswerk Evangelischer Publizistik, Frankfurt. 1984 Medienreferent im Öffentlichkeitsreferat des Berliner Missionswerkes. 1985-2000 Pädagogischer Referent bei der Evangelischen Erwachsenenbildung Pfalz. Seit 2000 Referent für Erwachsenenbildung in der Evangelischen Arbeitsstelle, Außenstelle Süd- und Vorderpfalz in Landau. Schwerpunkte in den Bereichen Politische Bildung, Neue Kommunikationstechniken und Medien, Öffentlichkeits- und Pressearbeit.

**Barbara Graf,** Jahrgang 1958. Studium der Germanistik und Geographie für das Lehramt an Gymnasien. Lehrkraft an verschiedenen Gymnasien, einer Berufsbildenden Schule und einem Berufsbildungszentrum. Dozentin an der Kreisvolkshochschule Ludwigshafen und Projektmitarbeiterin beim KAB. Seit

1997 Kreisoberverwaltungsrätin und Leiterin der VHS Rhein-Pfalz-Kreis. Stellvertretende Abteilungsleiterin der Abteilung Schule, Bäder, Musikschule und Volkshochschule in der Kreisverwaltung Ludwigshafen. Vorsitzende des Beirates für Weiterbildung des Landkreises Ludwigshafen. Stellvertretende Vorsitzende des Landesverbandes der Volkshochschulen in Rheinland-Pfalz. Mitglied im Vorstand des Deutschen Volkshochschulverbandes, im Vorstand von AuL Rheinland-Pfalz und im Bundesarbeitskreis AuL. Vertreterin im DVV Stiftungsrat der Stiftung Lesen.

**Claudia Hochdörffer**, Jahrgang. 1956, Diplom Pädagogin, Geschäftsführerin der Arbeitsstelle für die Weiterbildung der Weiterbildenden in Rheinland Pfalz seit 2001. Schwerpunkte: Netzwerk- und Projektarbeit, Fort- und Weiterbildungsveranstaltungen für Weiterbildner/-innen, Förderung des Theorie-Praxis-Transfers zwischen den AWW-Mitgliedern, langjährige freiberufliche Tätigkeit als Trainerin und Beraterin im Bereich Kommunikation, Zeit- und Stressmanagement, Biographiearbeit.

**Gaby Klein**, Jahrgang 1953. Studium an der Johannes Gutenberg Universität in Mainz (Mathematik und Sport). Langjährige Jugendbildungsreferentin bei der Sportjugend Rheinland-Pfalz und stellvertretende Geschäftsführerin (1980 - 1994). Schwerpunkte: Jugendleiteraus- und -fortbildung, Internationale Austauschprogramme, Erwachsenen-/Weiterbildung. Seit 1994 Geschäftsführerin im Bildungswerk des Landessportbundes Rheinland-Pfalz.

**Dr. Peter Krug,** Jahrgang 1943. Ministerialdirigent und Leiter der Abteilung Lehrerausbildung, Landesprüfungsamt und Weiterbildung im Ministerium für Wissenschaft, Weiterbildung, Forschung und Kultur Rheinland-Pfalz.

Vorsitzender des Ausschusses für Fort- und Weiterbildung der Ständigen Konferenz der Kultusminister der Länder und Koordinator des BLK-Programms „Lebenslanges Lernen".
Studium der Sozialwissenschaften und Pädagogik in Göttingen und Cornell, USA. (bis 1969), Promotionsstipendium (bis 1971), Wissenschaftlicher Assistent und Geschäftsführer des Seminars Wissenschaft von der Politik, Universität Göttingen (bis 1980), Referatsleiter Weiterbildung Kultusministerium Nordrhein-Westfalen (bis 1991).
Ab 1992 Ministerium für Bildung, Wissenschaft und Weiterbildung Rheinland-Pfalz. (seit Mai 2001: Ministerium für Wissenschaft, Weiterbildung, Forschung und Kultur.)

**Jutta Merrem,** Jahrgang 1966. Seit 1995 Mitarbeiterin im Maschinenring Bernkastel-Wittlich und ab 2002 Prokuristin der Tochtergesellschaft MBR Agrarunion GmbH, Schwerpunkt Marketing. Bewirtschaftung eines Ackerbaubetriebes; Familienmanagerin. 1997 Übernahme der Geschäftsführung im Landfrauenverband Kreis Bernkastel-Wittlich. Zu der ehrenamtlichen Tätigkeit gehören die Koordination der Ortsvereine, Entwicklung und Durchführung des Weiterbildungsprogramms, Neue Konzepte und Organisation.

**Günter Michels**, Jahrgang 1956. Diplom-Verwaltungswirt (FH). Kenntnisse in kaufmännischen Grundlagen durch zwei Kaufmannsgehilfenbriefe, Einzelhandels- und Bürokaufmann. Langjährige Tätigkeit bei der Bundeswehr, zuletzt in einer Generalstabsabteilung einer höheren Kommandobehörde der Luftwaffe. Nach Abschluss der Ausbildung zum Diplom Verwaltungswirt (FH), Einsatz im Gemeinde- und Rechnungsprüfungsamt des Landkreises Cochem-Zell. Seit 1997 mit der Leitung der Kreisvolkshochschule Cochem-Zell beauftragt.

**Monika Nickels** Jahrgang 1956. Studium M.A.: Publizistik, Germanistik, Öffentliches Recht an der Ludwig Maximilian Universität München und der Johannes Gutenberg Universität

Mainz. Pressesprecherin bei der Kreisverwaltung Mainz-Bingen. Seit Sept. 1996 Leiterin der Kreisvolkshochschule Mainz-Bingen.

**Thomas Sartingen**, Jahrgang 1958. Studium der Soziologie, Politikwissenschaft in Mannheim mit Abschluss Diplom Soz. Ab 1985 Vorsitzender des Bundes der Deutschen Katholischen Jugend in der Diözese Speyer, seit 1991 Regionalbildungsreferent der Katholischen Erwachsenenbildung mit Sitz in Landau, seit Mitte der 90ér Jahre Vorsitzender der KEB Rheinland-Pfalz.

**Prof. Dr. Bernd Schwarz,** Jahrgang. 1948. Professor für Erziehungswissenschaft und Erwachsenenbildung am Institut für Pädagogik der Universität Koblenz/Landau, Abt. Landau. Neuere Publikationen: (zus. mit K. Prange) Schlechte Lehrer/innen, Weinheim/Basel 1997; (zus. mit A. Hanft) Weiterbildung der Weiterbildenden in Rheinland-Pfalz, Weinheim 2000.

**Petra Szablikowski**, Jahrgang 1966. Diplom-Sportlehrerin. Von 1985 bis 1990 Studium an der Johannes Gutenberg Universität in Mainz. 1990 bis 1993 Mitarbeiterin im Referat Öffentlichkeitsarbeit des Landessportbundes Rheinland-Pfalz und seit 1993 Pädagogische Mitarbeiterin im Bildungswerk des Landessportbundes Rheinland-Pfalz. Arbeitsschwerpunkte: Kursleiteraus- und -fortbildung, Erwachsenenbildung in Kooperation mit den Vereinen sowie Öffentlichkeitsarbeit.